言語の科学2　音　声

編集委員
大津由紀雄
郡司隆男
田窪行則
長尾　真
橋田浩一
益岡隆志
松本裕治

音声

言語の科学

2

田窪行則
前川喜久雄
窪薗晴夫
本多清志
白井克彦
中川聖一

岩波書店

執筆者

学習の手引き　田窪行則
第1章　　　前川喜久雄
第2章　　　窪薗晴夫
第3章　　　本多清志
第4章　　　白井克彦
第5章　　　中川聖一

〈言語の科学〉へのいざない

　私たちが日常，あたりまえのように使っている言語．その言語の性質を解明することは，長年にわたる人間の知的挑戦の対象であった．では，言語を科学的に研究すること，すなわち自然科学的な方法で研究することは可能だろうか．それは可能であり，また必要であるというのが私たちの見解である．

　歴史的に見ても，すでに，紀元前のインドでは形式的な文法体系の記述がなされ，下って19世紀にはヨーロッパの言語を対象とした比較言語学の厳密な方法論が確立されていた．20世紀に至ってからは，初頭の一般言語学の確立を経て，20世紀後半には音韻体系，文法範疇などの形式的記述が洗練され，言語を科学的にとらえる試みは着実に成果を上げてきたと考えられる．

　さらに20世紀以降のコンピュータの発達は，言語現象に対する情報論的視点という新たな見方をもたらした．現在，音声認識・音声合成技術の発展，形式化された文法による構文解析技術を応用した機械翻訳システムの開発など，言語のさまざまな側面が，機械処理の対象となり得るほどに明らかにされつつある．

　しかし，従来の学問観に従う一般的な認識では，言語学は自然科学の一部門ではなく，人文学の領域に属すると見なされる傾向が強いのも事実であろう．本叢書では，言語を一種の自然現象と見なす方法を前提としている．特に，物理学のような典型的な自然科学に範をとるだけでなく，情報のような抽象的な存在を対象にする情報科学など，近年の自然科学のさまざまな方法論に立脚し，言語を，人間が，そして人間のみが，自在にあやつる，情報の一つの自然な形態として捉える見方に立っている．

　そのような言語観に立った場合，さまざまな興味深い知的営みが可能になる．現在どのような分野の研究が言語の研究として行なわれているのか，言語の研究者によってどのような研究対象が設定されているのか，それぞれの研究はどのような段階に至っているのか，また，今後どのような研究が期待されているのかということを，人文系・理工系を問わず，できるだけわかりやすく読者に示すことを試みた．

〈言語の科学〉へのいざない

　本叢書はもともと，岩波講座「言語の科学」として刊行されたものである．本叢書の特色は，言語の研究に深く関連している言語学，国語学，言語心理学，言語教育，情報科学，認知科学などの研究分野の，従来の縦割りの枠に捉われず，これらの学問の最新の成果を学際的に統合する観点に立っていることにある．

　本叢書のもう一つの特徴は，各巻を研究対象ごとに分けた上で，さまざまな角度からの研究方法を統合的に紹介することを試みたことである．文科系の読者が自然科学的な方法を，また，理工系の読者が人文学的な知識を，無理なく身につけることが可能となる構成をとるように工夫した．

　以上のような趣旨をいかすため，各巻において，言語に関する研究の世界の第一線の研究者に執筆をお願いした．各執筆者には，基本的な事柄を中心にすえた上で，ときには最先端の研究動向の一端も含めて，読者が容易に理解できるように解説していただいた．幸いにして私たちの刊行の趣旨を理解していただき，現時点において最良の執筆陣を得られたと自負している．

　全体の巻構成と，この叢書がなぜこのように編成されたか，ということを簡単に説明しておこう．本叢書の各巻のタイトルは次のようになっている．

1　言語の科学入門　　7　談話と文脈
2　音声　　　　　　　8　言語の数理
3　単語と辞書　　　　9　言語情報処理
4　意味　　　　　　 10　言語の獲得と喪失
5　文法　　　　　　 11　言語科学と関連領域
6　生成文法

　「科学」としての言語学という性格を一番端的に表わしているのは，第6巻で解説される「生成文法」という，20世紀半ばに誕生した文法システムであろう．生成文法は言語獲得という事実にその経験的基盤を求める．そこで第10巻『言語の獲得と喪失』では，言語の獲得と喪失が言語の科学とどう有機的に結びつくのかを明らかにする．一方，第5巻では，生成文法誕生以前にさかのぼり，特定の理論的枠組によらない，文法研究そのものを検討する．「文法」に関する2つの巻，およびそれと深く関連する第10巻は，言語学の科学としての性格が特に濃厚な部分である．

第7巻『談話と文脈』は，これとは対照的に，言語の使い手としての人間に深くかかわるトピックを扱う．その意味で，人文学的な研究とも通じる，言語研究の「醍醐味」を感じさせる分野であるが，形式化などの点からは今後の発展が期待される分野である．

文法に関する2つの巻を第7巻と反対側からはさむ形で第4巻『意味』がある．ここでは，科学的な性格が色濃く出ているアプローチ(第2章)と，言語の使い手としての人間という見方を強く出しているアプローチ(第3章)が並行して提示されているので，読者は意味の問題の奥深さを感じとることができるだろう．

第2巻の『音声』については，音響に関して物理学的な研究法がすでにある．この巻では，そのような研究と，言語学の中で発達してきた方法論との双方が提示され，音声研究の幅の広さが示されている．

第3巻『言語と辞書』は音声と意味との仲立ちをする装置としての語彙についての解説である．これも，言語学や心理学の中で開発されてきた方法論と，より最近の機械処理の立場からの研究の双方を提示している．

第8巻『言語の数理』と第9巻『言語情報処理』は言語科学の研究の基礎的な部分の解説であり，特に，数学や情報科学になじみのない読者に必要最小限の知識をもっていただくことを意図して書かれている．これらは，言語科学の技術的側面が最も強く出ている巻でもあろう．言語の研究におけるコンピュータの役割の大きさは，ほとんどの巻にコンピュータに関連する章があることからも明らかであるが，特に言語を機械で扱う「情報」という形で正面から捉えた巻として第9巻を位置付けることができる．

最後の第11巻『言語科学と関連領域』は，言語の科学そのものに加えて，それに関連する学問との接点を探る試みである．特に，言語の科学は，人間そのものを対象とする心理学，医学，教育学などと深い関連をもつので，それらに関する章が設けられている．

言語に関わる現象は多岐にわたるが，本叢書の巻構成は言語現象ごとに1ないし2巻をあて，各巻の内容は大筋において独立なので，読者はどの巻からでも読み始めることができる．ただし，第1巻では本叢書の中心的な内容を先取りする形で，そもそも「言語の科学」という課題がなぜ設定されたか，という点について述べているので，まず最初に読むことをお薦めする．

この叢書は，言語学科に学ぶ学生や言語の研究者に限らず，言語に関心をもつ，すべての分野の，すべての年代の人々を読者として企画されたものである．本叢書がきっかけとなって，従来の言語学に何かつかみどころのない点を感じていた理工系志向の読者が言語の科学的研究に興味を示し，その一方で，今まで科学とは縁がないと考えていた人文系志向の読者が言語の研究の科学的側面に関心をもってくれることを期待する．そして，その結果，従来の志向にかかわらず，両者の間に真の対話と共有の場が生まれれば，編集委員としては望外の幸せである．

　2004 年 4 月

大 津 由 紀 雄
郡 司 隆 男
田 窪 行 則
長 尾 　 真
橋 田 浩 一
益 岡 隆 志
松 本 裕 治

学習の手引き

本巻には，言語の音声形式に関する科学的研究を収めた．言語音声の産出から理解への筋道を図式的に述べると次のようになる．

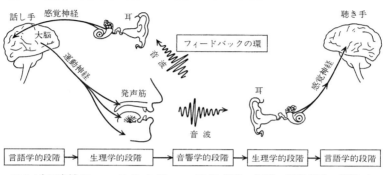

ことばの連鎖 (Denes, B. P. & Pinson, E. N.(著)，切替一郎他(訳)，『話しことばの科学』東京大学出版会，1966 より)

つまり，ある意味を持つ文の音声形式を発声器官への指令として変換し，調音・発声器官により空気の振動に変換する．その空気の振動を聴覚器官が受けて，話し手が意図した文と同じ形式へと変換する．このような系列は，**ことばの連鎖，発話連鎖**(speech chain) などとよばれる．本巻で扱われている以下のような内容は，発話連鎖の諸相に対応している．

（1） 音声学
（2） 音韻論
（3） 音声の生物学的基礎
（4） 音声産出
（5） 音声理解

第1章では，おもに言語学的観点から，言語記号の形式を表すために音声を利用する際の性質について解説している．

先ほどの発話連鎖で見たように，言語表現の形式は，調音・発声器官，聴覚・知覚器官への指令として表示されていると考えてよい．この表示は，一連の発声器官の運動とそれに対応する物理音と関連している．どの部分が表示さ

れ，どの部分が自動的に決まるかは言語によって異なる．このような言語の違いを越えて，調音・発声機構と聴覚・認知機構を研究するのが音声学である．音声学は，生理学，心理学，音響学にわたる多面的な学問であり，必ずしも言語学だけに関係するわけではないが，ここでは第2章で述べる，言語の音声形式に関わる言語学の理論である音韻論の一般化を述べるための記述的な装置としての側面から解説がなされている．

言語の形式面を表す手段としては手話もあり，最近では手話の分析も多く発表されているが，本巻では取り上げなかった．手話は基本的には，音声によるものと同じ手法により分析できるので，将来は，このような言語の音声を扱う本に，手話の形式面に関わる研究が掲載される日も近いであろう．

第1章で述べられているのは，主に**調音音声学**とよばれる，生理的な産出法に基づいた音声の分類法である．この分類は，音声の調音の仕方をいくつかの次元によって定義した記号によって行われる．IPA（国際音声記号，国際音声字母ともいう）で定められた音声の記号は，その体系を知っていれば，対応する音声が一義的に発声できるように作られている．人間の音声の発声指令の略記法として構成されているわけである．

この発声指令を複数組み合わせて，各言語の言語記号の音声形式が構成される．その際，言語記号の音声面の形式は，発声器官への指令をすべて書き込んでおく必要はなく，記号の音形は，他の記号との区別さえできればよい．つまり，実際に発声器官を動かす一連の指令のうち，ある言語で頭の中に覚えていないといけない形式，すなわち心内辞書（mental lexicon, 本叢書第3巻第3章，第6巻第1章参照）に表示されている形式は，他の記号との区別のみに関わる．

言語記号の音声形式は，離散的な記号の系列として表される．しかも，この記号はある普遍的な仕方で圧縮されて表示されていると考えることができる．人間は，発声の際，この圧縮された離散的な信号を，一定の仕方で必要な部分を補い，生理的な指令へと変換している．また，聴覚においては，音波を離散信号としての言語記号に変換し，生理的なプロセスを経て，もとの言語形式へと復元することができる．この言語記号の音声表示の体系とその生理的な指令との関係を研究するのが**音韻論**である．音韻論は，離散的な記号の系列としての音形に関する言語学的説明理論を構築する分野である．第2章は，音韻論の基礎的な祖述と**最適性理論**（optimality theory）とよばれる理論を中心にした最

新の音韻理論の概説である．きわめて明快に書かれているので，解説の必要はないであろう．読者は，科学理論としての音韻論がどのような理念のもとに作られているかを学ぶことができる．

第3章は，音声の生理学的・生物学的基礎について書かれており，発生学的観点を含むさまざまな問題が論じられている．この章の発声・調音機構に関わる部分は第1章の復習ともなり，相互の理解を深めるであろう．また，第4章，第5章の基礎となっている物理学的なモデルが，人間の聴覚や発声器官のどのような機能に対応しているのかを知ると，第4章，第5章が理解しやすくなるはずである．第3章を読むと，人間の発声・調音機構，聴覚・認知機構がいかに精妙にできているかが実感されるだろう．

第4章，第5章では，このような人間の音声信号処理を機械的にモデル化する作業について解説されている．人間の発する音声の基本的な音特徴は，音一般の物理的性質と同じく，音源(呼気流の流れによる声帯の震え)，伝達特性(喉から口，鼻とつらなる筒の形状が音を伝達する特性)，放射特性(空気が波を伝える特性)の三つの要素が聴き手の鼓膜にどのように圧力を加えるのかの問題である．前図に見られるように，これらの物理的な実体に，一方では発声器官への脳からの運動指令が，また一方では耳の聴覚・知覚での解析機構がつながっている．これらの音波は，パルス信号として脳に伝えられる．ここで，この音声信号を一定の間隔で区切って，いわば網の目をかけるとデジタル的な記号列に変換することができる．このような形で，音波をデジタル信号に変換し，それから，音の言語音としての特徴を抽出することで言語音声として解釈するわけである．第4章は，そのような言語音声の合成に関する工学的方法の解説であり，第5章は，言語音声の認識の解説である．

工学的な音声信号処理では，音声についての初歩的な物理学の知識と確率・統計の知識が前提とされている．第4章，第5章の記述に抵抗を感じる読者は，巻末の読書案内を参照されたい．また，隠れマルコフモデルなど，ここで使われている手法は，本叢書第3巻でも解説されているので参照されたい．

最後に，本巻と本叢書の他の巻との関連についてひとこと述べたい．本巻の内容は，おもに生成文法などの合理主義的な言語観に慣れ親しんだ読者は多少違和感を覚えるかもしれない．例えば第2章の前提とする最適性理論は，もともと，工学的な最適化の手法を言語学に応用したもので，N. Chomsky の生成

文法が前提とする言語機能の他の機能からの独立性を認めない．いわば，人間に与えられた一般的問題解決装置(general problem solver)を言語の領域に持ち込んで，問題解決を図るやり方である．また，第4章，第5章はまったく統計的な手法による音声合成，音声認識を扱っている．言語処理の解説書によっては，コーパスに基づく音声処理は合理主義的なアプローチに対立するものとしてあげられることがある．

しかし，このことは，本叢書第1巻，第6巻で解説された現代言語学の前提と必ずしも背反するわけではない．音声認識も発声・調音も実時間で行われる．また，どちらも練習による習熟があるのだから，使うことでうまくなるような性質を持っている．つまり，本巻で示されている音声情報処理の理論は，同じ装置(言語機能)の運用面での習熟をモデル化したものと考えることができるのである．

もちろん，先の最適性理論の考え方や，このような統計的な手法のみで言語が獲得されるという考え方も成立しうるし，本叢書第10巻，第11巻では，そのような立場の紹介がなされている．どちらがより適切かは，どちらが実際に言語現象をうまく説明できるかにかかっている．21世紀には，あらためて合理主義と経験主義の間の論争が再燃するであろう．

目　次

　〈言語の科学〉へのいざない ･････････････････････ v
　学習の手引き ･････････････････････････････････ ix

1　音声学 ･････････････････････････････････････ 1

　1.1　音声と文字 ･･････････････････････････････ 3
　1.2　分節的特徴と韻律的特徴 ･･･････････････････ 6
　1.3　音声器官 ････････････････････････････････ 8
　1.4　音声記号 ････････････････････････････････ 13
　1.5　母音の分類 ･･････････････････････････････ 14
　1.6　子音の分類 ･･････････････････････････････ 17
　　(a)　声 ･････････････････････････････････････ 17
　　(b)　調音位置 ･･･････････････････････････････ 19
　　(c)　調音様式 ･･･････････････････････････････ 20
　　(d)　副次調音 ･･･････････････････････････････ 23
　　(e)　気流生成機構 ･･･････････････････････････ 26
　1.7　音　節 ･･････････････････････････････････ 28
　1.8　超分節音 ････････････････････････････････ 31
　1.9　音声学と音韻論 ･･････････････････････････ 35
　1.10　イントネーション ･･･････････････････････ 40
　　(a)　アクセント句 ･･･････････････････････････ 41
　　(b)　語の融合 ･･･････････････････････････････ 43
　　(c)　カタセシス ･････････････････････････････ 44
　　(d)　強　調 ･････････････････････････････････ 45
　　(e)　句末音調 ･･･････････････････････････････ 47
　1.11　パラ言語的情報の伝達 ･･･････････････････ 47
　1.12　今後の音声研究 ････････････････････････ 51
　第1章のまとめ ･････････････････････････････ 52

2 音韻論 　53

2.1 言語学と一般化 　55
2.2 音素と音声素性 　56
  (a) 音素の発見 　56
  (b) 音声素性の発見 　59
2.3 素性理論の発展 　62
2.4 音節とモーラの再発見 　66
2.5 フットの発見 　72
2.6 規則と制約 　76
  (a) 音節構造制約 　77
  (b) 音節量制約 　79
  (c) 制約の一般化 　81
2.7 最適性理論 　83
第2章のまとめ 　89

3 音声の生物学的基礎 　93

3.1 口と耳の由来 　95
  (a) 鰓から進化した器官 　95
  (b) 聴覚器官と発音器官との関係 　96
  (c) 人間の形態的特殊性 　98
3.2 発音器官の形態と機能 　99
  (a) 音響器官としての声道 　99
  (b) 呼吸器と喉頭 　104
  (c) 調音器官 　108
  (d) 発声と調音との調和 　112
3.3 聴覚器官の形態と機能 　114
  (a) 音の伝達機構 　115
  (b) 音の分析機構 　116
  (c) 音声知覚の心理的過程 　119
3.4 音声の生成と知覚 　120
  (a) 動物の情報交換 　121

  (b) 音声の生成と知覚の中枢機構 ･･････････ *122*
 3.5 生物形態からみた音声 ･･････････････ *124*
 第3章のまとめ ･･･････････････････････ *125*

4 音声の分析と合成 ･････････････････ *127*
 4.1 音声生成のモデル化と音声合成 ･･･････ *129*
 4.2 音声生成過程のモデル ･･････････････ *132*
  (a) 音声器官・調音器官の機能 ･･････････ *132*
  (b) 調音制御機構のモデル ･･････････････ *137*
  (c) 声道の音響特性 ････････････････････ *139*
  (d) 声 帯 音 源 ･･････････････････････････ *145*
  (e) 子 音 の 音 源 ････････････････････････ *147*
 4.3 音声の分析法 ･････････････････････ *148*
  (a) スペクトログラム ･･････････････････ *148*
  (b) スペクトル分析 ････････････････････ *150*
  (c) 線形予測法 ････････････････････････ *154*
  (d) ピッチ抽出 ････････････････････････ *156*
 4.4 音 声 合 成 ････････････････････････ *157*
  (a) 音声合成方式 ･･････････････････････ *157*
  (b) 音声合成システム ･･････････････････ *158*
  (c) 音声合成のためのテキスト解析と音声記号列の導出 ･ *160*
  (d) 韻 律 制 御 ････････････････････････ *162*
  (e) ピッチパターンの生成 ･･････････････ *167*
  (f) 音声波形の生成 ････････････････････ *170*
  (g) 音 声 の 声 質 ････････････････････････ *174*
  (h) 対 話 音 声 ････････････････････････ *174*
 第4章のまとめ ･･････････････････････ *175*

5 音 声 認 識 ･･････････････････････ *177*
 5.1 音声認識の目的と課題 ･･････････････ *179*
 5.2 特徴パラメータとスペクトル距離尺度 ･･ *182*
  (a) 音声の線形予測分析 ････････････････ *183*
  (b) スペクトル距離尺度 ････････････････ *184*

　　　　(c)　動的特徴パラメータ・・・・・・・・・・・・・・　185
　5.3　動的計画法を用いたパターンマッチング・・・・　187
　　　　(a)　一般の記号列間の距離・・・・・・・・・・・・　187
　　　　(b)　音声時系列パターンの認識・・・・・・・・・・　189
　　　　(c)　連続単語音声認識の定式化・・・・・・・・・・　191
　　　　(d)　オートマトン制御による連続単語音声認識・・・　193
　5.4　隠れマルコフモデル・・・・・・・・・・・・・・　196
　　　　(a)　マルコフモデルと隠れマルコフモデル・・・・・　196
　　　　(b)　音声認識への適用・・・・・・・・・・・・・・　202
　5.5　言語モデル・・・・・・・・・・・・・・・・・・　204
　　　　(a)　音声言語の確率モデル・・・・・・・・・・・・　204
　　　　(b)　エントロピーとパープレキシティ・・・・・・・　205
　　　　(c)　Nグラム・・・・・・・・・・・・・・・・・　208
　　　　(d)　文脈自由文法・・・・・・・・・・・・・・・・　210
　5.6　音声ディクテーションシステム・・・・・・・・・　212
　　　　(a)　一般的な考え方・・・・・・・・・・・・・・・　213
　　　　(b)　ビームサーチ法と枝刈り・・・・・・・・・・・　214
　　　　(c)　A^*探索法・・・・・・・・・・・・・・・・　214
　　　　(d)　システム例・・・・・・・・・・・・・・・・・　216
　5.7　音声対話システム・・・・・・・・・・・・・・・　217
　　　　(a)　システムの構成・・・・・・・・・・・・・・・　218
　　　　(b)　自然発話の特徴・・・・・・・・・・・・・・・　218
　　　　(c)　頑健な音声認識・・・・・・・・・・・・・・・　220
　　　　(d)　頑健な意味理解・・・・・・・・・・・・・・・　222
　　　　(e)　システム例・・・・・・・・・・・・・・・・・　225
　第5章のまとめ・・・・・・・・・・・・・・・・・・・　228

用　語　解　説・・・・・・・・・・・・・・・・・・・　231
読　書　案　内・・・・・・・・・・・・・・・・・・・　235
参　考　文　献・・・・・・・・・・・・・・・・・・・　242
索　　　　　引・・・・・・・・・・・・・・・・・・・　251

1
音 声 学

1 音声学

【本章の課題】

本章ではまず音声と文字の異同について考察する．音声と文字は言語の代表的な媒体であると言われているが，両者の間には一般に考えられているよりも大きな相違が存在している．特にパラ言語的情報の伝達にかかわる相違が重要である．音声と文字の相違を正確に把握することは，言語研究のなかにおける音声研究の独自性を認識することに繋がる．

次いで言語音，特に分節音の分類法について解説する．そのために，まず音声器官の構造と機能を概観したのち，調音音声学による言語音の分類法を解説する．この部分は分類学の常として，理論的な面白さには欠けているかもしれないが，音声研究の諸領域に共通した基礎知識である．

音声の分類手法には調音音声学の他に音韻論的な分類もある．最新の音韻論についての議論は第 2 章に譲ることにして，本章では両者の相違点は何であるか，なぜ二つの方法が必要なのかという基本的な問題について考える．

続いてイントネーションに代表される音声の韻律的特徴に関する解説をおこなう．韻律的特徴は音声を文字から区別して真に音声たらしめている特徴であると言うことができるが，語アクセントなどを除けば，本格的な研究はまだ十分におこなわれていない．日本語のイントネーションについてある程度まとまった解説をおこなっているのは本章の特徴であると言えるだろう．

最後にイントネーションに関する議論の延長として，音声によるパラ言語的情報の伝達について考察する．これは今後進展が期待されている研究領域であり，したがって，本章も確立された定説を祖述しているわけではない．読者は主体的な興味をもって批判的にこの部分を読み進めていただきたい．

本章全体を通じて読者にもとめたいのは，第一に調音音声学として体系化された言語音の分類法を正確に理解すること，第二に音声による情報伝達を言語という狭い観点からだけ理解するのでなく，パラ言語的，非言語的情報をも含めて，コミュニケーション全体の中に位置づけて理解する視点をもつこと，の 2 点である．

1.1 音声と文字

本章では，読者に言語音の分類方法を理解してもらうことを目的として伝統的な音声学の成果を解説する．しかし，その前に音声と文字の異同について準備的な解説を加えておくことにしよう．両者間には，一般に考えられているよりも大きな相違が存在することをはっきり認識しておかないと，文字を通じて音声を理解してしまう危険があるからである．

今，電話がかかってきたとしよう．受話器から音声が聞こえてくる．
　　もしもし？ 吉田ですけど，今いいですか？
この部分を聞いただけで「吉田」さんの性別がわかる．また知人に複数の吉田さんがいる場合，どの個人かを特定できることも多い．
　　あのう，例の人事の件なんですけど，本当なんですか？
この部分まで聞けば，さらに多くの情報が伝わってくる．吉田さんは話題となっている人事について喜んでいるのか，心配しているのか，抗議しようとしているのか，といった情報である．このように，音声は話者の身体性や心理状態に関する情報を伝達している．これらの情報は，発話を活字化してしまうと欠落してしまう情報である．

藤崎(1994)やFujisaki(1997)は，音声が伝達する情報を言語的情報・パラ言語的情報・非言語的情報に三分することを提案している．図1.1に藤崎の提案

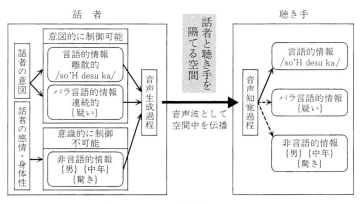

図1.1 音声による情報伝達

を図式化した．

まず，**言語的情報**(linguistic information)は，言語記号が伝達する情報であり，主知的な意味の対立に関係する情報である．言語的情報は話者による意識的な制御をうけ，離散的な表現が可能である．現代の言語理論が研究の主要な対象としているのは，この情報であると言ってよい．

パラ言語的情報(paralinguistic information)には，対話の制御にかかわる情報のほか，発話の意図や話者の心的態度に関する情報が含まれる．聞き手に新しい情報を伝達しようとしているのか，あるいは聞き手から情報を得ようとしているのか，発話のどこに焦点があてられているのか，伝達される（言語的）情報について話者がどの程度確信を抱いているのか，伝達された情報に対してどのような評価をくだしているのか，といった情報である．パラ言語的情報は，話者によって意図的に制御される点は言語的情報と同一であるが，単一の意味カテゴリの内部で，量的かつ連続的な変化（例えば，ちょっとした「疑い」から強烈な「疑い」まで）が生じうる点において，離散的な言語的情報から区別される．

非言語的情報(nonlinguistic information)は話者が意識的に制御することのできない情報であり，主として話者の身体性に関する情報である．話者の性別や個人的特徴のほか，体調の良否や，生理的反応としての感情（恐怖，驚きなど）も非言語的情報に含められる．

図 1.1 が示しているように，これら 3 種の情報は音声生成過程で統合され，1 次元の音声信号として聴き手に達する．聴き手は音声信号から 3 種類の情報を分離抽出することができるのだが，パラ言語的情報と非言語的情報については，抽出結果に主観性に起因する個人差が認められるようである．図では音声知覚過程からの出力を示す矢印を点線とすることによって，これを示している．

音声に比較すると，文字はもっぱら言語的情報の伝達をおこなっている．パラ言語的情報ないし非言語的情報は，手書き文字ではある程度まで伝達されるが，音声に比べれば伝達の精度は低いと考えられ，活字による情報伝達ではほぼ完全に欠落してしまう．そのため，文字を媒体とする情報伝達でこれらの情報を伝達するためには，情報を言語的情報に変換しなければならない．小説や戯曲では，会話文の前後に「猫なで声で」「疑うような調子で」「元気のない声で」「〜と脅した」「〜と懇願した」といった「地の文」が挿入されるが，これ

はパラ言語的・非言語的情報を文字化(つまり言語的情報化)したものである．

　音声と文字の異同について，次に指摘したいのは，音声にみられる状況依存性である．音声は基本的には対話のなかで利用される．対話においては話者と聴き手が対面しており，周囲の物理的環境を共有している状況が普通であるから，話者と聴き手に共有されている情報はわざわざ言語化する必要がない．一方，文字言語は対面状況を前提としていない．そのため，内容の理解に必要な情報はすべて言語化しておく必要がある．音声による対話を文字化した資料を読むと，しばしば内容の把握に困難を感じるが，その理由のひとつは，音声対話の場に存在していた状況が文字化資料に欠落しているためである．

　また，音声対話では音声だけによって情報が伝達されることはまれであり，副次的情報経路として視覚が大切な役割を果たしている．話者の感情や心理状態は音声自体の特徴によっても伝達されているが，同時に話者の視線，身振り，表情，姿勢などによっても伝達されている．いわゆるノン・バーバルな情報伝達である．

　最後に，音声による情報伝達が実時間で処理されるのに対し，文字による情報伝達は実時間処理を前提としていないことも指摘しておく必要がある．文字で書かれた文章は何度でも読み直すことができるが，一度聞きのがしてしまった音声は，相手に再度の発話を要求しないかぎり，聞き直すことができない．そのため，音声による情報伝達では，複雑な構造が敬遠される．実時間処理が不可能な程度に複雑な統語構造をもち，結果的に長大な文は，文字による情報伝達に固有の現象である．

　ここまでの議論をまとめよう．音声と文字はともに言語の物理的媒体であるが，音声言語(話しことば)と文字言語(書きことば)の相違を媒体の相違だけに還元することはできない．この二つの媒体間には伝達可能な情報の種類に異同が認められ，その使用状況についても大きな異同が認められるからである．

　ところで，現代の言語研究は，一般に言語を離散的記号を利用した論理的情報の符号化体系とみなしている．また，言語によるコミュニケーションよりも，言語そのものの静的な構造の解明に興味が集中している．このような立場からすると，パラ言語的情報や非言語的情報の存在は，言語的情報に混入するノイズとして位置づけられる．発話の音韻構造を言語学的に分析した結果からは，話者が男であるか女であるか，あるいは，話者がどのような気持ちで発話した

かといった条件はすべて捨象されることになっている．

　言語の構造を研究する限りにおいては，このような捨象を研究上必要な理想化として正当化することができるかもしれない．しかし，音声によるコミュニケーション(情報伝達)の過程そのものを研究対象としようとすると，パラ言語的情報や非言語的情報にもまた本質的な重要性を認めなければならない．以下，本稿では伝統的な音声学の成果，つまり言語的情報の伝達にかかわる特徴を重視した音声の分類法について解説をおこなうが，入門書として可能な範囲で，それ以外の音声特徴についても言及してゆくことにする．

1.2　分節的特徴と韻律的特徴

　音声は物理的にみれば空気を媒質とする疎密波であり，つまりは音（おと）である．したがって音声にも高さ，強さ，音色などの音の心理的属性が認められる．音声による情報伝達では，これらすべての属性が利用されている．音色に関係した音声の特徴を**分節的特徴**(segmental feature)と呼び，音の高さ，強さ，長さなど音色以外に関係した特徴を**韻律的特徴**(prosodic feature)ないしは**超分節的特徴**(suprasegmental feature)と呼ぶ．

　音声生理学的にみれば，分節的特徴は舌や唇など喉頭よりも上部の音声器官の調整によって定まる特徴であり，音響学的には主に音の音色(スペクトル情報)に依拠して伝達されている．分節的特徴は，言語的情報の主要な担い手であり，言語学的にはもっとも重要な特徴と言うことができる．アルファベット，仮名，ハングルなどの音標文字は音声の分節的特徴を伝えるために考案された道具である．

　一方，韻律的特徴は生理学的にはもっぱら喉頭の調整に依存しており，音響的には主に音の高さや強さに依拠して伝達されている．大多数の言語では，韻律的特徴は文字に表記されることがない．ベトナム語の正書法や中国語のピンイン表記のように韻律的特徴(ピッチ情報)を表現する表記体系もあるが，これらは言語学的な考察に基づいて新しく考案された体系であり，例外的である．

　分節的特徴と韻律的特徴とは，生理学的には別個の音声器官によって調整されているので，かなりの程度まで独立に制御することができる．例えば，ひとつの母音を発音しつづけながらピッチを自由に上下させたり，反対にピッチを

一定に保ったままある母音から他の母音へと移行することは容易である．ラジオ放送に喩えるならば，文字が分節的特徴だけのモノラル放送であるのに対して，音声は韻律的特徴も加えたステレオ放送である．そして，音声による情報伝達では，この多チャンネル性が積極的に利用されている．言語的情報はもっぱら分節的特徴のチャンネルで，そしてパラ言語的情報ないし非言語的情報はもっぱら韻律的特徴のチャンネルで伝達されているのである．

　もうひとつの重要な相違点として，分節的特徴が比較的小さい時間区分を単位として定まるのに対して，韻律的特徴は相対的により大きい時間区分を単位に定まる現象であることを指摘できる．日本語（東京方言）の重要な韻律的特徴であるアクセントは，語や語の連鎖を単位として定まる現象である．イントネーションの分析ではさらに大きな領域である句の連鎖や発話全体が考察の対象となる（1.10 節参照）．

　分節的特徴の観点から音声を時間軸に沿って分割した構成要素を**言語音**(speech sound) と呼ぶ．例えば「肩」という音声は k, a, t, a という言語音の連鎖とみなされる．語や文など一定の長さをもった音声が，時間軸に沿った小要素の連結として構成されていることは直感的に自明と感じられるが，その小要素を客観的に規定することは，想像されるほど容易ではない．音声学の知識をもたない人に対して，「カ」と「タ」という音はどのように違っているかの説明を要求してみるとよい．十人十色の説明がかえってくるし，多くは苦しまぎれの説明になってしまうだろう．

　言語音を何らかの客観的特徴に基づいて分類しようとするとき，ふたつの方法が考えられる．ひとつは，言語音を音響現象として観察し分類する方法であり，ひとつは言語音の生成に伴う人体諸器官の運動に注目して分類する方法である．このうち古くから利用されてきたのは第二の方法であった．音声の生成に関与する諸器官の運動は，唇や顎ならば視認できるし，舌の奥面や喉頭のように視察が不可能な部位についても，筋感覚にもとづく内省によって，かなり正確に運動状態を把握することができたからである．アルファベットやハングルの字形も，子細に検討すると，部分的には生理学的な基準に基づいていることがわかる．

　このような方法に依拠して樹立された言語音の分類手法は**調音音声学**(articulatory phonetics) と呼ばれている．調音音声学では，「タ」（の子音部 t）では舌

の前部が上顎の歯茎付近に接触するのに対して,「カ」(の子音部 k)では舌の後部が上顎の奥に接触している,というように言語音を記述する．調音音声学では音声の生成に関係する諸器官の解剖学的構造とその運動に注目して言語音の分類をおこなうから,音声器官の解剖学的知識が必須である．以下では,まず次節で解剖学的構造を説明し,その後,調音音声学による言語音の分類方法を説明する．

1.3 音声器官

　言語音の生成に利用される人体の諸器官を**音声器官**(speech organ)と総称する．音声器官の構造と機能ならびにその進化については本巻第 3 章に説明がある．ここでは言語音の分類に必要な範囲の知識を説明する．図 1.2 に音声器官の全体を,図 1.3 に喉頭より上部の正中断面拡大図を示す．

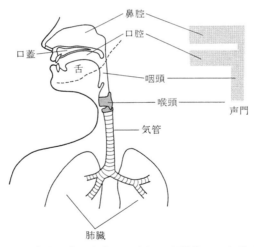

図 1.2　音声器官の全体図．右側は単純化した声道形状

　音声の生成には呼気,発声,調音という三つの大きな要素が認められる．これに則して音声器官を大別すると,肺臓が呼気の生成に,喉頭が発声に,喉頭より上の諸器官が調音にそれぞれ関与している．

　肺臓は肋骨と横隔膜の働きによって容積を変化させ,気流を生成する．気流には呼気と吸気があるが,音声に利用されるのは呼気であり,音声の主要なエ

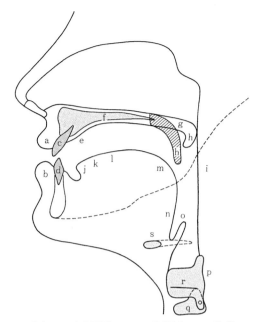

a: 上唇，b: 下唇，c: 上顎門歯，d: 下顎門歯，e: 歯茎，f: 硬口蓋，g: 軟口蓋（口蓋帆），h: 口蓋垂，i: 咽頭壁，j: 舌尖，k: 舌端，l: 前舌面，m: 奥舌面，n: 舌根，o: 喉頭蓋，p: 甲状軟骨，q: 輪状軟骨，r: 声帯，s: 舌骨．

図 1.3　音声器官の詳細図．陰をつけた部分は骨組織．軟口蓋が下降した状態を斜線によって示す

ネルギー源となる．肺臓による呼気を利用して生成される言語音を**肺臓気流音**（pulmonic sound）と呼ぶ．ただし，言語音のなかには肺臓を利用せずに気流を生成するタイプのものもある（1.6 節 (e) 参照）．

　喉頭（larynx）は気管最上部に位置する軟骨組織である．土台をなす指輪状の輪状軟骨（cricoid cartilage），輪状軟骨後部の突起上に位置する左右 1 対の披裂軟骨（arytenoid cartilage），喉頭の前面および側面を覆う甲状軟骨（thyroid cartilage）の 3 種類 4 個の軟骨から構成されている（第 3 章の図 3.5 参照）．甲状軟骨は成人男性では前方に突出し，いわゆる喉仏の存在が視認できる．

　披裂軟骨上部の突起から甲状軟骨前部の内面にかけてはしる，靱帯と筋肉からなる左右 1 対の組織が**声帯**（vocal folds, vocal cords）である．披裂軟骨は複数の筋肉群の協調的調整をうけて位置を変化させ，左右の声帯間の距離を調整

する．披裂軟骨が外側に回転(外転)すると左右の声帯は引き離され声帯間に空隙が生じる．この空隙を**声門**(glottis)と呼ぶ．反対に披裂軟骨が内側に回転(内転)すると左右の声帯が接近して声門面積は減少し，ついには左右の声帯が接触して声門が閉鎖される．声門は呼気吸気の通路に設置され，通路の開閉をおこなう機械的な弁と見ることができる．声門の閉鎖は日常生活においても息こらえや強い力を必要とする運動の際に生じているが，言語音の生成にも利用される．

　音声生成において喉頭が果たす主要な機能は声の生成と調整，つまり**発声**(phonation)である．内転した声帯に適度な緊張が存在し，声門の上下に圧力差が保たれるなどの条件が整うと，呼気流が喉頭を通過する際に声帯が周期的な振動を始める(図1.4)．この振動によって生成される音が**声**(voice)である．音響的にみると声は 高調波† に富む周期的複合音であり，その 周波数スペクトル† は低い周波数成分ほどエネルギーが強く，高次成分のパワーは漸次低減している．また，単位時間(1秒)中の声帯振動数は**音声基本周波数**(fundamental frequency, F0)と呼ばれ，声の高さの心理量である ピッチ† を決定する主要な物理量である．声を音源とするタイプの言語音は**有声音**(voiced sound)と呼ばれ，声を利用しない言語音は**無声音**(voiceless sound)と呼ばれる．

　声門を通過した呼気は**声道**(vocal tract)に流入する(図1.2)．声道は声門の直上に始まり，途中で分岐して唇と鼻孔で外部に通じる．単純化すれば図1.2の右側に示したF字型の管である(図1.2のように唇が左を向いていると，左右を反転したF字になる)．喉頭側から見て分岐以前の管を**咽頭**(pharynx)と呼び，分岐後の管のうち唇側を**口腔**(oral cavity)，鼻孔側を**鼻腔**(nasal cavity)と呼ぶ．

　口蓋(palate)は口腔と鼻腔の隔壁である．口蓋前部には頭骨の一部が通っているが，後部には骨組織はない(図1.3)．そのため口蓋後部は上下に運動させることができる．可動性のない前部を**硬口蓋**(hard palate)，可動性のある後部を**軟口蓋**(soft palate)もしくは**口蓋帆**(velum)と呼ぶ．口蓋帆という名称は軟口蓋の後半の，上下動に際して移動量の顕著な部位だけをさして用いられることもある．図1.3には軟口蓋が挙上された状態と下降した状態をともに示してある．軟口蓋の後端に位置する小さな突起部を**口蓋垂**(uvula)と呼ぶ．いわゆる「のどひこ」である．口蓋垂は口を開ければ外部から視認することができ

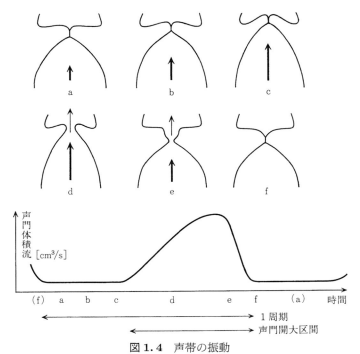

図 1.4 声帯の振動
上は前方向から眺めた声帯振動．太い矢印は声門下圧の上昇を示し，細い矢印は声門を通過する気流を示す．下は声門体積流の時間変化．

る．

　硬口蓋の前縁と左右は歯列によって U 字型に囲われている．歯列に接する部位が**歯茎**(alveolar ridge)であるが，音声学で歯茎という場合，硬口蓋の前縁で門歯(前歯)に接する部位をさしている．硬口蓋は歯茎より内部では深い凹形をなして上方にえぐれているが，このえぐれかたには大きな個人差があり，調音運動の個人差に影響をおよぼしていると考えられている．

　声道の形状は随意的に大きく変更することができる．言語音の生成を目的としておこなわれる声道形状のダイナミックな制御を**調音**(articulation)という．声道形状の変化をひきおこす運動可能な音声器官には，唇，舌，軟口蓋，下顎，咽頭がある(図 1.3)．

　唇が関係する調音には，上下の唇でおこなうものと下唇と上顎門歯でおこなうものとがある．いずれの場合も声道を閉鎖したり狭窄をつくりだすことが可

能である．下唇は解剖学的に下顎に結合されているため下顎の位置変化に付随した移動が生じるが，これとは独立に上下の唇を左右に引きのばしたり前方へ突きだすことができる．調音音声学ではこの突きだしを**円唇化**(lip rounding)と呼ぶ．円唇化の有無は母音の分類における重要な分類基準のひとつである．

舌はもっとも可変性に富む調音器官である．舌は門歯から咽頭にいたるまでの声道各部位において狭窄や閉鎖を作りだすことができ，言語音の多様性に大きく寄与している．舌の形状を正確に把握することは音声研究にとってきわめて重要であるから，調音音声学では舌の表面に以下のような名称を与えて分類に役立てている．

まず発話の準備状態を想定する．これから何か言い始めようとする発話開始直前の状態である．この状態では下顎がもちあげられ，上下の唇が軽く接し，舌の一部は硬口蓋に接している．前舌面（まえじためん）(front of tongue)は発話の準備状態において硬口蓋に面する舌の表面をさす．奥舌面（おくじためん）(back of tongue)は同じく軟口蓋に面する部位を，中舌面（なかじためん）(centre of tongue)は硬口蓋と軟口蓋の境界部に面する部位をさす．舌端（したはじ）(blade of tongue)は歯茎に面する部位，舌尖（したさき）(tip of tongue)は舌の最先端部，そして舌根(root of tongue)は咽頭に面する最奥部をさす．子音の調音では舌尖と舌端がしばしば類似した調音運動に関係する．このため調音音声学では舌尖を利用した調音を舌尖的(apical)な調音，舌端を利用した調音を舌端的(laminal)な調音と呼んで区別することがある．

軟口蓋の上下動は声道形状を根本的に変化させる．軟口蓋が挙上されると鼻腔が声道から遮断されるので声道は分岐をもたない単純な管になる．軟口蓋が下降すると鼻腔が声道に接続され声道形状は複雑化する．鼻腔が接続された状態で調音される音は**鼻音**(nasals)と呼ばれ，「鼻にかかった」音色によって特徴づけられる．鼻腔の接続の有無は完全なオン・オフ現象ではなく，軟口蓋の挙上の程度によって様々な中間段階がありうる．そのため鼻音化にも程度差が認められる．また生理的には軟口蓋が完全に挙上された状態でも，口腔内の音響エネルギーの一部は軟口蓋の振動を通して多少とも鼻腔に影響を与えている．

下顎(mandible)の運動には回転と前後方向への移動（すべり）のふたつの成分が認められ，開くにつれ前方へすべる傾向がある．解剖学的には舌と結合されているので，両者の運動は密接に関係している．実際，通常の発話では下顎の垂直方向の位置と母音の広狭(1.5節参照)との間に強い相関が認められる．た

だし，歯間にものをくわえるなどして顎を固定した条件下でも了解度の高い音声を発音することが可能であることから，音声生成における舌と下顎の運動には基本的に別個の自由度が与えられているものと推測される．

咽頭は咽頭筋の活動によって容積を減少させる．その他，舌の前後への移動や喉頭の上下動によっても咽頭の容積は変化する．舌根部を強く後退させると，咽頭において狭窄を形成したり声道を閉鎖することも可能である．ただし咽頭での閉鎖を調音に利用する言語は知られていない．これは咽頭に生理的な反射が存在するからであろう．

1.4 音声記号

調音音声学における言語音の分類法は必ずしも一様でなく，表記に利用される音声記号も様々なものが提案されている．ここでは代表的な体系として，**国際音声記号**(International Phonetic Alphabet, IPA)を解説する．IPA は 19 世紀末にヨーロッパの言語学者・語学教師が設立した国際音声学協会(International Phonetic Association)が中心となって提案した分類体系であり，広く実用的な価値を認められている．音声記号体系のなかには，実存するか否かを問わずに人類に発音可能な言語音すべてを規定しようとするものもあるが，IPA では現存する人類の諸言語において語の意味の対立に貢献している言語音に，アルファベットを基盤とした記号を組織的に割り振ることが作業原則となっている．したがって，未知言語の記述調査の進展によって，新たな言語音が発見されれば新しい記号や補助記号を考案する必要が生じる．実際，1883 年の初版以来 IPA には数次の改定が加えられてきており，近年では 1993 年にかなり大幅な改訂が加えられた．

IPA では言語音を**分節音**(segmental sound)と**超分節音**(suprasegmental sound)とに大別し，それぞれに記号を用意している．超分節音は本稿の用語に従えば韻律的特徴にあたるが，分節音に比較すると記号はあまり充実していない．以下，1.5 節，1.6 節で分節音の分類方法について解説した後，1.7 節で分節音どうしの結合体である音節に触れ，1.8 節で超分節音の分類方法について解説する．

分節音に関する最も基本的な分類は**母音**(vowel)と**子音**(consonant)の区別で

ある．両者間の相違は絶対的なものではないが，一応以下のような相違点を認めることができる．

(1) 母音調音時の声道には気流を阻害する顕著な狭窄が存在しないのに対して，子音調音時には声道中のどこかに顕著な狭窄ないし閉鎖が存在する．

(2) 母音は聴覚的なきこえの大きな言語音である．そのため，複数の言語音が音節にまとまる際には，母音が音節の主要部をになうのが普通である(1.7節参照)．子音のきこえは母音に比べて小さいため，単独で音節を形成することができないものが大多数である．

(3) 音響的にみると，母音の音源が声であるのに対して子音には声を音源としない無声子音もある．無声子音は声道中の狭窄ないし閉鎖によって声道中の呼気流が阻害されることによって生じる雑音を主要な音源として生成される．

1.5 母音の分類

図 1.5 が IPA による母音の分類である．分類基準は①舌の最高点の前後位置，②舌の最高点の上下位置，③円唇化の有無，の三つである．①には**前舌**(front)，**中舌**(central)，**奥舌**(back)の 3 段階を，②には**狭**(close)，**半狭**(half close)，**半広**(half open)，**広**(open)の 4 段階を認め，③には**非円唇**(unrounded)と**円唇**(rounded)の 2 状態を認める．図 1.5 では便宜上，非円唇母音と円唇母音とに分けて表示した．

舌の最高点とは，母音調音時の舌表面の形状を正中断面において観察した場合に，その輪郭線のなかで垂直方向の位置が最高となる舌の部位をさす概念である．舌の輪郭は X 線画像などによって知ることができるが，調音音声学ではその種の実測データを利用することは一般的でない．一般に利用されるのは，基準点となる母音群(**基本母音** cardinal vowels と呼ばれる)を定めて，それらが図 1.5 の母音チャート中に占める位置と音色を記憶し，それを基準として観察対象とする母音がチャート中に占める位置を相対的に決定する，主観的な記述方法である(容易に想像されるように，このような記述に熟達するには経験を積んだ指導者による組織的なトレーニングを受ける必要がある)．

③は視認も可能であるから，①②にくらべると判断が容易である．日本語の

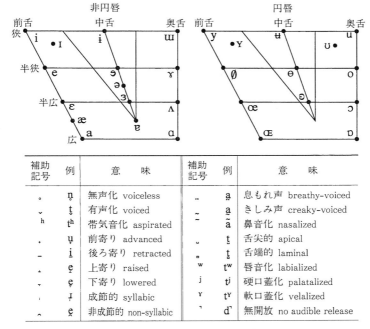

図 1.5　IPA による母音の分類と補助記号

母音では，フランス語などに比較すると軽微であるが，「オ」に円唇化が認められる．「ウ」の円唇性には方言差があり，伝統的な東京方言では非円唇母音，近畿方言では円唇母音で調音されると言われている．

　図 1.5 の分類に従えば，[i] は非円唇前舌狭母音，[ɒ] は円唇奥舌広母音というように，母音の性質を離散的に規定することができる．(この例のように音声記号はブラケット [　] に囲んで使用する．これは音韻論の記号と区別するためであり，音韻記号はスラッシュ / / で囲んで使用するのが慣習である．音韻論については 1.9 節および第 2 章参照)．

　しかし，母音の音色は本来連続的な変化が可能である．「イ」を発音しながらゆっくりと顎を開いてゆくと，母音は「エ」を経由して英語の [æ] に類した母音へと切れ目なく変化してゆく．上記の分類はこの連続体をかなり大きな幅で切りとることによって量子化 (quantize) したものであるから，諸言語の母音がすべて量子化された位置 (つまり図 1.5 における線分の交差点) におさまるとは限らない．現に図 1.5 にも線分の交差点以外の位置に配置されている母音があ

る．例えば，英語に頻出する[æ]は半広母音と広母音の中間に位置づけられている．この母音は「[ɛ]よりも広く[a]よりも狭い非円唇前舌母音」と規定されているのである．

　IPA には調音位置の細かな指定をおこなうための補助記号群も規定されている (図 1.5 参照)．今，仮に[æ]という記号がないとすれば，英語の *cat* は[kɛ̞t]もしくは[kat̞]と表記されることになるだろう．しかし，いくら補助記号を追加しても音声表記における誤差をなくすことはできない．むやみに細かく補助記号を指定しても，記号を読む側に正確な音色は伝わらないので注意が必要である．言語音の記述・分類をおこなう際に大切なことは，記述・分類の目的を明確にした上で，その目的にかなうだけの精度の分類を施すことである．

　母音のなかには時間に沿って音色が変化する母音群がある．これを通常の**単母音** (monophthong) から区別して**二重母音** (diphthong) と呼ぶ．二重母音は母音記号を連ねて[vv]のように表記するが，二重母音を構成する二つの要素はどちらかがより強く明瞭に発音され，他方がより弱く発音されるので，弱いほうの要素を明示するために[vv̯]のように補助記号を添えることができる．[vv̯]のタイプのものを**下降二重母音**，[v̯v]のタイプのものを**上昇二重母音**と呼んで区別することがある．二重母音は音節の形成 (1.7 節参照) にあたっては単母音と同様に機能し，二つの要素は同一の音節に所属する．

　英語は二重母音に富んだ言語であり，[eɪ̯] (*hate*)，[oʊ̯] (*code*)，[aɪ̯] (*hide*)，[aʊ̯] (*how*)，[ɔɪ̯] (*voice*) など多数の下降二重母音がある．特に米語では単母音に分類される母音も，*cat* が辞書に記載されている[kæt]よりも[kɛət]に近く発音されるなど，しばしば二重母音化して発音されるほどである (竹林 1996)．

　日本語 (東京方言) にも[aɪ̯] (「愛」「境」) や[oɪ̯] (「恋」「鎧」) などの下降二重母音が存在すると言われている．確かにこれらの母音は同一の音節に所属するが，モーラとしては独立している (1.7 節参照)．日本語に二重母音を認める根拠として最も堅固なものは，アクセントによるピッチ下降の契機 (アクセント核) が，単一形態素の内部では[aɪ̯]や[oɪ̯]の第 1 要素に置かれることはあっても第 2 要素に置かれることはないという事実 (1.8 節参照) である．また，多くの方言で標準語の[aɪ̯]や[oɪ̯]に対応する母音が[ɛː]や[æː]などさまざまな単母音に変化していることも傍証のひとつとみなせるだろう．

1.6 子音の分類

表 1.1 に IPA における子音分類を示す．分類基準は，①気流生成機構，②声，③調音位置，④調音様式の四つである．このうち①は気流をおこすメカニズムについての分類であるが，子音の大多数は肺臓によって生成される気流を利用するので，その場合は省略することが多い．以下では②, ③, ④ の順に解説した後に①に触れる．表 1.1 にも肺臓気流による子音のみを示している．

表 1.1 IPA による子音の分類（肺臓気流子音）

	両唇音 bilabial	唇歯音 labiodental	歯音 dental	歯茎音 alveolar	後部歯茎音 postalveolar	そり舌音 retroflex	硬口蓋音 palatal	軟口蓋音 velar	口蓋垂音 uvular	咽頭音 pharyngeal	声門音 glottal
閉鎖音 stop	p b			t d		ʈ ɖ	c ɟ	k ɡ	q ɢ		ʔ
鼻音 nasal	m	ɱ		n		ɳ	ɲ	ŋ	ɴ		
ふるえ音 trill	ʙ			r					ʀ		
弾き音 tap, flap				ɾ		ɽ					
摩擦音（中心的） fricative	ɸ β	f v	θ ð	s z	ʃ ʒ	ʂ ʐ	ç ʝ	x ɣ	χ ʁ	ħ ʕ	h ɦ
接近音 approximant		ʋ		ɹ		ɻ	j	ɰ			
側面接近音 lateral approximant				l		ɭ	ʎ	ʟ			

ひとつのセルに記号がふたつある場合，左側が無声音，右側が有声音の記号．陰をつけたセルは調音不可能と考えられている．

(a) 声

すでに 1.3 節で述べたように，声に関する基本的な分類は有声音と無声音の区別である．子音についてはこれで十分なことが多いが，声帯振動の様式を考慮することによってさらに詳細な分類をおこなうことができ，これを**発声様式**（phonation type）と呼ぶ．発声様式は以下の説明からわかるように，分節音の範囲を越えて広がり，一種の韻律的特徴として発話を特徴づけることがある．Laver (1995) は発声様式を，**有声**（voicing），**無声**（voicelessness），**ささやき**（whisper）に三分し，有声，無声をさらに下位分類しているが，ここでは有

声とささやきをとりあげることにする．

　有声は，地声，裏声，きしみの3種に下位分類できる．**地声**(modal voice)は中低域のピッチで発せられる声であり「普通」の声である．声帯の全体が振動して生成される声であり，音響的には**倍音**[†]に富んでいる．これに対し，**裏声**(falsetto)は高いピッチ域で生じる声である．声帯はピッチを上昇させるために前後に引き伸ばされ，その辺縁部が振動することによって裏声が生成される．

　声帯の振動にともなう声門面積の変化を観察すると，地声と裏声との間に相違が認められる．地声では振動の1周期中に声門が完全に閉鎖した区間(声門面積がゼロの区間，図1.4参照)が観察され，1周期中の半分近くを占めているが，裏声では声門閉鎖区間の比率が顕著に低下し，ゼロに接近する．つまり，裏声では声門が持続的に閉鎖されることがなく，声門面積の時間変化は，正弦波に類似したなめらかな曲線を描く(粕谷・楊1995)．

　きしみ(creak)の生成機構はまだ十分に解明されていない．通常きわめて低いピッチ域(男性で50 Hz以下)で生じる声であり，地声で発声可能な最も低い声よりもさらに低い声を出そうとすると，きしみの発声に移行すると言われている．声帯振動の周期に不規則性が認められるのが特徴であり，ピッチにも声門閉鎖区間の比率にも大きな変動が認められる．ピッチがきわめて低いために，声門の開閉をひとつひとつ個別に聴きとることができるように感じられる．

　ささやきでは声帯は振動しておらず，気流は強い雑音性を帯びている．この雑音性は，ほぼ閉じられた声門において，呼気が左右の披裂軟骨の間に確保されたわずかな空隙を通って声道内に流入することにより生成されると言われているが，ファイバースコープで観察してみると，常にこのような状態が観察されるとはかぎらない．また，ささやきの発声時には，喉頭が引き上げられると同時に喉頭蓋が喉頭の方向に倒れるために，両者が接近するのが普通であるが，これとささやきの音響特徴との因果関係もまだ明らかにされていない．

　ふたつの発声様式が同時に現われることもあると考えられている．例えば，**息もれ声**(breathy voice)と呼ばれる発声では，左右の声帯がある程度距離を保ったまま，つまり声門面積がゼロになることなく振動する．そのため地声の有する倍音構造に息のもつ乱流成分が混在した声が実現される．このほか混在型の発声様式にはささやき声(whispery voice)，きしみ声(creaky voice)などが考えられている．IPAには発声様式に関する補助記号も一部用意されており，息

もれ声は[a̤]，きしみ声は[a̰]のように表記される．

　日本語では無声と有声の区別だけが言語的情報の伝達に役立っている．しかし，その他の発声様式もパラ言語的情報・非言語的情報の伝達に役立っている．ささやきが内緒話に利用されることは周知のとおりである．息もれ声は女性の性的アピールにつながると言われている．女声は男声に比較すると元来息もれ声に近い性質をもっているからであろう．会議などの公的な場で「えー，この件につきましてー」のように文節の末尾を長く延伸しながら発音する人がいるが，その延伸された部分の母音がきしみ，ないしはきしみ声で発声されていることがある．ちなみに日本語ではこの種のきしみ声はもっぱら中年以上の話者に限って観察されるようであり，話者の社会言語学的な指標となっているようである．

(b) 調音位置

　調音位置(place of articulation, **調音点** point of articulation とも言う)は子音の調音に必要な狭窄ないし閉鎖(以下まとめてただ狭窄と呼ぶ)が声道のどこに生じるかについての分類である．図 1.6 にいくつかの例を示す．例えば子音[p]では上下の唇があわさって声道を出口で閉鎖するから(図 1.6A)，この子音の調音位置は唇であり，両唇音と呼ばれる．日本語の「フ」の子音もやはり調音位置は両唇にある．

　表 1.1 に現れる調音位置は以下のとおりである．唇歯音では上顎門歯と下唇が狭窄をつくる．歯音では上顎門歯と舌尖．歯茎音では上顎門歯の歯茎と舌尖ないし舌端(図 1.6B)．そり舌音では硬口蓋と舌尖．硬口蓋音では硬口蓋と前舌面(図 1.6C)．軟口蓋音では軟口蓋と奥舌面(図 1.6D)．口蓋垂音では口蓋垂を含む軟口蓋最後部と奥舌面．咽頭音では咽頭壁と舌根．声門音では左右の声帯．

　歯茎付近には多くの子音が集中するので「歯音」「歯茎音」「後部歯茎音」と分類が細分されている．「そり舌音」は厳密に言えば狭窄が生じる位置の名称ではなく，狭窄を形成する際の舌の形状に言及した名称である．この子音の調音では舌尖が上にむけられ奥舌面が下降するため，舌は全体としてそりかえった形状をとる．

　調音位置の変化による子音の音色の変化は母音に比べて不連続性が強い．例

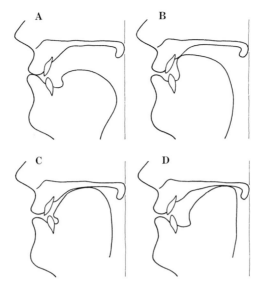

A: 両唇音，B: 歯茎音，C: 硬口蓋音，D: 軟口蓋音
図 1.6　子音の調音位置

えば無声摩擦音を発音しながら調音位置を歯茎から後部歯茎へと連続的に移動させても，聴覚的には歯茎摩擦音［s］が後部歯茎摩擦音［ʃ］に突然変化するように聞こえる．このような不連続性のために，子音は記号による量子化が母音に比べて容易である．

(c) 調音様式

調音様式(manner of articulation)は，原則的には調音位置における狭窄のタイプに関する分類であり，その場合，狭窄の強さと時間変化パタンが重要な分類基準になる．しかし，調音様式に分類される特徴のなかには，鼻音のように調音位置における狭窄のありかたとは直接関係しないものもあるので，注意が必要である．

閉鎖音(stop)　調音位置で声道が完全に閉鎖されることにより，一時的に気流の出口がなくなるタイプの調音である（**破裂音** plosive とも呼ぶ）．例えば無声両唇閉鎖音［p］では上下の唇によって声道が閉鎖される．閉鎖の形成後も呼気の流入が続行されるため，声道内部の気圧が外気に対して上昇する．その状

態で閉鎖をすばやく開放すると，気圧差によって一種の破裂が生じ，短いパルス状の音が生じる．無声閉鎖音の場合，この音が子音の音源となる．有声閉鎖音の場合は喉頭音源（声）に加えて破裂によるパルスが生じるから，音源がふたつ存在することになる．図1.7の左に閉鎖音の調音機構を模式化して示した．

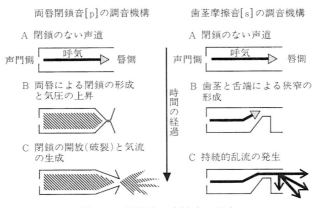

図1.7 閉鎖音と摩擦音の調音

閉鎖という調音動作には，さらにいくつかの下位分類が可能である．例えば英語や韓国語では英語の *cat* [kæt]，韓国語の「韓国」[hanguk] などのように語末に閉鎖子音をもつ語が単独で発音される場合，閉鎖子音 [t] や [k] では閉鎖が形成されるだけであって開放されることはないのが普通である．IPA ではこのような開放なしの閉鎖音を [t̚] [k̚] のように補助記号を利用して表記する（記号 [̚] は1.8節で述べるアクセント核の音韻記号 /ꜜ/ と酷似しているので注意）．また閉鎖子音に母音が後続する場合，破裂の開放から母音の始端に到るまでの推移過程にはいくつかの類型が認められ，これを言語的情報の伝達に利用する言語がある（本節(d)参照）．

摩擦音(fricative)　声道が完全に閉鎖されることはないが，調音位置における呼気の流路が狭いために，呼気に持続的な乱流が生じるタイプの調音である．閉鎖音と同様，無声音ではこの乱流が，有声音では声と乱流がともに子音の音源となる．乱流の生じる呼気流路が声道の正中面に確保されるものを**中線的**(median)と呼び，正中面は舌尖によって閉鎖されているが，その左右に流路が確保されているものを**側面的**(lateral)と呼んで区別する．日本語のサ行子音

は中線的である．図1.7の右側は摩擦音の調音機構を示している．

有声摩擦音の場合，子音を持続的に発音しながら狭窄を次第に減少させてゆくと，やがて乱流が消失し母音へと移行する．日本語のザ行拗音「ジャ」の子音ならば中舌狭母音[ɨ]（くぐもった印象をあたえる「イ」）へと移行する．その際，母音への移行の少し前に，子音と母音の中間的な音色をもった有声音が生じる．これを**接近音**(approximant)と呼ぶ．調音音声学の教科書には半母音あるいは半子音というカテゴリーを認定するものがあるが，そこに分類される言語音の多くは接近音である．言語的情報の伝達に果たす機能や音声の形成に果たす機能からみると，接近音は母音よりも子音に類似しているので，IPAでも子音表のなかに分類されている．

破擦音(affricate)　閉鎖音と摩擦音の調音上の特徴をあわせもつ子音である．調音位置において声道がいったん閉鎖される点は閉鎖音と同じであるが，閉鎖の開放に続けて同じ調音位置の摩擦音が生成される．図1.7に従えば閉鎖音のC段階に摩擦音のC段階が続く調音である．日本語タ行のうち「チ」の子音は無声後部歯茎破擦音[tʃ]，「ツ」の子音は無声歯茎破擦音[ts]である．IPAの子音表では破擦音に対して独立した記号は定義されておらず，上例のように破裂音記号と摩擦音記号とを連ねて表記する．必要であれば[t͡s]のようにスラー記号で繋いでもよい．

なお，後述する音韻論では，閉鎖音，摩擦音，破擦音をまとめて**阻害音**(obstruent)と呼ぶことがある．これは，これら3子音が様々な言語において，しばしば共通した音韻論上の振る舞いを示すためである．

鼻音(nasal)　鼻音の調音では口腔中に閉鎖が形成されると同時に軟口蓋が下降して鼻腔が調音に関与する．鼻音は原則として有声音であり，鼻腔が呼気の通路となる．鼻腔には閉鎖を形成できないので持続的な調音が可能である．鼻音は呼気の通路に強い狭窄が存在せず，声が声道による共鳴をうけて形成されるという点では母音の調音に類似している．そのため，子音のなかでは相対的にきこえの大きな言語音である．

日本語ではナ行に歯茎鼻音[n]，マ行に両唇鼻音[m]があらわれるほか，伝統的な東京方言のように，語中のガ行子音が軟口蓋鼻音[ŋ]で発音される方言が東日本を中心に分布しており，ガ行鼻濁音をもつ方言と呼ばれる．日本語の撥音（はねる音）も鼻音であるが，撥音という単位は音韻論上の抽象的な単位で

あり，音声学的には後続する言語音に依存して様々な鼻音ないし鼻母音として実現されている(1.9 節参照).

側面音(lateral)　声道の正中面が舌によって閉鎖され，その左右に呼気の通路が確保されているタイプの調音を側面音と呼ぶ．通常，有声音である．先に説明したように摩擦音に側面的摩擦音があるが，ただ単に側面音という場合は，摩擦的な雑音をともなわない接近音のことをさしている．側面音の調音位置は歯茎から硬口蓋にかけての部位に限定されている．英語の *love*，仏語の *livre* などの語頭子音は有声歯茎側面音(接近音)である．側面音は，鼻音と同じく呼気の通路に強い狭窄が存在せず，声が声道の共鳴を受けて形成される音であるから，母音に類似しており，きこえも大きい．

ふるえ音(trill)　舌尖を歯茎に接近させるか軽く接触させた状態で呼気を送りこむことにより，舌尖を振動させることができる．このように音声器官の振動をともなう子音をふるえ音と呼ぶ．口蓋垂を奥舌面に接近させて振動させたり，上下の唇をあわせて振動させることもできる．舌尖の場合，振動の回数は3回程度である．スペイン語やロシア語には歯茎ふるえ音が，ドイツ語やフランス語の南仏方言には口蓋垂ふるえ音が観察される．日本語でも，江戸前の落語では様式化された江戸っ子のベランメエ口調のなかで歯茎ふるえ音を用いることがあるように，一種の社会方言特徴となっている．表 1.1 ではふるえ音を有声音に分類しているが，現実には無声化して発音されることがある．

弾き音(tap もしくは flap)　ふるえ音と類似しているが，舌尖と口蓋との接触が一度だけしか起こらないタイプの調音である．通常，有声音である．日本語のラ行子音は調音上の変異に富むが，語中では弾き音として調音する人が多い．英語では綴り上 t, d で表記される子音が，母音間ではしばしば弾き音として調音される．そのため日本人の耳には *latter* が「ララー」のように，また *rider* が「ライラー」のように聞こえる．逆に英語を母語とする話者が日本語を学習すると，語中でのラ行音とダ行音の識別に困難を覚える．

なお音韻論では側面音，ふるえ音，弾き音の3者をまとめて**流音**(liquid)と呼ぶことがある．先に言及した阻害音と同じく，これも音韻論的な総称である．

(d)　副次調音

以上，ひとつの子音の調音位置は1か所という前提にたって子音の基本的な

タイプを概観した．しかし，その他に，声道中のふたつの位置で同時に狭窄が形成される子音もある．また声道での調音に加えて喉頭や声門での調音が生じることもある．こうした現象を**副次調音**(secondary articulation)と呼び，主要な狭窄と副次的な狭窄との組み合わせとして記述する．

口蓋化(palatalization) 主要な調音の位置が硬口蓋以外の位置にある子音において，副次的調音として前舌面が硬口蓋に接近することがある．ロシア語の口蓋化子音群（いわゆる軟子音）が有名である．IPA 最新版では [tʲ][dʲ] のように j を上付きにして表示することになったが，従来は [t̪][d̪] のような記号を用いていた．

日本語子音の多くは母音 /i/ の前で調音点が硬口蓋よりに変化する．日本語の研究文献ではこれを子音の口蓋化と呼ぶことがあるが，ロシア語などにおける口蓋化とは異質であり，副次調音とみなすよりも調音位置の移動とみなすほうが妥当であろう．日本語の音声表記では「シ」「チ」の子音の調音位置を後部歯茎とみなして，それぞれ [ʃi], [tʃi] と表記することが慣習となっている．「ヒ」は硬口蓋の記号を利用して [çi] と表記するのが慣習である．ナ行の「ニ」にも「シ」「チ」と同様の変化が生じるが，IPA では後部歯茎鼻音に専用の記号を用意していないので，口蓋化の補助記号を援用して [nʲi] と表記するか，硬口蓋鼻音の記号を援用して [ɲi] と表記することが考えられる．「キ」の子音調音位置も硬口蓋にむけて顕著に移動するが，やはり記号が用意されていないので，[kʲi] と表記するのが一案である．

日本語の拗音（「シャ・シュ・ショ」「キャ・キュ・キョ」など）にも，上に説明した「口蓋化」子音があらわれる．ただし，子音の調音位置が両唇にあるパ行，バ行，マ行の拗音では，子音自体の調音位置は変化せず，後続する母音 /a/, /u/, /o/ に生じる強い口蓋化によって拗音の音色が生みだされる．「パ」と「ピャ」の調音運動を比較すると，「ピャ」では子音の調音中に舌が硬口蓋に接近して，ほぼ /i/ の位置をとり，その後 /a/ に移動することがわかる．やはり口蓋化の記号を利用して [pʲa], [pʲu], [pʲo] のように表記することができる．

唇音化(labialization) 主要な調音に加えて上下の唇が接近して狭めを形成するタイプの調音である．日本語の歴史を遡ると，[kʷ][gʷ] のように唇音化された軟口蓋閉鎖子音と唇音化のない [k][g] との対立が言語情報の伝達に利用

されていた時期がある．旧仮名遣い(歴史的仮名遣い)で「火事」を「くわじ」，「外国」を「ぐわいこく」と表記するのは元来 [kʷa][gʷa] を表記したものである．国語学で合拗音と呼ばれるこの子音は，現在でも山陰や東北の方言では高齢者の発話で耳にすることができる．

軟口蓋化(velarization)　奥舌面が軟口蓋に接近するタイプの二重調音である．英語の *loop* と *pool* を比較すると語末の側面音は軟口蓋化されるために語頭に比べて暗い音色が感じられる(dark L と呼ばれる)．IPA が規定する軟口蓋化の補助記号を利用すれば，この子音を [lˠ] と表記できるが，英語音声学では専用記号を用いて [ɫ] と表記するのが普通である．この記号は，軟口蓋化と並んで咽頭化(舌根部が後退して咽頭壁に接近すること)が生じていることを示すものである．

二重調音子音(consonant with double articulation)　以上は主要な調音に副次的な調音が加わったとみなされる場合であったが，主副の区別がつけられない場合もある．西アフリカの言語のなかには唇と軟口蓋で同時に閉鎖がおこる子音があるといわれている．[kp][gb] のように単に記号を連ねるか，[k͡p][g͡b] のようにスラーで繋いで表記する．破擦音と同じ表記法であるが，第2要素が閉鎖音である点で区別がつく．身近なところでは，日本語のワ行にあらわれる [w] が軟口蓋と唇に調音点をもつ有声両唇・軟口蓋接近音である．

喉頭での副次調音　喉頭も副次調音に関係する．閉鎖音のなかには閉鎖の開放(破裂)の後に呼気による強い雑音が生じるタイプがある．この雑音を**気音**(aspiration)と呼び，気音をともなう閉鎖子音を**帯気音**(aspirated consonant)という．日本語の無声閉鎖音には弱い気音が観察されるが，英語では *pit* と *spit* を比較するとわかるように，音節頭の閉鎖音には日本語よりも明らかに強い気音がともなう．IPA で表記すれば [pʰɪt][spɪt] である．

韓国語の閉鎖音には「平音」「激音」「濃音」と呼ばれる3種のカテゴリーがある．このうち「激音」は英語よりもさらに強い気音を伴う閉鎖音であり，「平音」は逆に全く気音を伴わない閉鎖音である．日本語や英語では気音の有無によって言語的情報が伝達されることはないが，韓国語では平音と激音との対立によって言語的情報が伝達されている．韓国語の平音のように気音をともなわないタイプの子音を**無気音**(unaspirated consonant)と呼ぶ．

喉頭に関係した副次調音とみなされている現象の中には，実際には発声様式

の問題として把握すべきものもある．ヒンディー語には有声帯気閉鎖音が存在すると言われているが，これは有声閉鎖音に後続する母音が息もれ声で調音されるものである．子音の喉頭化(laryngealization)という表現も，後続するきしみ発声の母音をさして用いられることがある．

無声化と有声化(devoicing and voicing)　本来有声である言語音が声を失って発音されるのが無声化であり，反対に本来無声である音に声がともなうのが有声化である．日本語の大多数の方言では無声子音に前後を挟まれた狭母音[i][ɯ]は「北」[ki̥ta]，「草」[kɯ̥sa]のようにほぼ規則的に無声化する．「明日(あした)」のように狭母音に先行する子音が摩擦音である場合は無声母音も生じず，先行子音の持続時間に軽微な延長をともなって[aʃːta]のように発音されるのが普通である（記号ːはIPAが規定する持続時間延長の記号であるが，コロン：で代用できる）．日本語では，このほかラ行子音にも無声化が観察されることがある．

無声子音の有声化の例を日本語に探すと，「母」のように無声声門摩擦音[h]が前後を広母音[a]に挟まれた場合に有声化することがある．有声声門摩擦音[ɦ]として表記するか，有声化の補助記号を利用して[h̬]と表記する．

(e)　気流生成機構

先に述べたように，言語音のなかには肺臓以外の器官を利用して気流を生成するものがある．これを**非肺臓気流子音**(non-pulmonic consonant)と呼ぶ．気流の生成に利用される器官には喉頭と舌がある．図1.8に非肺臓気流子音の生成機構を模式化して示し，表1.2にIPAが規定する非肺臓気流子音の分類と記号を示す．

放出音(ejective)　喉頭を上昇させて声道内に気流を生成するタイプの子音

表1.2　IPAによる非肺臓気流子音の分類

吸着音 click		有声入破音 voiced implosive		放出音 ejective	
両唇音	ʘ	両唇音	ɓ	両唇音	p'
歯音	ǀ	歯/歯茎音	ɗ	歯/歯茎音	t'
(後部)歯茎音	ǃ	硬口蓋音	ʄ	軟口蓋音	k'
歯茎硬口蓋音	ǂ	軟口蓋音	ɠ	歯茎摩擦音	s'
歯茎側面音	ǁ	口蓋垂音	ʛ		

1.6 子音の分類　27

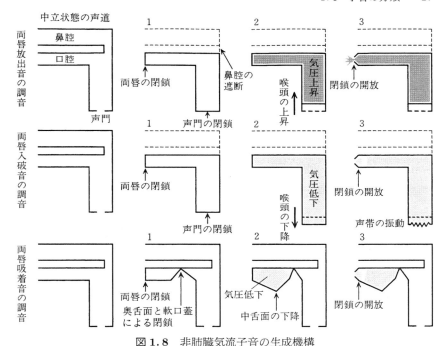

図 1.8　非肺臓気流子音の生成機構

である．典型的な放出音の場合，唇，歯茎，軟口蓋などで口腔を閉鎖すると同時に声門も閉鎖し，声道中に両端の閉じた部分管を形成する．この状態で喉頭を持ちあげると部分管内部の気圧が上昇する．その時点で唇などの閉鎖を開放すると閉鎖音に酷似した破裂が生じる．同じメカニズムによって摩擦音的な持続的雑音を生じさせることも可能である．放出音の生成では声門が閉鎖されていなければならないから，口腔の閉鎖が維持されている状態では声帯を振動させることはできない．

　入破音(implosive)　この子音では，放出音とは逆に喉頭を下降させることによって部分管中の気圧を低下させた後，口腔中の閉鎖と声門の閉鎖を同時に開放して気流を生成する．入破音の場合，口腔中に完全な閉鎖を形成しておく必要があるので摩擦音的な調音はおこないにくい．

　放出音と入破音の生成時には口蓋帆を挙上して鼻腔を口腔から遮断しておかなければならない．そうしないと鼻腔を介して外気との接触が生じるため，部分管中の気圧を変化させることができなくなるからである．

吸着音(click)　口腔内で舌の運動によって気流が生成されるタイプの子音である．喉頭は気流の生成に関係しない．日本語で不満を表わすために発せられる舌打ち音は吸着音の一種である．舌尖を用いて歯茎ないし門歯で口腔前部に閉鎖を形成すると同時に，奥舌面を利用して軟口蓋でも声道を閉鎖する．次いでふたつの閉鎖を維持したまま中舌面を下降させると，口蓋と舌面との間に密封された空気の気圧が低下する．この状態で舌尖の閉鎖を開放すると歯茎吸着音が生じる．吸着音の調音位置つまり口腔前方の閉鎖位置には両唇，後部歯茎，歯茎と硬口蓋の境界(palatoalveolar)などがある．

　吸着音を声について分類するならば無声音に分類するのが妥当である．しかし，吸着音の調音と併行して声帯を振動させることは可能である．吸着音の調音では口腔は咽頭とも鼻腔とも切り離されているから，口蓋帆を下降させれば鼻腔を通じて声門の上下に気圧差を確保することができ，吸着音と同時に鼻音を生成することができる．つまりハミングしながらでも舌打ちを発することができるということである（ただし，このような鼻音をともなう吸着音が言語音として利用されているかどうかは不明である）．

1.7　音　　節

　先に1.4節で母音と子音の主要な相違点のひとつとして音節形成における役割の違いを指摘した．また1.5節では二重母音について，1.6節では帯気音についての説明のなかで音節という語を用いた．このように「音節」は音声の分類においてしばしば言及される概念なのだが，実は，音節を音声学の観点から正確に規定することは困難であり，音韻論の観点から規定するほうが容易である．ここでは1.8節での解説をさきどりして，音韻論の観点から説明をおこなうことにする．

　音節(syllable)とは，簡単に言えば互いに隣接する複数の分節音が強く結びついたまとまりのことである．どのような言語でも発話は音節に分解することができるが，その分解方法は言語ごとに定まっている．例えば日本語の「魚」は sa.ka.na と切れて，sak.an.a などとは切ることができない．しかし英語の *suckling* [sʌkliŋ]ならば suck.ling である．

　音節は通常，きこえの大きい分節音が核となり，その前後にきこえの小さい

分節音を従えた構造をとる．ここで，**きこえ**(sonority) とは，個々の分節音のもつ主観的な音の大きさのことである．きこえを客観的に把握することは困難であるが，大局的には調音様式との関係で，

閉鎖音＜摩擦音・破擦音＜鼻音・側面音＜母音

のような序列が成立するものと考えられている．きこえの大きい分節音の典型は母音であり，子音のきこえは母音よりも小さいから，多くの場合，音節は母音を核としてその前後に子音を従える構造をとる．ただし，言語によって，また語によっては鼻音や側面音が核となることもあり，例えば英語の *channel* [tʃænl] や *chasm* [kæzm] は 2 音節語であり，語末の側面音と鼻音が第 2 音節の核となっている．このような子音は**成節的** (syllabic) であると呼ばれる．

　音節の内部構造に関する最も基本的な分類は，母音で終わる**開音節** (open syllable) と子音で終わる**閉音節** (closed syllable) との区別である．母音を V，子音を C とすれば，典型的な開音節は CV，典型的な閉音節は CVC と表わせる．V，CCV なども開音節であり，VC, CCVC, CVCC なども閉音節である．

　英語は閉音節構造が顕著な言語であり，基礎語彙の多くが閉音節構造をなしている (*sun, moon, cat, dog, hand, foot,* …)．また，*splash* [splæʃ], *strikes* [stɹaɪks] のように複数の子音が母音の前後に配置された音節も頻繁に生じる．反対に日本語は開音節構造が顕著な言語であり，五十音図のうちいわゆる直音は，すべて CV もしくは V からなる開音節である．（これに対し，いわゆる拗音は音韻論的には CCV の構造をもつとみなされる．1.9 節参照．）

　音節について，音声学的な観点から指摘しておく必要があるのは，音節が実際に発音可能な最小の言語単位であるという事実である．IPA が定める分節音のなかには，閉鎖音のように単独では発音することができないものがある．一方，音節はどの言語にも単音節語が多数存在することからわかるように，少なくとも潜在的にはそれだけで有意味な発話を構成することができる．そのため，音声の生成・知覚処理過程における「リアル」な単位として，分節音ではなく音節を想定する理論的立場が成立しうる．例えば Fujimura (1994) は，音韻論上の特性 (**弁別素性**, distinctive features) は音節を単位として指定されるものと考え，従来，音声記述の単位として認識されてきた子音や母音を音節の内部構成要素として派生的に位置づけることを提案している．これは，分節音の連鎖から音節が構成されるという従来の観点をちょうど逆転させた発想で

ある.

　ところで日本語には音節のほかに**モーラ**(mora)と呼ばれる単位が存在する. モーラも音節と同じく複数の分節音が強くまとまった単位をあらわす音韻論的概念であるが, 両者は階層関係(上下関係)に置かれている. ひとつの音節は常にひとつ以上のモーラを含むという関係である. 例えば「参加」という語は音節としては san.ka と二つに切れるが, モーラとしては sa.n.ka と三つに切れる. この語を例として音節, モーラ, 分節音の関係を示すと, 図 1.9 のようである.

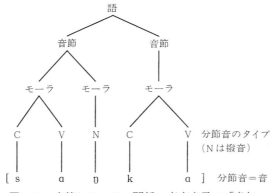

図 1.9 音節とモーラの関係. 東京方言の「参加」

　音節とモーラの切れ目が一致しないのは, 撥音, 促音, 長母音, 二重母音を含む発話である. 撥音, 促音, そして長母音と二重母音の第 2 要素はひとつのモーラとしては独立しているが, 音節としては独立することができず, 直前のモーラとともに音節を構成する. そのため, 日本語の音節は 1 モーラからなるものと 2 モーラ(まれに 3 モーラ)からなるものとに分類できる. 前者を**軽音節**(light syllable), 後者を**重音節**(heavy syllable)と呼ぶ. 「サカナ」(魚)や「サシミ」(刺身)は 3 音節 3 モーラであるが, 「サンマ」(秋刀魚), 「サッカ」(作家), 「サイタ」(最多)は 2 音節 3 モーラであり, 「サークル」は 3 音節 4 モーラである. いずれも最初の 2 モーラが重音節を構成している. 6 モーラ語である「東京っ子」は, 長母音の第 2 要素を /H/, 促音を /Q/ で音韻表記して音節に切ると toH.kjoHQ.ko となり, 第 2 音節は 3 モーラから構成される. 音節とモーラが日本語の音韻論的研究において果たす役割については, 次節でも触れるが, より詳しくは第 2 章を参照されたい.

日本語のモーラは，この他に日本語のリズムの構成単位であるともみなされている．日本語の定型詩である短歌や俳句のリズムは，現代語においてはモーラを単位として五・七・五・…のように計られる．この現象に関するかぎり，モーラは日本語の**等時性**(isochronism)の単位である．もちろん，定型詩のリズムは高度に様式化された現象であるから，これをもってモーラが日本語音声全般のリズム上の単位であると断定することはできない．しかし，次節で述べる英語のようにストレスに基盤をおいたリズムと比較すれば，日本語にはモーラを単位とした等時性が感じられることは確かである．

1.8 超分節音

表 1.3 は IPA に用意されている超分節音(韻律的特徴)用記号である．ストレス，長さ(quantity)，音節などの境界，ピッチに関する記号が準備されている．すでに指摘したように，韻律的特徴はパラ言語的情報や非言語的情報を伝

表 1.3　IPA による超分節音の分類

ストレス，長さ，各種境界

記号	名称	例
ˈ	主要ストレス primary stress	[ˌfoʊnəˈtɪʃən]
ˌ	副次ストレス secondary stress	(*phonetician*)
ː	長い long	eː
ˑ	やや長い half-long	eˑ
˘	特に短い extra-short	ĕ
.	音節境界 syllable break	[ɹi.ækt] (*react*)
|	小さい韻律境界 minor(foot)group	
‖	大きい韻律境界 major(intonation)group	
‿	境界の不在 linking (absence of break)	

ピッチ関係

記号	名称	記号	名称
ő or ˥	超高 extra high	ě or ˦	上昇調 rising
é ˦	高 high	ê ˅	下降調 falling
ē ˧	中 mid	᷄e ˦	高昇調 high rising
è ˨	低 low	᷆e ˧	低昇調 low rising
ȅ ˩	超低 extra low	ẽ ˨	昇降調 rising-falling
↑	downstep	↗	全体的上昇 global rise
↓	upstep	↘	全体的下降 global fall

達するほか，言語によっては分節音とならんで語の意味（言語的情報）の伝達にも関係することがある．IPAによる音声表記において超分節音を表記するのは，原則として超分節音が言語的情報の伝達に関係する場合である．以下でもそのようなケースについて説明することにする．

東京方言をはじめとする多くの日本語方言ではピッチによって語彙の意味が決まることがあり，**アクセント**（accent）と呼ばれている．東京方言のアクセントは音声学的にはピッチの下降として実現される．東京方言の「雨」対「飴」の対立は，IPA を利用すれば[↑a↓me]対[↓a↑me]などと表記できるが，以下では記述を簡便化するために，音韻論的な観点から説明をおこなうことにする．

音韻論では東京方言においてピッチの下降が生じる直前の位置に**アクセント核**（accent kernel）と呼ばれる抽象的な記号が存在しているとみなす（服部 1960）．アクセント核を記号⏋で表わせば「雨」はア⏋メ，「飴」はアメ（アクセント核なし）である．東京方言のすべての語はアクセント核をもつかもたないかによって有核語と無核語に分類されるが，用言（動詞・形容詞）と体言（名詞）とではアクセントの決まり方に明瞭な違いがある．

動詞・形容詞の場合，無核語と有核語の区別はあるが，有核語の核の位置は固定されている．タベ⏋ル，アル⏋ク，アオ⏋イ，ウツクシ⏋イのように，終止形で考えれば末尾から二つめのモーラが核を担う．

一方，名詞の有核語には，このような位置の制約がないので，核の位置自体が意味の対立にとって意味をもつことになる．語の長さをモーラを単位として数えれば，n モーラの名詞には n 通りのアクセント核の配置が理論上可能であり，これに無核の語を加えれば全部で $n+1$ 通りのピッチパタンが存在しうる．表 1.4 に東京方言アクセントの例を示した．名詞アクセントの欄に平板型，起伏型，頭高型，中高型，尾高型とあるのは，核の位置に注目した総称である．平板型，起伏型はそれぞれ無核，有核と同義である．有核語のうち，第 1 モーラに核があるものが頭高型，最終モーラに核があるものが尾高型であり，それ以外の有核語は中高型に分類される．したがって動詞・形容詞には尾高型が存在しない．尾高型名詞は，名詞だけを単独で発音すると平板型と区別がつきがたいが，助詞をつけて発音するとウシガ，ウマ⏋ガのように差異が顕在化する．

なお，東京方言では品詞を問わずアクセント核の位置が音節の構造による制約を受けており，促音，撥音，二重母音，長母音など重音節の第 2 要素を構

1.8 超分節音

表 1.4 東京方言におけるアクセント核の分布

動詞・形容詞(3 モーラ以上)

モーラ数	無核	有核
2	シル 知る　ノル 乗る	ミ⌐ル 見る　ヨ⌐ム 読む
3	アソブ 遊ぶ　ウタウ 歌う	オコ⌐ル 怒る　タベ⌐ル 食べる
	アカイ 赤い　アライ 荒い	アオ⌐イ 青い　ヒロ⌐イ 広い
4	オドケル　フクラム	フザケ⌐ル　ノタマ⌐ウ
	カナシイ　キイロイ(黄色い)	サビシ⌐イ　クルシ⌐イ

名詞

モーラ数	無核(平板型)	有核(起伏型)	
1	エ(柄)　ヒ(日)	エ⌐ 絵　メ⌐ 目	
2	ウシ 牛　ハコ 箱	ネ⌐コ 猫　ア⌐サ 朝	(頭高型)
		ウマ⌐ 馬　ヤマ⌐ 山	(尾高型．ウマ⌐ガのように助詞が低くつく)
3	スイカ　オトナ	イ⌐ノチ 命　ナ⌐スビ	(頭高型)
		フロ⌐ヤ 風呂屋　サカ⌐イ 境	(中高型)
		アタマ⌐　アシタ⌐	(尾高型)
4	コクバン　トモダチ	コ⌐オモリ　ア⌐イサツ	(頭高型)
		アサ⌐ガオ	(中高型)
		カラカ⌐サ	
		オトウト⌐	(尾高型)

成するモーラはアクセント核を担うことができない．例えば「参る」という動詞は有核語であるが，終止形の発音はマ⌐イルであり，末尾から 3 番目のモーラがアクセント核を担っている．これは，末尾から 2 番目のモーラが二重母音 /ai/ の第 2 要素であるために核を担うことができず，同じ音節に属するひとつ前のモーラに核が移動したものである．

中国語(北京方言)には四声と呼ばれる現象があり，語の意味がピッチによって決定される．例えば同じ [ma] という分節音から構成される音節は，ピッチが高(一声)ならば「母」，中から高に上昇すれば(二声)「麻」，中から低にいったん下降した後に上昇すれば(三声)「馬」，そして高から低に急激に下降すれば(四声)「罵る」という意味をあらわす．上述のアクセントと類似しているが，

日本語のアクセントが語全体を領域として指定されるのに対して，四声は語を構成する個々の音節に対して指定される点が相違している．アクセントは，語全体を領域としている点では，むしろ次に説明する英語のストレスに類似している．なお，四声のように音節を領域としてピッチが指定される現象をアクセントと区別して**声調**(tone)と呼ぶことがある．

英語の *permit* [pɚːmit] は，ストレスが第1音節に置かれると名詞，第2音節に置かれると動詞である．英語にはこのようにストレスの配置によって意味が対立する一連の語彙があることはよく知られているだろう．音声学的にみるとストレスはかなり複雑な現象であり，ストレスが置かれた音節には長さの増大，母音音質の変化とともに，その音節を頂点とするピッチの変化が生じることが普通である．

英語のストレスについて日本語のアクセントとの対比において指摘しておく必要があるのは，ストレスの機能が語彙レベルにおける意味の対立だけに限られておらず，句や文のレベルでもリズムとイントネーションを制御するために積極的に機能している事実である．例えば，英語には隣接するストレスによって区切られる発話区間(**フット** foot と呼ばれる)が等時性の単位となるリズム上の傾向があると言われている．ストレスの位置を大文字で示し，フットの境界を | で示すとすると，

  the | BIRD   is | BEAUtiful
  the | BIRD   is very | BEAUtiful
  the | BIRD is not very | BEAUtiful

の3発話においては，フットに含まれる分節音や音節数にかかわらず，ストレス間の時間間隔，つまりフットの持続時間が主観的には大きく変動しないということである．このようなリズム上の特徴に注目して，英語などのようにフットが等時性の単位と感じられる言語を stress-timed language と呼び，フランス語などのように音節が等時性の単位と感じられる言語を syllable-timed language と呼んで諸言語のリズムを類型化することがある．日本語はしばしば syllable-timed language に分類されるが，先に指摘したように音節よりもモーラが等時性の単位となっているので，mora-timed language と呼ぶほうが正確である．

日本語では分節音の長さも音韻論的に重要な韻律的特徴である．「叔母さん」

と「大場さん」では語頭における母音の長短が意味の違いを生み出している．「叔母さん」と「お婆さん」，「他所(よそ)」と「予想」のように，語中・語末でも長さによる意味の相違が生じる．さらに「肩」[kata]と「勝った」[katta]，「仮名」[kana]と「鉋」[kanna]のように，促音と撥音という形で子音にも長さの対立が認められる．

IPA で促音，撥音を表記する場合，[katta], [kanna]の他に[kat:a], [kan:a]と表記することもある．[katta], [kanna]のほうが広く利用されているが，子音記号を重ねる表記の問題点は，イタリア語や韓国語などに存在する**重子音**（geminate）との区別がつかないことである．重子音の第1要素は先行母音の末尾に付属して閉音節の末尾子音となり，先行母音の持続時間長を著しく短縮させるが，日本語の促音や撥音を含む閉音節には母音の短縮は認められないか，きわめて微弱である（前川 1997b）．

長さの対立を有する言語は少なくないが，多くは日本語のように短長二段階の対立である．エストニア語には短母音，長母音にくわえて超長（superlong）母音が存在するが，この言語では長母音と超長母音との対立に分節音の持続時間長だけでなく，ピッチの動きも関係していることが知られている（Lehiste 1970）．したがって純粋に長さだけの対立ではない．

1.9 音声学と音韻論

先に指摘しておいたとおり，1.7節と1.8節の解説は音声学的であるよりもむしろ音韻論的な観点からのものであった．そこで，音声学と音韻論の相違について解説をしておかなければならない．現代の音韻理論についての解説は第2章に譲ることにして，ここでは本章との関連において理解しておくべき基本的な相違点についてだけ説明をくわえよう．

すでに見てきたように，調音音声学による分類は日本語，英語といった個別言語の枠組みから離れた客観的な立場からの分類である．しかし，それが音声に関する唯一の分類方法というわけではなく，特定の個別言語の観点から分類をおこなうことも可能である．ある言語の音声に関して，この2種類の分類をおこなうと，両者は一般にかなり異なった分類結果に到達することが知られている．

個別言語の観点から音声を記述するのが**音韻論**(phonology)の研究である．音韻論の観点から音声を記号化したものが音韻記号であり，音韻記号による音声の表記は音韻表記と呼ばれる．調音音声学による表記と音韻表記との大きな相違点は，前者が音声信号のもつ様々な特性を**余剰性**(redundancy)にとらわれずに表記しようとするのに対して，音韻表記からは余剰性が積極的に排除されている点にある．

　例として日本語のサ行子音を考えよう．サ行直音のモーラを観察すると，「サ」[sa]，「シ」[ʃi]，「ス」[sɯ]，「セ」[se]，「ソ」[so]であり，「シ」だけに後部歯茎を調音位置とする[ʃ]があらわれる．音声学的には[s]と[ʃ]は別個の子音として表記しなければならないが，音韻論ではこれらを同一の音韻/s/として表記し，サ行直音モーラの音韻表記を/sa/, /si/, /su/, /se/, /so/とする．サ行直音では後部歯茎音[ʃ]は母音/i/の前に限ってあらわれるから，母音が/i/であることが指定されていれば子音の調音位置は自動的に計算することができる．したがって[s]と[ʃ]の物理的な相違を記号に反映させるのは余剰的(記号のムダ)であると考えるのである．

　一方，サ行拗音(シャ・シュ・ショ)の音声は[ʃa], [ʃɯ], [ʃo]であるが，音韻論では/sja/, /sju/, /sjo/などと表記してサ行直音と区別する．奥舌母音/a/, /o/, /u/を含むモーラには[s]と[ʃ]がともに現れて，「坂」[saka]と「釈迦」[ʃaka]，「法則」[hoːsokɯ]と「飽食」[hoːʃokɯ]のように意味の対立をもたらすからである．

　ここで，/sj/という音韻表記は，その全体が音声[ʃ]に対応するのではなく，サ行直音と同じ子音要素/s/に母音/i/と同じ口蓋化の効果をもつ拗音要素/j/が後続した子音連鎖をあらわしている．そのため，先に1.7節で指摘したように，拗音の音韻論的な音節構造はCCVであると解釈される．この解釈の利点は，音韻論的には日本語のサ行子音は直音，拗音を通して/s/ひとつであり，調音位置がほぼ同一である/i/と/j/の直前では，/s/が[ʃ]として音声的に実現されるという一般性のある規則をたてられる点にある．

　もちろん，上に述べた[s]と[ʃ]の音韻論的関係は日本語における関係であり，両者の関係は言語ごとに全く異なっている．英語では*see*と*she*の対立があるから，両者は別個の独立した音韻である．フランス語にも*chat*[ʃa](猫)と*sa*[sa](三人称所有代名詞女性形)のような対立がある．しかし，韓国語では，/i/,

/j/ の直前で [s] が [ʃ] に規則的に変化するから，日本語と同じく両者は同一の音韻であるとみなされる．

　もうひとつ，1.6節(c)で触れた日本語の撥音の例を考えよう．撥音は音声学的には「散歩」[sampo]，「参内」[sandai]，「参加」[saŋka]，「賛意」[saĩi] のように，後続する子音と調音位置を共有する鼻音，もしくは後続する母音が鼻音化された鼻母音として発音されている．しかし，この多様性は表面的なものであって，後続する分節音から予測が可能であるから，音韻としてはただひとつの記号で表現することができる．記号として /N/ を利用するならば，上に挙げた例の音韻表記は /saNpo/, /saNdai/, /saNka/, /saNi/ となる．この場合，記号 /N/ は，鼻音性を有し，モーラとしての自立性をもった分節音を意味しており，調音位置については何も指定していないことになる．これと同様の分析によって，日本語の促音も単一の音韻記号 /Q/ に集約可能であることがわかる．

　こうした例からわかるように，音韻は，具体的な音声から，言語的情報の伝達において余剰的な特徴を排除した結果として導かれる抽象的な単位である．音韻論において余剰性の排除が重視される理由のひとつは，記述上の簡潔さを追究するためであるが，それと同時に，音韻には（それが正しい分析によって帰納されている限り）心理的な実在性が伴っていることも指摘しておかなければならない．

　周知のとおり，日本語を母語とする話者は英語などにおける r と l の聞き分けに，著しい困難を覚える．しかし，物理的に観測する限り r と l は決して類似性の高い音声ではない．むしろ，両者の間には調音運動においても音響的な特徴においても顕著な相違が認められると言ってよい．それにもかかわらず日本語母語話者が r と l の識別に困難を覚えるのは，日本語の音韻体系がこのふたつの分節音の間に言語記号としての対立を認めないために，脳における音声情報の処理過程が両子音間の物理的差異を積極的に無視するように組織化されているからであると考えられる．上に述べた撥音の場合も同様であり，撥音が音声学的に様々な子音ないし鼻母音として実現されていることは，指摘されない限り，まず意識されることがない．また，音声学的な知識をもっていても，英語における *kin* [kin] と *king* [kiŋ]，韓国語における「困苦」[ko:ngo] と「公告」[koŋgo] のようなペアの聞き分けには困難がともなう．もちろん，日本語における母音の長短の対立や母音間のラ行子音の知覚が，例えば英語を母語とす

る者にとって著しく困難である原因も，英語の音韻体系に求めることができる．このような事例は，音韻が音声データから機械的に帰納される虚構的存在ではなく，実在性をもった心理的な実体であることを強く示唆している．

　以上，分節音を例として音声と音韻の関係について述べたが，超分節音の分析においても同様である．1.8 節に紹介した日本語アクセントの場合，物理的に観測すればピッチの時間カーブは発話の全体にわたって連続的に変化している．音韻論的分析ではそのなかから一部だけをとりだしてアクセント核という記号に集約すると同時に，アクセント核に起因する下降以外のピッチ変化は予測可能とみなすのである．心理的実在性についても同断であり，例えば「薄謝」ハ￣クシャと「拍車」ハクシャのように，アクセント核の有無によってのみ対立する語の聞き分けは，ピッチを語彙の対立に利用しない言語を母語とする学習者にとって困難な課題となることが多い．日本語を母語とする話者であっても，東北や九州に広く分布する無アクセント方言（アクセントによる語の対立がない日本語方言）地域で育った人々は，これと同質の困難に出会うことがある．

　音韻論と音声学の相違点として，もうひとつ，音韻の**非時間性**（timelessness）の問題にも触れる必要がある．表だって議論されることはあまりないが，音声学と音韻論の関係を正しく把握するためには，根本的な重要性をもつ問題である．

　いまある言語にふたつの分節音 A, B があるとする．/AB/ という音韻記号列は，/A/ という音韻と /B/ という音韻がこの順序で生成されることを示しているが，ふたつの音韻の推移過程については何も表現していない．この沈黙を，余剰性の積極的な排除という音韻論の原則に従って解釈すれば，記号間の推移過程が何らかの方法で予測可能であるという主張と見なすことができる．一方，音声記号による音声の表記もまた 1 次元の記号列であり，そうである以上，記号間に何らかの時間区分を認定していることになる．しかし，それは何らかの原則による要請ではなく，表記のための便宜にすぎないと考えるべきである．音声学の研究では，分節音 [A] から分節音 [B] への推移過程を研究の対象に含めることができるし，実際，この推移過程は言語によらず慎重な研究に値する現象であることが多い．

　実例を挙げておこう．鏡に向かって日本語のふたつのモーラ，「テ」と「レ」をそれぞれ単独に発音してみる．下顎の運動に注目すると，いずれの発音にお

いても子音から母音へと調音がすすむにつれて下顎が開いてゆくのが観察されるだろう．次に「テレビ」という単語をできるだけ自然に発音して下顎の運動を観察してみる．この場合，下顎は「テ」と「レ」の間で（「レ」のために）いったん閉じられることはない．「テ」と「レ」は下顎の運動としては，ひとまとまりをなしているのである．図1.10に，Ｘ線マイクロビーム装置によって実際に測定された調音器官の運動軌跡を示しておく．この例は「今朝，ばあさんとテレビを見た」という発話のうち，「テレビ」の部分だけについて，舌端と下顎の上下方向の位置変化を示したものである．上に述べたように，下顎が「テレ」の全体にわたってひとまとまりの運動をおこなっていることがわかる．この例が示唆しているように，音韻間の推移過程を実際に測定してみると，音声記号列からの想像を越えて複雑である（桐谷1978）．

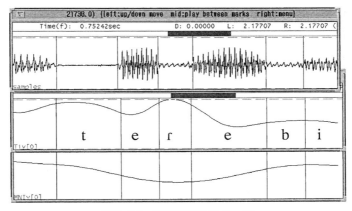

図 1.10　調音結合効果の一例
上から順に音声波形，舌端の上下方向の移動量，下顎の上下方向の移動量．各図中の縦線は音声波形からもとめた分節音の境界位置．舌端は「テ」の[t]と「レ」の[ɾ]のために2回上下運動をおこなっているが，下顎は「テレ」の全体にわたって1回だけ運動していることがわかる．

　一般に，言語音の生理的・物理的な実現形態は，隣接する言語音や発話の諸条件によって著しい影響を被ることが知られており，**調音結合**(coarticulation)の現象と呼ばれている．調音結合の効果として，ある言語音の音声特徴は音韻論が想定する時間区分の範囲を超えて広範囲に分布することになる．

　音韻論の非時間性は，調音結合の効果を音韻論の対象から排除してしまうことによって生じる．ただし，音韻論は調音結合の存在そのものを否定している

わけではなく，調音結合は予測可能であると考えて，いわば音声学に下駄をあずけているのである．しかし，調音結合の効果を適切に説明し予測するモデルは，過去数十年にわたる努力にもかかわらず，確立されていない．むしろ反対に調音結合には明らかな言語差が認められること，したがって音声学の理論も少なくとも部分的には個別言語ごとに構築される必要があることが明らかになってきているのが実状である．

　音声学と音韻論の関係について最後に指摘しておく必要があるのが，意味のレベルの問題である．音韻論では，所与の音声特徴が「言語的情報の伝達において余剰的」であるかどうかの決定を，それが語の主知的な意味に関係するかどうかに依拠してくだすことが多い．この節でここまでおこなってきた説明もまたそうであった．しかし，例えば疑問文「行く？」と平叙文「行く」の相違のように，通常言語的情報の一部とみなされるものでありながら，語のレベルでは判定することができない「意味」の相違が確かに存在する．上例の場合，音声的にはいわゆるイントネーションによって発話の意味の相違が表現されているわけであるが，これを音韻論の守備範囲に入る言語現象とみるかどうかは，研究者によって答えがちがってくる．一般的傾向として，音韻論の研究者はイントネーションなど，句や文や発話のレベルの意味に関する音声現象をとりあつかうことに消極的であることが多い．しかし，次節で見るように，イントネーションが表現する意味の一部が，言語的情報に関与していることは，ほぼ明らかといってよい．実際，近年では，積極的にイントネーションの音韻論を構築しようとする研究もおこなわれはじめている（Ladd 1996）．イントネーションの問題については，以下のふたつの節でもう少し詳しく触れることにしよう．

1.10　イントネーション

　イントネーション（intonation）とは発話にともなうピッチの時間変化パタンのことである．ピッチによって表現される音声現象である点においてアクセントと共通しているが，
（1）　語の意味とは関係せず，句や文や発話のレベルでの言語的情報の伝達に関係すること
（2）　種々のパラ言語的情報の伝達の有力な道具であること

1.10 イントネーション

(3) 後述するカタセシスのように音韻的条件によって惹起される現象であっても，その記述には定量的な表現が不可欠であること

などの点において，アクセントとは基本的に異なった性格を有している．以下では東京方言を素材として，日本語のイントネーションの音声特徴をかいつまんで説明する．ただし，イントネーションの音声記号による表記はアクセントの場合以上に困難であり，また音韻論的な表記は抽象性が高すぎて理解が困難であると考えられるので，以下の説明では実際に測定されたピッチ(F0)を示すことにする．

(a) アクセント句

すでに述べたとおり，東京方言ではアクセントという形で，ピッチが言語的情報を伝達している．しかし，ピッチによって伝達される言語的情報はアクセントだけではない．語よりも大きな言語単位である句のレベルでも，ピッチは言語的情報を伝えている．

例えば

昨日真由美が鍋焼きをおごった

というテキストを特別な含意なしに発話する場合，テキスト全体をイントネーションに関してひとまとまりに発音する人は少なく，いくつかのグループに分割して発話するのが普通である．分割の一例として，

| キノーマユミガ | ナベヤキオオゴッタ

の2グループに分割した発話のピッチを図1.11に示す．記号|でマークした各グループの冒頭で第1モーラから第2モーラにかけてピッチが上昇しており，これによってグループ境界の位置が示されている．このグループを日本語の言語学的分析では**アクセント句**(accentual phrase)と呼ぶ．研究者によってはただ「句」と呼んだり，**アクセント素**(prosodeme)と呼ぶこともあり，意味が微妙に異なるので注意が必要である(Pierrehumbert & Beckman 1988; 川上 1972; 服部 1960)．

東京方言では，ひとつのアクセント句の内部に有核語が存在しなければ，句頭の上昇のあとは，句末まで，主観的には高く平らと感じられるピッチの水準が続く．有核語があれば句頭の上昇後アクセント核の位置まで高く平らなピッチが続き，核の位置で下降が生じ，その後は主観的に低く平らと感じられるピ

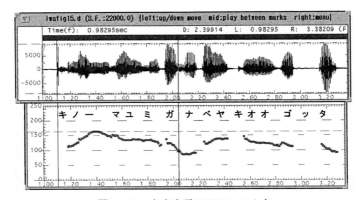

図1.11 東京方言のアクセント句
男性話者による発話「昨日真由美が鍋焼きをおごった」の例．図中の縦線はアクセント句境界の位置を示している．

ッチが続く．ここで平らなピッチについて「主観的に」との限定をつけたのは，高く平ら，もしくは低く平らと知覚される区間のピッチも，物理的にはゆるやかに下降しつづけているからである．このような発話全体にわたる時間の関数としてのゆるやかなピッチ下降は多くの言語に観察され，ピッチの**自然下降**(declination)と呼ばれる．

アクセント句境界を示す音声特徴には，アクセント句末のモーラに生じる持続時間長の軽微な延長やアクセント句間に生じる短いポーズ(無音区間)などもある．そのなかで句頭の上昇はアクセント句境界の存在を示す音声特徴としてもっとも顕著なものと考えられるのだが，その音声的な実現のありかたはアクセント句冒頭の音節の軽重による影響をうける．冒頭音節が軽音節であれば第1モーラがはっきり低く，第2モーラにかけて明瞭な上昇が観察されるが，重音節ではじまるアクセント句では，第1モーラのピッチが高く，上昇は観察されないか微弱である(さらにパラ言語的情報による影響もあるが，これについては次節で検討する)．

日本語諸方言のなかには東京方言とは別の方法でアクセント句を表示するものもある．しかしアクセント句をもたない方言はおそらく存在しないだろう．前節で言及した無アクセント方言にもアクセント句は存在し，東京方言などの有アクセント方言と同質の機能をになっている(前川 1997a)．

アクセント句境界は発話を構成する音韻構造の一部としてその位置が指定さ

れており，アクセント句が伝える情報の一部は言語的情報に分類することができる．

　　　カネオクレタノム

は電文（すなわち句読点を含まない文字列）としては多義的であるが，音声として実現されれば多義的ではありえない．｜でアクセント句境界を，⌐でアクセント核を，そして便宜的に⌈で句頭の上昇を示すことにすれば，「金送れ頼む」は

　　　カ⌈ネオクレ｜タ⌐ノ⌐ム

「金をくれた飲む」なら

　　　カ⌈ネオクレタ｜ノ⌐ム

となるからである．

(b) 語の融合

　アクセント句はしばしば複数の語から形成される．機能的なまとまりを有する言語単位（主語，補語，述語など）を領域として形成されることも多いが，発話の統語的構造だけでアクセント句の構造が決定されるわけではない．

　図 1.12 に「青い屋根瓦の家が見える」と「赤い屋根瓦の家が見える」のピッチパタンを比較した．有核語が連続するア⌐オイヤネガ⌐ワラノでは「アオイ」と「ヤネ」の境界に同期してピッチの上昇が観察され，アクセント句境界の存在が認められるのに対し，無核語と有核語の連鎖であるアカイヤネガ⌐ワラノでは，全体がひとつのアクセント句を形成していることがわかる．ピッチに関する限り，「赤い」と「屋根瓦」が融合してしまっているのである．東京方言では「無核語＋無核語」や「無核語＋有核語」の連鎖が統語構造とは無関係にひとつのアクセント句にまとまる傾向がある．

　先の図 1.11 ではキノーマユミガとナベヤキオオゴッタの部分にそれぞれ融合が観察される．この場合，「昨日」「真由美が」「鍋焼きを」「おごった」はいずれも無核語であるから（「昨日」はアクセント辞書には有核語として登録されていることもあるが，副詞としては無核で発音されることが多い），全体が融合をおこすことも可能であるが，いわゆる朗読調で発話すると，図 1.11 のパタンを示すことが多い．郡 (1992) は，その理由として文末の述語とその直前の要素とが優先的に融合する傾向を指摘している．

44   1 音声学

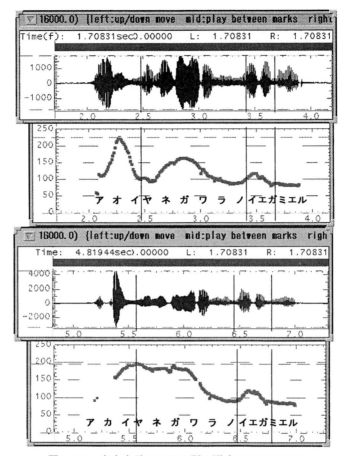

図 1.12 東京方言における語の融合とカタセシス
上「青い屋根瓦の家が見える」と，下「赤い屋根瓦の家が見える」．それぞれ上段は音声波形，下段が声の高さを表わすピッチ曲線．図中の縦線はアオイ｜ヤネガワラノ｜イエガ｜ミエルという分節音の境界．

(c) カタセシス

　図 1.12 にはもうひとつ注目すべき現象があらわれている．上の発話を構成するアオ˥イ，ヤネガ˥ワラノ，イエ˥ガ，ミエルにはいずれもアクセント核が存在するが，核に対応するピッチのピーク値に注目すると，発話の後方に位置するものほど，ピークの値が低下していることがわかる．東京方言では発

話の途中でアクセント核による下降があると，それに後続するピッチのピークが顕著に低下する．この現象は**カタセシス**(catathesis)もしくは**ダウンステップ**(downstep)と呼ばれる(Pierrehumbert & Beckman 1988)．

　カタセシスは，発話のピッチレンジ(声域)の上限を顕著に低下させるが，下限にはあまり影響しない．そのため，カタセシスの効果はイントネーションのピーク値に特に顕著な効果をおよぼすのだと考えられている．図 1.13 にカタセシスの効果を模式化して示した．この図は三つの有核アクセント句からなる発話を想定したものである．発話の末尾では，それまでほぼ不変であったピッチレンジの下限が低下しているが，これは以下に述べる句末音調による変化である．

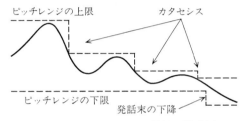

図 1.13　カタセシスの効果の模式図

　図 1.12 下の発話では，冒頭の語彙要素アカイが無核語であるために，ヤネガ⌐ワラノにはカタセシスが生じない．そのため「赤い屋根瓦の」におけるガ⌐ワラのピッチピークは「青い屋根瓦の」中のピークよりも顕著に高い値をとっている．しかし「赤い屋根瓦の」の発話でもガ⌐ワラ以降では，そこに含まれるアクセント核によってカタセシスが引き起こされるため，イエ⌐ガに含まれるピークは顕著に低下している．また，図 1.11 の発話はすべて無核アクセント句から構成されているのでカタセシスは観察されない．

　東京方言のイントネーションにこのような現象が生じている事実は，指摘されない限りほとんど意識にのぼらない．しかし，図 1.12 の発話をわざとカタセシスなしに発音すると，すべてのアクセント句に強調がおかれているように聞こえ，きわめて不自然に聞こえる．

(d)　強　　調

　語用論上・意味論上の重要性を示すために，発話の特定部分を前後と対比し

て際立たせるのが**強調**(focus)である．日本語では強調の音声学的実現にピッチが重要な役割を果たしており，強調される語句を含むアクセント句のピッチレンジの上限が大幅に引き上げられる．このため，有核語よりも後ろの位置に強調が置かれた場合，有核語によって生じたカタセシスの効果が阻止されることになる．図1.14に「家が」の部分を強調して発音した「青い屋根瓦の家が見える」のピッチを示す．イエ˥ガに該当する区間のピッチはアオ˥イのピッチと同等のレベルまで引き上げられていることがわかる．一方，無核アクセント句が強調を受けると，強調されたアクセント句が後続するアクセント句と強く融合し，その全体のピッチレンジが拡大されることによって強調の存在が示されるのが普通である．

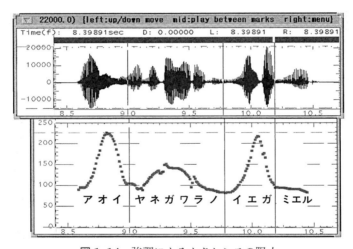

図1.14　強調によるカタセシスの阻止
「家が」の部分に強調をおいて発音した「青い屋根瓦の家が見える」．表示方法は図1.12と同じ．

　強調の音声学的な実現形は言語によってかなり大きく相違することも指摘しておく必要がある．英語ではピッチレンジの拡大とならんで，強調をうける語彙中のストレスを担う音節の持続時間が大幅に延長され，その音節の母音の音色にも変化が生じる．これに対して日本語では強調をうける要素には持続時間の変化がほとんど認められないかわりに，その前後のアクセント句に持続時間の短縮が生じることがある(Maekawa 1997)．

なお，音声学の文献では，**プロミネンス**(prominence)という術語が使用されることもある．プロミネンスと強調は，研究者によって同義語であったり別の概念をさしていたりするので注意が必要である．

(e) 句末音調

東京方言のイントネーションを決める要因には上に指摘した諸要因のほかに，アクセント句の末尾に生じる局所的なピッチ変動がある．これを句末音調と呼ぶことにする．先に図 1.13 に示したように，平叙文の発話末ではピッチレンジの下限が低下することによって，そこが発話の終端であることが示されることが多い．**発話末の下降**(final lowering)の存在は，心理的には「言い切り」の印象をあたえ，不在は「言いさし」の印象を与えるから，音声対話における話者交替では重要な手掛りとなっている可能性が高い．聴き手から何らかの情報を得ようとする質問文の末尾でピッチが上昇することは周知のとおりであり，これも句末音調のひとつである．

上の例は典型的な句末音調であるが，句末音調が生じる位置は発話末だけに限られているわけではない．発話の途中に位置するアクセント句の末尾にはすべて句末音調が生じうる．近年マスコミで話題に上ることの多い若者の「尻上がり口調」や「半クエスチョン」は，こうした句末音調のうち特に耳にとまりやすいタイプのものである．しかし句末音調の使用そのものは若者に固有の現象ではなく，年齢を問わずに利用されている．「教師口調」「若者口調」などと言う際の「口調」を特徴づける要因のひとつが句末音調であることは，想像に難くないであろう．句末音調には多くの類型が存在しているが，ゆきとどいた観察はまだおこなわれていない．

1.11 パラ言語的情報の伝達

すでに 1.2 節で指摘したように，音声の韻律的特徴はパラ言語的情報の伝達に重要な役割を果たしていると考えられる．音声による対話の実態を科学的に理解するためにも，また，高度な合成音声の実現のためにも，音声によるパラ言語的情報の伝達メカニズムの解明が要請されており，今後の音声研究における重要な課題となっている(筧・永原 1997)．ここでは筆者がおこなった探索

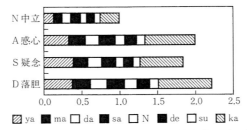

図 1.15 パラ言語的情報による発話持続時間長の変動
男性話者 1 名が 10 回繰り返した発話の平均値をモーラごとに
分解して示している．横軸の単位は秒．

的な研究の成果を簡単に紹介しよう．

　図 1.15 と図 1.16 は「山田さんですか」(ヤ「マダサンデ ̚スカ)というテクストに「中立」「感心」「疑念」および「落胆」という 4 種類のパラ言語的情報をこめて発音した発話の持続時間長とピッチ(イントネーション)を比較したものである(前川 1997d)．図 1.15 をみると，「感心」「疑念」「落胆」の 3 発話は中立にくらべて顕著に長く発音されていることがわかる．しかも，発話全体が一様に延びるのではなく，第 1 モーラ「ヤ」と最終モーラ「カ」に顕著な延長が生じている．発話末尾での持続時間長の延長(final lengthening)は，日本語をふくめて多くの言語に観察される現象であるが，このデータは，発話の冒頭においても，特定のパラ言語的情報の表出のためには類似の現象が生じうることを示している．

　次に図 1.16 をみると，「中立」では東京方言のアクセント句の典型的特徴が観察されるのに対して，他の 3 発話ではイントネーションが大きく変化していることがわかる．D「落胆」の特徴は発話全体のピッチレンジが極端に狭められていることである．アクセント句頭の上昇は視認が困難であり，アクセント核によるピッチの下降も，ときとして視認不可能な程度まで弱化してしまう．

　A「感心」と S「疑念」では，冒頭にピッチが非常に低下した区間が生じている．先に 1.10 節で説明したように，アクセント句頭のピッチ上昇は句頭音節の軽重による影響をうける．図 1.15 のテクストは，軽い音節が連続する場合であるが，興味深いことに「そうですか」(/so'Hdesuka/)のように冒頭音節が重音節である場合にも，図 1.16 と同様の低ピッチ区間が観察される(前川 1997c)．

1.11 パラ言語的情報の伝達　49

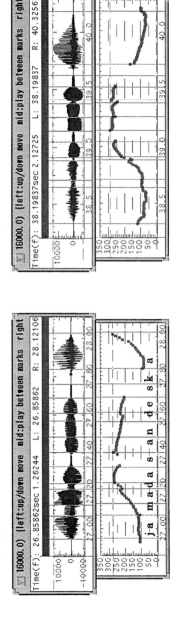

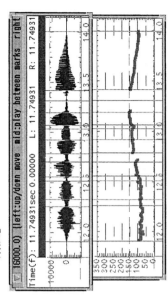

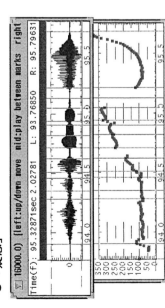

図 1.16　パラ言語的情報によるイントネーションの変動．図 1.15 と同じ男性話者による典型例を示す．各パネルとも上段が音声波形，下段がピッチを示し，パネル中の縦線は分節音の境界を示している．

A「感心」とS「疑念」はイントネーションの上ではふたつの特徴によって区別される．まず第一に，上述の低ピッチ区間はA「感心」では第1モーラ「ヤ」の末尾までで終わり，第2モーラ「マ」の途中からピッチの上昇が始まっているが，S「疑念」では第2モーラの末尾まで低ピッチ区間が維持されており，ピッチの上昇は第3モーラ「ダ」から始まっている．いうまでもなく，これも典型的なアクセント句からは逸脱した音声特徴であり「遅上り」と呼ばれるものである(川上 1956)．

第二にA「感心」では典型例からはやや逸脱するものの句頭の上昇が観察され，上昇の後アクセント核の位置までは「高く平ら」なピッチ区間が存在するのに対し，S「疑念」では，第3モーラから上昇を始めたピッチはアクセント核の位置までほぼ直線的に上昇を続けている．その結果「高く平ら」なピッチ区間を観察することができない．

パラ言語的情報の影響がおよぶのは韻律的特徴だけではない．精密に分析すると分節的特徴にも変化が観察される．図 1.17 は，上例の発話末モーラ「カ」の母音における音質の変化をフォルマント周波数(4.2 節(c)参照)という物理量を利用して測定したものである．この図の場合，第1フォルマント(F1)の高低は母音調音の上下方向の変動に，第2フォルマント(F2)の高低は前後方向の変動に対応するものと解釈することができるので，「カ」の母音は，S「疑念」

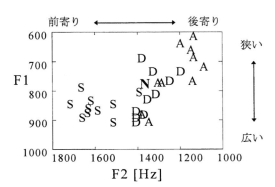

図 1.17　パラ言語的情報による母音音質の変動
図 1.15, 図 1.16 と同じ話者が 10 回繰り返した発話の末尾モーラ「カ」中の母音フォルマント周波数．N(中立)については発話 10 回の平均値を，他のパラ言語的意味(A「感心」S「疑念」D「落胆」)については 10 回すべてのデータを示している．

では前寄りに，A「感心」では後寄りに調音位置が変化していることがわかる．この図からはわからないが，調音位置の変化の他に発声様式にもパラ言語的情報の影響が観察されるようであり，この話者は「疑念」や「感心」の冒頭の低ピッチ区間で軽微なきしみ発声をおこなっている．なお，調音位置と発声様式の変動がパラ言語的情報の伝達に実際に貢献していることは，音声の分析合成技術を利用して確認することができる．例えば「感心」と「疑念」の分節的特徴（スペクトル情報）と持続時間の特徴をそのままに保って，両者のピッチパタンだけを入れ替えた合成音声を試聴してみると，両者のパラ言語的情報は入れ替わっておらず，「感心」とも「疑念」ともつかない中途半端な音声に聞える．

1.12　今後の音声研究

　音声学は古臭くて知的興奮とは縁の薄い分類学とみなされがちであるが，分類学的基礎をおろそかにした研究が砂上の楼閣となる危険は指摘する必要もないだろう．それと同時に，現在の調音音声学を完成した分類体系と考えることもまた危険である．本章で詳述したとおり，IPAに代表される音声記号は調音器官の形状と運動を分類の基礎としている．しかし調音運動の精密な定量的観察が可能になってきたのは，過去数十年のことにすぎず，調音運動に関するデータの蓄積はいまだに十分でない．まして，離散的な言語記号が調音器官の運動パタンに変換される過程（音声生成過程）に関する研究は，現在その端緒についたばかりと言ってよい．今後，音声生成過程の解明にともない，調音音声学の基盤そのものに変更がくわえられることも当然おこりうると考えられる．

　今後，音声研究が達成すべき課題には様々なものがあるが，1.9節で指摘した調音結合現象と1.11節で指摘した音声によるパラ言語的情報の伝達に関する研究は，今後の進展が特に期待される領域である．調音結合の研究は，本章では触れることのできなかった自然科学的な音声研究（音声科学）の成果と連携してすすめられるべきであり，その成果は音声学と音韻論の関係の再構築をうながすことになるだろう．一方，パラ言語的情報と，それが対話中で果たす機能の研究は，言語的情報に偏重していた従来の音声研究の枠を拡大して音声によるコミュニケーションの実像を解明するためにはぜひとも必要な研究である．

第 1 章のまとめ

1.1　音声と文字のあいだには伝達可能な情報の種類に異同が認められる．音声を真に音声たらしめているのはパラ言語的情報や非言語的情報であり，文字はもっぱら言語的情報を伝達している．
1.2　音声には分節的特徴(分節音)と韻律的特徴(超分節音)とがある．
1.3　音声記号は主として分節音を音声器官の形態と運動に基づいて分類している．
1.4　母音と子音では分類基準が異なっている．母音は舌の最高点の前後位置と上下位置，ならびに円唇性の有無によって分類される．子音は，気流生成機構，声，調音位置，調音様式によって分類される．両者はさらに種々の副次調音に関して分類されることもある．
1.5　音節は複数の分節音が強く結びついた単位であり，音声の研究において重要な役割を果たしている．
1.6　韻律的特徴についても音声記号が用意されているが，韻律的特徴が表記されるのは原則としてその特徴が言語的情報の伝達に関係する場合である．
1.7　音声学と音韻論の相違点として重要なものに，余剰性の問題，心理的実在性の問題，音韻の非時間性の問題がある．
1.8　音韻間の推移過程(調音結合)は必ずしも予測可能でなく，言語差も認められる．その意味で音声学にも言語依存性が認められる．
1.9　イントネーション現象を理解するためには，アクセント句，語の融合，カタセシス，強調，句末音調などの概念が必要である．
1.10　パラ言語的情報の伝達には，分節音の持続時間長，イントネーション，母音の音質，発声様式など様々な音声特徴が関係している．

2
音韻論

2 音韻論

【本章の課題】

　現代言語学は，物理学や数学などの自然科学と同じように，別々な現象と思われてきたものの裏にひそんでいる共通性を見つけ両者を統一すること，すなわち現象の**一般化**を目的として発展してきた．言語学における一般化とは，無限個の言語現象を有限個の規則・原理に帰納することであり，そのような規則・原理を発見することによって無限から有限を導き出すことである．本章では，音声の理論的研究である**音韻論**(phonology)の分野で，これまでどのような一般化がなされてきたか，そのためにどのような概念・道具立てが提案されてきたかを，主に日本語の言語データをもとに解説する．

　本章の前半では，音声現象を記述する際にどのような言語単位に分解してきたかということをテーマに「一般化」の具体的な例を考察する．この中には，物理的には無限に存在する音群から「音素」を抽出する作業や，その音素をさらに音声素性という成分に分解する作業が含まれる．音韻論研究では，このような言語単位の最小化の努力と並行して，一つ一つの音である音素が合わさってどのような有機体を作り出しているかを探る研究も盛んである．本章では「音節」「モーラ」「フット」などの理論的概念を紹介し，これらの概念によって一見無関係に思える数多くの言語現象が統一的に説明されることを論じる．

　本章の後半では，言語現象を一般化するために用いられてきた「規則」という概念と，その不備を補うために提案された「制約」の概念を対照し，制約という新しい考え方が言語現象をどのように一般化するかを考察する．そして最後に，「規則」を廃し「制約」だけで言語現象を記述・説明しようとする「最適性理論」という新しい理論を紹介し，音韻論研究における最新の動向を解説する．

2.1 言語学と一般化

まずはじめに，物理学者の有馬朗人氏（元東京大学学長）の「統一への努力」というエッセイを読んでみよう．

> 自然科学の進んできた道程を振り返って見ると，長年別々な現象と思われてきたものの裏にひそんでいる共通性をみつけ，両者を統一して理解することによって，飛躍的な発展がもたらされたことがきわめて多い．
>
> よく知られている例は，ニュートンの発見した力学である．1600 年代にニュートン力学によって，太陽のまわりを回転する水星や金星などの惑星運動と，地上の物体の落下運動が全く同質のものとして説明できるようになった．そしてリンゴと地球の間にも，惑星のような大きなものの間にも，全く同じ重力が働いていることがわかった．
>
> 電気と磁気という一見違った現象も，ファラデーやマクスウェルたちによって電磁気学にまとめられた．前世紀の終わりごろのことである．
>
> この電磁気相互作用と，原子核のベータ崩壊や素粒子の崩壊で重要な役割を演じる弱い相互作用が，ワインバーグとサラムにより，電弱統一理論としてまとめられ，大成功を収めて我々を驚かせたのは最近である．物理学者はさらに原子核の内部で働く強い相互作用と電弱相互作用とをまとめて，ついには重力をも統一してアインシュタインの夢を実現しようとしている……
> （朝日新聞「しごとの周辺」）

このエッセイに表されている自然科学の発展の過程は，実は自然科学だけにあてはまるものではない．言語現象を記述・説明することを目的とする言語学でも，日夜，このような「統一への努力」がなされている．

人間は有限個の単語を組み合わせて無限個の文・発話を作り出すことができる．言語学者は，このような無限の文を作り出す脳の仕組みを探究し，そこに有限個の**規則**(rule)や原理(principle)を見つけだそうとする．現代言語学の第一の課題は，規則・原理を見つけることによって「有限」から「無限」が作り出される仕組みを解明することなのである．

無限個の現象を有限個の原理に還元しようとする努力は，別の見方をすると，まったく無関係に見える二つの現象を同一の原理に還元する作業でもある．こ

れは，I. Newton の法則によって，惑星の運動と地上におけるリンゴの落下現象という二つの物理的現象が統一的に説明されるようになったのと同じく，抽象的な規則・原理を仮定することによって，見かけ上は無関係に思える複数の言語現象を関連づけようとする努力に等しい．

物理学であれ言語学であれ，無限の現象を有限の原理に還元しようとする努力の背後には，「真理は単純なものである」(What is true is simple) という信念・哲学が存在している．一見複雑そうに見える現象であっても，実際は比較的単純な原理によって統率されており，そのような原理を積み重ねることによって，見かけ上は無関係に思える数多くの言語現象に対して統一的な説明が可能となると言語学者は信じているのである．このような統一的な説明を**一般化** (generalization) と言う．

言語学者はこのような統一的な説明をするために，実にさまざまな概念を提案してきた．この章ではこれらのいくつかを紹介しながら，このような概念によって無限個の言語現象が有限個の原理に統合されてきたこと，そして人文科学の一分野とされている言語学が物理学などの自然科学と共通性が高い学問であることを解説する(現代言語学の科学的基盤については本叢書第 1 巻第 4 章を参照)．

2.2 音素と音声素性

(a) 音素の発見

日本語話者にとって英語の [r] と [l] を区別することはむずかしい．聞き取りもむずかしいし，発音上区別することもむずかしい．これはひとえに，日本語がこの 2 音を区別しないからである．日本語では，ラ行の音(たとえば<u>ラ</u>ムネ，ダ<u>ル</u>マ，カエ<u>ル</u>)を英語の [l] の音で発音しても [r] の音で発音しても特別意味が変わってしまうことはない．これに対し，英語では [l] と [r] は別の音であり，この区別が *lead–read, led–red, lid–rid* などの意味の違いをもたらす．二つの音がこのように意味の違いをもたらす場合，それらは独立した**音素** (phoneme) であると言う．英語では [l] と [r] は異なる音素であるが，日本語ではそうではない．

2.2 音素と音声素性

英語の[l]が[r]とは異なる音素であるといっても，[l]の音が常に同じ音声特徴を持っているわけではない．音声分析装置を使って分析してみると，同じ英語の[l]の音でも，出てくる場面（これを**音声環境**と言う）によって，その発音が大きく変わってくる．聴覚的にも，*lip* の[l]に比べ *pill* の[l]は非常に暗い音色を持ち，日本語の「ウ」の音に（つまり「ピゥ」と）聞こえるときさえある．話者によっても[l]の音は物理的な特性が微妙に変わり，さらには同じ話者でも，1回目の発音と2回目の発音とではその特質が微妙に違ってくる．このように物理（音声）的には多様な現れ方をする[l]の音を英語話者が同じ音として認定するのは，これらの音が音声的に類似しており，入れ替えても意味の違いを引き起こさないからである．「音素」とはこのような具体的な音の束であり，物理的には異なる複数の音を統一したものである．

異なる特性を持った二つの音が単一の音素かどうかを決める基準は，一つにはその2音が音声的に似ているかどうかということである．[l]と[p]という2音は音の特性が大きく異なるから，これらを同一の音素として扱う言語はまれである．しかし，2音が比較的よく似た特性を持つ場合には，同一音素かどうかを決めることはむずかしい．たとえば[l]と[r]はよく似た音であるとも，そうでないとも言える．このような場合に同一音素かどうかを判断する決め手となるのが *lead–read* のようなペアである．この2語は[l]と[r]の違いを除くとまったく同じ語であり，この2音の違いによって異なる意味を作り出している．このようなペアを**最小対語**(minimal pair)と言う．最小対語が存在するということは，2音が同一場面に生じているということであり，その2音が別々のものである（ともに独立した音素である）ことを意味している．音素は /l/, /r/ のように / / に入れて表記される．

これに対し，このような最小対語が見つからない場合もありうる．たとえば[s]–[ʃ]という音声的に類似性の高い2音は，伝統的な日本語では最小対語を持たない（もっとも現代日本語では「社会」[ʃakai]と「堺」[sakai]のようなペアが存在するが，「社会」の[ʃ]の音は中国語から入った音であり，また[s]と[j]の連続と解釈できるから，ここでは除外して考える）．サ行音を慎重に発音してみるとわかるように，イ段の /si/ だけが[ʃ]の発音で，あとの4音 (/sa/, /su/, /se/, /so/) は[s]と発音されている．つまり，/i/ という母音(vowel)の前では[ʃ]，他の母音の前では[s]と発音されており，両者を混同した[si]や[ʃe]という

発音は，一部の外来語などを除いて日本語(標準語)の語彙には現れない．この日本語の[s]–[ʃ]のように，一方が出てくる場面では他方が出てこないような2音を**相補分布**(complementary distribution)の関係にあると言う．そしてこのような関係にある2音は，同一の音素であると考えられる．

これはちょうど，映画「スーパーマン」に登場するスーパーマンとクラーク・ケント(Clark Kent)の関係に等しい．スーパーマンが登場する場面ではクラーク・ケントの姿は見えず，クラーク・ケントが登場する場面ではスーパーマンは現れない．つまり，両者は相補分布している．「スーパーマン」の映画を見ている人は，スーパーマンとクラーク・ケントが相補分布の関係にあることを手がかりに，両者が同一人物であることを類推するのである．それと同じように，言語学者は相補分布の関係にある複数の音を同一の音素であると判断する．日本語ではサ行の[s]–[ʃ]のほかにタ行の[t]–[tʃ]–[ts] (つまり[ta, tʃi, tsu, te, to])やハ行の[h]–[ç]–[Φ] (つまり[ha, çi, Φu, he, ho])がそれぞれ同一音素であり，英語では母音の前の明るい[l] (たとえば *lip, leg*)とその他の位置の暗い[ɫ] (*pill, milk*)が，この基準によって同一の音素と認定されている．別の言い方をすれば，物理的に少々異なる特性を持った複数の音を，相補分布という考え方によって統一的に捉えようとしているのである．これを図示すると(1)のようになる．/s/, /l/は話者にとって心理的実在性を持つ音素の表示，[ʃ], [s], [ɫ], [l]は音素の物理的特性を表す異音の表示である．複数の音形で現れるものを単一の音素に統一しているのが相補分布という概念・原理なのである．

(1) a. 日本語のサ行子音 　　 b. 英語の /l/

最小対語と相補分布は広く言語の記述に用いられてきた原理であり，この二つの概念を基盤にして，言語学者はそれぞれの言語において人間が発する無限個の音を有限個の音(音素)に還元してきた．つまり，最小対語があれば別個の音素，逆に相補分布していれば同一の音素と見なすことによって，物理的特性

の異なる無限個の音の背後に有限個の音の体系(**音素体系**)が存在することを発見したのである．英語では別々の音素である /l/ と /r/ が日本語では同一の音素であることからもわかるように，音素体系の中身は言語によって異なっている．しかし，その有限個の音の体系を抽出する分析方法は普遍的なものであって，日本語の分析と英語の分析の間で異なることはない．

(b)　音声素性の発見

次に(2)を見てみよう．日本語では，複合語が作られる際に第2要素の語頭子音が濁音化する**連濁**(sequential voicing)と呼ばれる現象が観察される(複合語の一般的特性については第3巻を参照)．(2a)の下線部が，この清音から濁音への変化を示している(*はその構造が不適格であることを示す)．

(2)　連濁
   a.　なべ＋ふた→なべぶた(鍋蓋)
   　　なま＋かし→なまがし(生菓子)
   　　しぶ＋かき→しぶがき(渋柿)
   　　うみ＋かめ→うみがめ(海亀)
   b.　しぶ＋まめ→＊しぶまめ(渋豆)
   　　なべ＋まつり→＊なべまつり(鍋祭り)

ところが，連濁を「清音を濁音へ変える過程」と捉えると，(2b)が起こらない理由が説明できなくなってしまう．「まめ」の「ま」は清音であるにもかかわらず，濁音にはなれないのである．「ま」だけではなく，マ行やナ行，ヤ行，ラ行，ワ行の音はすべて連濁の変化を受けない．「ま」や「な」に濁点を付けた文字がないから連濁は起こらないのだという答えが出てくるかもしれないが，問題はそれほど簡単ではない．「ま」や「な」にどうして濁点がつかないかが問題なのである．

この問題を突き詰めてみると，「ま」や「な」に濁音がないのは偶然のことではなく，これらの音が「ぶ」や「が」などの濁音と同じく**有声音**(声帯の振動を伴う音)であることに起因していることがわかる(表2.1)．「ま」や「な」は清音である一方で有声音であり，このために濁点がつかないのである(連濁の詳細については小松(1981)，佐藤(1989)などを参照のこと)．

このように見てみると，(2)の連濁という現象は，実は「清音を濁音に変え

表 2.1 日本語子音の分類: 清濁と有声・無声

	無声音	有声音
清音	k, s, t, h	n, m, y, r, w
濁音	―	g, z, d, b

る」過程ではなく,「無声音を有声音に変える」過程であることがわかる.「ま」や「な」は清音であると同時に有声音であり,有声音であるから対応する濁音を持ち得ない.それゆえ連濁を受けないというわけである.

連濁という音韻現象をこのように定義すると,言語音を,その中でもここでは子音を,有声音と無声音に分けて考える必要があることがわかる.これは単に言語音が有声音と無声音に分かれるということではなく,言語音が声(voice)という特性によって二つのカテゴリーに分類できることを意味している.この分析に従うと,連濁は[−voice](無声)という特徴を持つ子音を[+voice](有声)に変える働きを持っていることになる.

言語音(または前節で音素と呼んだもの)は[voice]だけでなく,他の特徴をも兼ね備えている.言語音をこのような特徴に分けるということは,とりもなおさず,言語音がこのように細かな成分の集合体であるということを意味している.この一つ一つの成分のことを**音声素性**(phonetic feature)と言う.言語音がいくつかの素性の束であるという考え方は,音声記述に大きな発展をもたらした.たとえば(2a)の連濁現象は概略,(3)のように,[−voice]という特徴を持つ子音(consonant, C)が,母音(V)に囲まれ,形態素境界(+)に後続する位置(＿)で[+voice]に変化する過程を表す.

(3) 統一的な記述

$$\begin{bmatrix} -\text{voice} \\ \text{C} \end{bmatrix} \rightarrow \begin{bmatrix} +\text{voice} \\ \text{C} \end{bmatrix} \Big/ \text{V}+\underline{}\text{V}$$

(3)の定式は,複合語の第2要素の語頭子音が無声から有声に変わることを表しているだけではない.音素の一成分として[voice]という音声素性を認めることによって,音素を用いると(4)の四つの過程にしかまとめることのできなかった連濁という現象を,(3)のような単一の過程として記述できるようになった.言い換えるならば,音声素性という概念によって(4)の変化を統一的に,

かつ簡潔に表すことができるようになったのである．

(4) a. k → g (…亀)
    b. s → z (…皿)
    c. t → d (…棚)
    d. h → b (…蓋)

もちろんのことながら，音素を「音声素性の束」と考える分析は，連濁という言語現象の記述だけに役立つわけではなく，また，この分析の長所は[voice]という音声素性だけにあてはまるわけでもない．このことを理解するために，無意識のうちに言葉のとちりを起こした**言い間違い**(speech error)の例を見てみよう．(5a, b)に示した英語の言い間違いはともに，ある音と後続する音が入れ替わった交換エラーであるが，何が入れ替わっているかという点では両者の間に違いが見られる．(5a)では明らかに語頭の音素同士が入れ替わっているのに対し，(5b)のエラーではそのような説明が成り立たない．音素の交換であれば(5b′)となるはずである．

(5) 英語の言い間違い
    a. New York → Yew Nork
    b. big and fat → pig and vat
    b′. big and fat → fig and bat

音素の概念だけで分析しようとすると(5b)は不可解な現象ということになってしまう．ところが音素を音声素性に分解してみると，この言い間違いは二つの語頭子音[b], [f]の間で[voice]に関する値だけが入れ替わった(6)のような変化として捉えることができるようになる([b], [v]とペアを組む無声音はそれぞれ[p], [f]である）．つまり音声素性という概念を用いると(5b)も(5a)も交換エラーという同じタイプの言い間違いであり，ただ交換された単位が異なるという知見が得られる．

(6)   big   and   fat   →   pig   and   vat
      | | | |
    [+voice]   [−voice]   [−voice]   [+voice]

次に日本語の言い間違いの例を見てみよう．日本語の交換エラーにも，音素単位で入れ替わっている(7a)のような例（これは幼児の言い間違いの例である）とならんで，音の一成分だけが入れ替わった(7b)のような例が観察される．この例では[p], [g]という二つの閉鎖音の間で，声(voice)の特徴などを保持した

まま，声道内で空気の流れを狭める場所(調音点，place of articulation)に関する特徴だけが(8)のように入れ替わっている．この例もまた，一つ一つの音(つまり音素)がいくつかの成分(音声素性)の集合体であるという考え方を裏付けるものと言えよう(発音様式の詳細については本巻第1章を参照)．

(7) a. ポケット (poketto) → コペット (kopetto)
    たまねぎ (tamanegi) → たまげに (tamageni)
  b. スパゲッティ (supagetti) → スカベッティ (sukabetti)

(8)
	[p]	[g]	→	[k]	[b]
声：	無声	有声		無声	有声
調音点：	両唇	軟口蓋		軟口蓋	両唇
調音法：	閉鎖音	閉鎖音		閉鎖音	閉鎖音

このように，音素より小さな音声素性という言語単位を認めることによって言語記述が簡潔になる．つまり無関係に思える複数の現象の共通性を捉えたり，複雑そうに見える現象を単純に記述できるようになるのである．「真理は単純」という教理に従うならば，このような一般化を可能にする音声素性という概念は，複数の現象を統一的に捉えることを可能にし，現象の背後に隠されていた真理を明らかにしてくれる道具立てということになる．

2.3 素性理論の発展

音声素性の発見は「真理は単純である」という科学の基本哲学を立証するものであり，音声分析に画期的な発展をもたらしたが，この分析理論は過去十年ほどの間にさらに大きく発展することとなった．そのきっかけとなったのが次に述べるような分析である．

日本語の複合語形成に見られる(2)の連濁現象をさらに細かく見てみると，(9a, b)のような場合には連濁は起こるが，(9c)のような場合には起こらないことがわかる．起こらないケースをいくつか集めてみると，「蓋-上蓋(ふたうわぶた)」に対する「札-赤札」(*あかぶだ)，「菓子-生菓子(かしなまがし)」に対する「火事-山火事(かじやまかじ)」(*やまがじ)のように，第2要素がすでに濁音を含む場合に，連濁が阻止されていることがわかる．同じ[k]という音であっても，(9c)のように後ろに「ぎ」という濁音を含んでいる場合には連濁が起こらないのである．この**制約**(constraint)は**ライマンの法則**(Lyman's Law)という名で知られている．

(9) 連濁とライマンの法則
　　a. しぶ＋かき → しぶ<u>が</u><u>き</u>（渋柿）
　　b. うみ＋かめ → うみ<u>が</u><u>め</u>（海亀）
　　c. あい＋かぎ → あいかぎ，*あい<u>が</u><u>ぎ</u>（合鍵）

ところが，この制約を(3)と同じように音声素性を用いて記述しようとすると大きな問題にぶつかる．kagi(鍵)の[g]は有声音であるから，これを[+voice]と一般化してしまえば，今度は(9b)がうまく説明できなくなってしまう．(9b)では kame(亀)の[m]が有声音であるにもかかわらず，連濁が普通に起こっているのである．このように[m]と[g]はともに[+voice]でありながら，後者だけが連濁を阻止してしまう．この現象をどのように解決すればよいのだろうか．

解決の糸口は，[m]が清音であり，[g]が濁音であることに見いだすことができる（表 2.1 参照）．つまり[m]のような清音は有声音であっても連濁を阻止せず，一方[g]のような濁音（かつ有声音）は連濁を阻止するのである．つまり連濁に対して(10)のような制約（例外条件）を仮定すればよいことになる．

(10) ライマンの法則
　　　　　後部要素がすでに濁音を含む場合には，連濁の適用は阻止される．

(10)の一般化は(9)に見られる連濁の適用・不適用という現象を的確に表しているように見えるが，ことはそれほど単純ではない．前節では，連濁は清音を濁音にする変化ではなく，無声音を有声音に変える変化であると定義した．ところが(10)の一般化は，これとは逆に，連濁の生起が有声・無声の特徴ではなく清音・濁音の対立と関係していることを示しているのである．では，(10)の清音と濁音という対立概念を音声素性の表示としてどのように表したらいいのか．ここに新たなジレンマが生じる．

言語学者はこのジレンマを解くために，**不完全指定**(underspecification)という考え方を導入した．これは，他の情報によって予測可能な素性値は未指定になっており，諸規則が適用された後にプラスやマイナスの指定を受けると仮定するものである(Steriade 1995)．たとえば音声的に有声[+voice]という特徴を持つものには2種類あり，体系上，有声であることが予測できるものは[+voice]という特徴を付与されていないと仮定する．[g]や[z]などの有声阻害音（阻害音とは閉鎖音と摩擦音）には[k], [s]のように対応する無声音が存在し，日本語の体系内でも /g/–/k/, /z/–/s/ という対立を持っている．たと

ば /gan/-/kan/（癌-缶）や /zaru/-/saru/（ざる-猿）などの最小対語が存在する．このため，有声・無声の区別が予想できず，[voice]という音声素性に対しプラスという値を持つかマイナスという値を持つかを，はじめから指定しておかなければならない．これに対し，[m]や[n]のように共鳴度が高い子音は通常，有声であり，日本語を含む多くの言語において対応する無声音を持たない．つまり，[m]，[n]，[r]などの音は共鳴度が高いという特徴から[+voice]であることが予測できるのである．このように有声・無声の対立を持たない音は，音声的に有声音として実現することが予測できるため，[voice]という音声素性に対してははじめからプラス・マイナスという指定を受けているわけではなく，音声産出の最後の段階でこのような値が決定されると考えるのである．言語産出の最初の段階では不完全にしか指定を受けていないということで，この考え方は不完全指定と呼ばれている．

　不完全指定という考え方の根底には，「表層で観察される現象は一定の基底形から規則の体系によって派生される」という**派生**(derivation)の構図(11)が存在する．

（11）　派生の構図
　　　　基底形
　　　　　↓
　　　　規則群
　　　　　↓
　　　　表層形

本章の冒頭において，現代言語学の目標は人間が無限個の文・発話を作り出すことができる能力を解明すること，つまりは無限の文を作り出す脳の仕組みを探究することであると述べた．この考え方の背後には，現象は無限であっても，そのもととなる規則・原理は有限であるという信念が存在する．現代言語学において，この信念を具体化させる形で信奉されてきたのが(11)のような派生の構図であった（生成文法における「派生」の変遷については第6巻第4章を参照）．不完全指定という考え方も，この構図を前提に提案されたのである．

　この不完全指定の考え方を連濁にあてはめると，[g]と[m]は音声的にはともに声帯の振動を伴う有声子音であっても，音声産出過程における意味は異なっており，kagi の[g]は派生の最初の段階から[+voice]という特徴を持っているために連濁規則を阻止するが，kame の[m]は[voice]の値が未指定であるた

め，この音が音声的に持っているはずの[+voice]という特徴は連濁規則には見えないことになる．[m]や[n]などの子音だけでなく[i]や[e]などの母音も共鳴度が高く[+voice]であることが予測できるから，連濁という音韻規則がかかる段階では，(9)の複合語の後部要素は[voice](声)という音声素性に関して(12)のような表示を持っていると考えられる(Itô & Mester 1986)．

(12)　　a. kaki　　b. kame　　c. kagi
　　　　　　|　　　　　|　　　　　|
　　　　　[−voice]　[voice]　[+voice]

(12)に表した不完全指定の考え方をまとめると(13)のようになる．

(13)　不完全指定
　　　　派生の過程で予測できる特徴(無標素性)は指定しない．

この考え方に従うと，(10)に示したライマンの法則は(14)の制約として表すことができる．(3)で述べたように，連濁とは無声子音を有声子音に変える機能を持った音韻過程であるから，(14)の法則は，複合語の後部要素に[+voice]という特徴を持った音が複数共起できない事実を捉えた制約ということになる．この種の制約が持つ一般性については2.6節(c)で詳しく述べる．

(14)　ライマンの法則
　　　　後部要素がすでに有声音([+voice]の音)を持つ場合には連濁はかからない．

ところで(13)にまとめた不完全指定という概念は，「人間の脳は予測できない情報だけを言語生成の入力(input)として持っている」という考え方に基づいている．この考え方を突き詰めていくと，**有標性**(markedness)という科学一般，あるいは日常生活で用いられている考え方に到達する．たとえば学校の生徒名簿を考えてみると，男子校や女子校では生徒の性別を記す必要がない．男子校であれば全員男子，女子校であれば全員女子であることが予測できるからである．また共学校の男女混合名簿であっても，生徒一人一人に対して男・女の指定をする必要はなく，男子か女子の一方だけをマーク(指定)しておけば(つまり男ないしは女と記入するか，あるいはもっと簡潔に一方にだけ印を付けておけば)，マークしていない人名の性別は100％予測できる．大学の工学部のように男子が圧倒的に多いところでは女子を有標と見なし(つまりマークし)，逆に外国語学部のように女子が圧倒的に多いところでは男子だけをマークしておけば非常に合理的である．予測しにくい方をマークしておけば二者の

区別ができるわけで，予測できる方までもマークしておく必要はない．この考え方の根底にあるのが有標なものと無標なものを区別する有標性という考え方である．(13)の不完全指定という概念も，この考え方を基盤にしている．

2.4 音節とモーラの再発見

2.2節では最小の言語単位と見られていた音素が音声素性という成分に分解できることを指摘し，続く2.3節ではその音声素性をめぐる理論がどのように発展してきたかを考察した．ここで指摘した一連の発展は，言語単位を極小化し，より小さな言語単位を発見しようとする研究の結果である．その一方で，より大きな言語単位を発見し，そのような単位がどのようにまとまっているかを探ろうとする研究も続いている．その一つが，音節とモーラをめぐる研究である．

音節(syllable)とは一つ一つの音(つまり音素)を束ねたものであり，母音のまわりに子音が結合してできた言語単位である．日本語では「子音＋母音」という構造の音節(**開音節**，open syllable)が多く，/kan/(缶，勘)，/gan/(癌，ガン)のように子音で終わる構造の音節(**閉音節**，closed syllable)はきわめて少ない．これに対し英語では，開音節(たとえば *tea, sea*)より閉音節(*head, foot*)の方が一般的である．また日本語とは異なり，英語では子音の部分に2,3個の子音連続がくることも少なくない(たとえば *street, milk*)．

この音節という単位は，さまざまな音韻現象の記述・説明に不可欠なものである．たとえば *and* という接続詞を用いた英語の決まり文句(*A and B*，または *A, B and C*)の語順を見てみると，可能な限りリズムが整うような形で名詞の語順が決定されていることがわかる．(15a–f)では[強弱]の繰り返しによる2拍子のリズムが，(15g, h)では[強弱弱]の繰り返しによる3拍子のリズムが作り出されているのである(ドット /./ は音節境界を，大文字は強勢音節を表す)．

(15)　a.　CUP and SAU.cer (カップと受け皿)
　　　b.　BED and BREAK.fast (イギリスの民宿)
　　　c.　TIME and MON.ey (時と金)
　　　d.　MEN and WOM.en (男女)
　　　e.　TOM and JER.ry (トムとジェリー，アニメーション)

  f. MARKS and SPEN.cer（マークス＆スペンサー，イギリスのスーパーマーケット）

  g. LA.dies and GEN.tle.men！（みなさん！）

  h. SI.mon and GAR.fun.kel（サイモンとガーファンクル，歌手グループ）

　(15)のようなリズム構造において[強]ないしは[弱]という強勢特徴を与えられている単位は，音素や音声素性ではなく，音素を束ねた音節という単位である．このことから，英語のリズムは音節に付与された強勢（**アクセント**，accent）のパターンをもとに形作られることがわかる．つまり，英語のリズムは強勢によって形作られ，強勢は音節を単位として付与されているのである（英語の音節については Kahn(1976)，窪薗・溝越(1991)を参照されたい）．

　音節という言語単位が強勢やリズムなどの現象を記述するために不可欠であることは以前より知られていたが，最近になって「モーラ」という単位も不可欠なものであることが明らかになってきた．**モーラ**(mora)とは日本語音声学で拍と呼ばれている単位であり，以前より日本語のようなモーラ言語の記述には不可欠な単位であるとされてきた．たとえば日本語の伝統的詩歌（俳句・川柳・短歌）の五七五，五七五七七というリズムは，モーラを単位として数えた語の長さである．(16a)の俳句や(16b)の川柳からもわかるように，長音（ー），撥音（ん），促音（っ）のように語頭に立たない音でも1拍として数えられている．語頭には立たないなどの特性から自立性が低く，単独では音節を形成しないとされている長音，撥音なども，単独で音節を形成する「や」や「ま」などと同じように一人前の長さを保っているのである．この長さの単位がモーラである．たとえば(16a)の最初の俳句では，「一茶」という語が音節で数えると2，モーラで数えると3の長さを持っている．音節で数えると「まけるな一茶」が6音節となり変則的な長さのように見えるが，モーラでは7モーラとなり，定型であることがわかる（日本語のモーラについては窪薗(1995)，Kubozono(1996)を参照）．

(**16**) a. 痩せがへる まけるな一茶 これにあり　［小林一茶］

   柿食えば 鐘が鳴るなり 法隆寺　［正岡子規］

   こんこんと 水は流れて 花菖蒲　［臼田亜浪］

  b. 給食の おかげで母は 朝寝坊

　　　　　　　　　　　長電話 怒った母も 長電話(同上)
　　　　　　　　　　　平成の トップアイドル きんとぎん(同上)
　　　　　　　　　　　震災を 無事生き延びて 仮設の死(朝日新聞)
　　　　　　　　　　　チョベリバの 茶髪が闊歩 する平和(同上)
　　　　　　　　　　　　　　　　ちゃぱつ　かっぽ

　日本語の記述にモーラという単位が不可欠であることは言い間違いの事実からもうかがえる．(17a)は幼児の交換エラー，(17b)は成人の交換エラー，そして(17c)は言い間違いによって作り出された語が本来の単語に取って代わった例である．いずれの例でも，モーラとモーラが交替するという特徴を示している．このようなモーラ単位の言い間違いは，日本語ではけっして珍しくない(Kubozono 1989, 1996)．

(17)　a.　ケチャップ(ketjappu) → チャケップ(tjakeppu)
　　　　　　マスク(masuku) → スマック(sumakku)
　　　　b.　鉄筋コンクリート(tekkin konkuriito)
　　　　　　　→ コッキンテンクリート(kokkin tenkuriito)
　　　　　　アラブ人(arabuzin) → アラジブン(arazibun)
　　　　c.　さんざか(sanzaka) → さざんか(sazanka)　[山茶花]

　日本語の記述にモーラという概念が不可欠であることは以前より常識化しており，(16)や(17)のような事実は特に驚くべきことではない．音韻論の伝統的な言語類型(分類)によると，人間の言語は，音節を基本とする**音節言語**とモーラを基本とする**モーラ言語**に二分できると考えられており(Trubetzkoy 1958/69)，モーラ言語とされる日本語に(16)や(17)のような現象が現れても何ら不思議はないのである．ところがこの伝統的な分類は，日本語のようにモーラが基本の言語では音節が不必要であり，また英語のように音節を基本単位とする言語ではモーラが不必要であるということを含意してしまう．最近の研究は，この一般化が誤ったものであり，モーラ言語でも音節が，音節言語でもモーラがそれぞれ不可欠であることを明らかにした．

　日本語の記述にモーラだけでなく音節という概念も必要であることは，「X＋太郎」「X＋次郎」という複合名詞のアクセント構造を考えてみるとよくわかる．X太郎，X次郎という複合名詞は通常の複合名詞とは異なり，前部要素(X)の長さによっていくつか異なるアクセント型を示す(通常の複合名詞アクセント

規則については2.6節(c)を参照されたい）．X次郎を先に見てみると，前部要素が1モーラであるか，2モーラであるか，あるいは3モーラ以上であるかによって(18)のようなアクセント型を示す（秋永 1981）．

(18) a. X＝1モーラ
　　　こじろう（小次郎），よじろう（与次郎），やじろう（弥次郎）

b. X＝2モーラ
　　　き⌐んじろう（金次郎），そ⌐うじろう（宗次郎），しょ⌐うじろう（正次郎）

b′. X＝2モーラ
　　　もも⌐じろう（桃次郎），むね⌐じろう（宗次郎），まさ⌐じろう（正次郎）

c. X≧3モーラ
　　　ちからじ⌐ろう（力次郎），うるとらまんじ⌐ろう（ウルトラマン次郎）

まず(18a)のようにXが1モーラのものは全体が平板式アクセント（平たいピッチ）で発音され，(18c)のようにXが3モーラ以上の語は後部要素の最初のモーラに**アクセント核**(/⌐/)，つまり急激なピッチの下降が現れる．これに対しXが2モーラの場合には，(18b)と(18b′)の二つの型に分かれてしまうように見える．つまり「金次郎」や「宗次郎」のようにXが1音節2モーラ(18b)という構造であればXの最初のモーラに，「桃次郎」や「宗次郎」のようにXが2音節2モーラ(18b′)であればXの2番目のモーラにアクセント核が置かれる．モーラを単位にアクセント型を示すという前提に従う限り，「宗次郎」と「宗次郎」は異なるアクセント型を有することになるのである．しかし，ここでモーラではなく音節がアクセントを担うと再解釈してみると，この二つのアクセント型は同一のものであることがわかる．つまり(15)に例示した英語の場合と同じように音節がアクセント（強勢）を担うと考えてみると，(18b)でも(18b′)でも「Xの最後の音節」にアクセント核が置かれている．このように「音節」という概念を日本語アクセントの記述に導入することによって，別々のアクセント型のように見えた二つの型を統一的に扱うことができるのである．この分析はさらに，日本語でも英語でも（つまりモーラ言語でも音節言語でも）「アクセント（強勢）を担うのは音節である」という一般化も可能とする．

話を一歩進めて，今度は X 太郎という複合語のアクセントを考えてみよう．X 太郎という複合語は，X 次郎と同じく前部要素(X)の長さによって異なるアクセント型をとる(秋永 1981)．ところが詳細に見てみると，X が同じ 2 モーラであっても，1 音節の場合と 2 音節の場合とでは明らかに異なるアクセント型を持つことがわかる．

(19) a. X＝1 モーラ
きたろう(鬼太郎)，ねたろう(寝太郎)，こたろう(小太郎)

b. X＝2 モーラ
きんたろう(金太郎)，らんたろう(乱太郎)，きゅうたろう(Q 太郎)

b′. X＝2 モーラ
もも ⌐たろう(桃太郎)，あか ⌐たろう(垢太郎)

c. X≧3 モーラ
ちからた ⌐ろう(力太郎)，うるとらまんた ⌐ろう(ウルトラマン太郎)

つまり，(19b)のように X が 1 音節 2 モーラの複合語は(19a)と同じ平板式アクセントとなり，一方(19b′)のように X が 2 音節 2 モーラの長さを有する場合には，X の最終音節にアクセント核を有する型，つまり(18b, b′)と同じ型をとる．このように(18)に示した X 次郎の場合とは異なり，X 太郎の場合には，同じ 2 モーラであっても 1 音節であるか 2 音節であるかによって異なるアクセント型が生じるのである．別の言い方をすると，X 太郎の場合には X のモーラ数だけでなく，音節数によっても異なるアクセント型が生じる．X 太郎という複合語が示すこのようなアクセント型の違いは，モーラという概念だけを用いていたのでは説明できない．音節という概念を一緒に用いることによって，はじめて説明することができるのである(日本語における音節の役割については窪薗(1995)を参照)．

モーラ言語である日本語において音節が重要な役割を果たすのと同じように，音節言語の記述に音節とならんでモーラも不可欠であることが近年の研究から明らかになってきた．ここでは英語の語強勢(アクセント)規則を見てみることにする．英語は大ざっぱに言って，その先祖であるゲルマン祖語から受け継いだ語彙と，ラテン語・ギリシャ語などの古典語やフランス語などから借用した

語彙の2種類の語彙を有している．このような歴史的事情を反映して，その語強勢規則は他の言語の語アクセント規則より複雑な体系をなしているが，名詞に関してはラテン語のアクセント規則から受け継いだ部分が大きい．その規則を簡潔に言うと(20)のようになる(Chomsky & Halle 1968)．

(**20**)　ラテン語・英語(名詞)のアクセント規則
　　　　　a. 語末から2番目の音節が長い母音(長母音か二重母音)を含んでいるか子音で終わっていれば，その音節に強勢を置く．
　　　　　b. それ以外であれば，語末から3番目の音節に強勢を置く．

(21a, b)に(20a, b)の例をあげる(大文字は強勢音節を，ドット /./ は音節境界を表す)．

(**21**)　　a.　ho.RI.zon　　to.MA.to　　a.GEN.da　　ap.PEN.dix
　　　　　b.　a.ME.ri.ca　　AS.te.risk　　RA.di.o　　COM.pa.ny

(20)は数多くの語例に共通した特徴を簡潔に表しているという意味において，英語の語強勢現象をうまく一般化した規則であると言える．しかし(20a)に述べられた「長い母音を含んでいる(音節)」と「子音で終わっている(音節)」という二つの条件にどのような共通性があり，そして(20b)にある「それ以外(の音節)」との間にどのような違いがあるのかを明確に示さない限り，真の一般化とは言えない．(20a)の二つの条件を一般化するために用いられるようになったのが，(16)にあげた日本語の詩歌に用いられているモーラという概念である．

モーラを単位として音節の長さを数えると，日本語の「カー」や「カイ」(会，貝)という音節は「カ」(蚊)という音節の2倍の長さを持ち，「カン」(勘，缶)や「ガン」(癌)と同じ長さを有している．これは，短母音が1モーラの長さであるのに対して長母音・二重母音は2モーラの長さを持ち，また母音の後の子音も1モーラ分の長さを持つという原理を反映したものである．このようなモーラの概念を導入すると，長い母音(VV)を含む開音節(つまりCVV)が，短母音(V)からなる閉音節(つまりCVC)と同じ2モーラという長さを有するということが自然に予測される．(21a)の語を例にとると，*ho.ri.zon* や *to.ma.to* の第2音節(CVV)も，*a.gen.da* や *ap.pen.dix* の第2音節(CVC)も2モーラの長さを有しているのである．これに対し(21b)の語では，語末から2番目の音節(*a.me.ri.ca*, *as.te.risk*, *ra.di.o*, *com.pa.ny* の -*ri*, -*te*, -*di*, -*pa*)が短母音だけからなる開音節(CV)であり，モーラで数えると1の長さしか持っていな

い．(21a)と(21b)の違いは，語末から数えて二つ目の音節が2モーラか1モーラかという違いであることがわかる．モーラという概念を用いて一般化すると，(20)は(22)のように簡潔に表すことができる(Prince & Smolensky 1993; Hayes 1995)．

(22) ラテン語・英語(名詞)のアクセント規則
    a. 語末から2番目の音節が2モーラの長さであれば，その音節に強勢を置く．
    b. 1モーラの長さであれば語末から3番目の音節に強勢を置く．

このようにモーラを語や音節の長さを測る単位として定義し，英語の音節の長さをモーラで数えることによって，(20a)に記された二つの条件を一般化し，かつ(20b)の条件と区別することができるのである．(22)にまとめた語強勢規則は，英語という音節言語においてもモーラという言語単位が不可欠であることを物語っている．英語ではこれ以外にもモーラの役割を示す現象が少なくない(詳細については窪薗(1995)，窪薗・太田(1998)を参照)．

以上の議論から，「日本語はモーラ言語，英語は音節言語」というように，「モーラか音節か」という二者択一的な基準で人間の言語を分類することは必ずしも適切ではないことがわかる．つまり，日本語のようなモーラ言語であっても英語の音節に相当する単位が不可欠であり，英語のような音節言語であっても日本語のモーラに相当する単位が重要な機能を担っているのである．このことは，モーラという言語単位も音節という言語単位も，ともに人間の言語に共通した(つまり普遍的な)単位であるということを意味している．これは，人間の言語がモーラか音節のいずれかの単位を選択して異なる体系を組み立てるという伝統的な類型研究の仮説とは根本的に異なるものである．モーラも音節もともに普遍的であると見る新しい分析は，人間の言語が共通の骨組みを有しているということを含意するものであり，複数の現象を一つの構造・原理に還元するという意味において音韻現象をより高度に一般化した分析と言えよう．

2.5 フットの発見

前節では一つ一つの音である音素をまとめあげる単位として音節とモーラをあげたが，最近の音韻論研究はこれよりさらに大きな単位をいくつか提案し

2.5 フットの発見

ている．その一つが**フット**(foot)という単位である（フットはしばしば「韻脚」と訳されるが，ここでは原語の意味を損なわないように「フット」という中立的な訳語を用いる）．フットという概念は，話し言葉や詩のリズムを論じる際に用いられてきたものであり，けっして新しい概念ではない．しかしながら，リズム以外の現象について用いられるようになったのは比較的最近である．ここではその新しい研究の成果を紹介する．

日本語の記述にフットという概念が登場するのは，新しい語が作られる語形成過程において語の**最小性**(minimality)を論じるときである（語形成についての詳細は第 3 巻第 1 章を参照）．たとえば外来語が短縮される (23) の過程を考察してみると，出力として生成される語は必ず 2 モーラ以上の長さを持っており，1 モーラの語形は皆無である (Itô 1990)．(23a) では 2 モーラ語，(23b) では 3 モーラ語，(23c) では 4 モーラ語がそれぞれ作り出されている．また (23d) は比較的珍しい，語末を残す形式である（( ) は省略される部分を示す）．

(23) a. スト(ライキ)，*ス(トライキ)　オペ(レーション)，*オ(ペレーション)　アマ(チュア)，*ア(マチュア)　チョコ(レート)，*チョ(コレート)

b. テレビ(ジョン)　アニメ(ーション)　パンク(チャー)

c. リハビリ(テーション)　イラスト(レーション)　リストラ(クチャリング)

d. (アル)バイト　(ヘル)メット　(アド)バイザー

「2 モーラ以上」という条件を課されるのは外来語だけではなく，外来語以外の語種（和語や漢語）が短縮されるときも 1 モーラの語が生成されることはない．(24a, b) にそれぞれ語頭と語末を残す例をあげる．

(24) a. よせ(せき)[寄席]，みせ(だな)[店棚]，お＋でん(がく)[お田(楽)]，お＋さつ(まいも)

b. (けい)さつ[警察]，(ま)やく[麻薬]，(けい)むしょ[刑務所]，(ひ)がいしゃ[被害者]

ここで「2 モーラ以上」という条件が日本語のすべての語彙にあてはまるものではないことを強調しておきたい．「目」や「手」などの例からもわかるように，語形成過程を経ずにはじめから存在する語の中には 1 モーラの長さが許容される．「2 モーラ以上」という制限がつくのは，既存の語から語形成によっ

てあらたに語が作り出される場合である．ここで，モーラの連鎖をまとめあげる単位としてフットを仮定し，「2 モーラが一つのフットを構成する」と考えると，(23)(24)に見られる最小性の条件は(25)のようにまとめることができる．

(25) 最小性の条件
　　　語形成によって作り出される語は最小 1 フット(=2 モーラ)の長さを持つ．

(25)の条件に導入されたフットという概念は，実にさまざまな日本語の語形成過程を説明するのに役立つ．たとえば人名からニックネームを作る際に用いられるのが，(26a)に例示した語頭の 2 モーラを残す形式である(しばしば「ちゃん」という愛称辞が付けられる)．この場合にも語頭の 1 モーラだけを残す型は許容されず，たとえ 1 モーラ目と 2 モーラ目に形態素境界(+)，つまり意味の切れ目がくる(26b)のような場合でも，その境界を無視して語頭の 2 モーラを残そうとする．また語末を残す場合でも，(26c)のように形態素境界にかかわりなく 2 モーラが残される．いずれの場合にも，2 モーラが語の最小の長さとして要求されるのである．

(26) a. まさ(る)，*ま(さる)　　　　　[勝]
　　　　めぐ(み)，*め(ぐみ)　　　　　[恵]
　　　　やま+(ぐち)，*や(ま+ぐち)　　[山口]
　　b. こ+ば(やし)，*こ+(ばやし)　　[小林]
　　　　の+む(ら)，*の+(むら)　　　　[野村]
　　　　さく(ら+い)，*さ(くら+い)　　[桜井]
　　　　か+と(う)，*か+(とう)　　　　[加藤]
　　　　た+ろ(う)，*た+(ろう)　　　　[太郎]
　　　　み+さ(と)，*み+(さと)　　　　[美里]
　　c. (め)ぐみ，*(めぐ)み　　　　　　[恵]
　　　　(やな)ぎ+ば，*(やなぎ)+ば　　[柳葉]

(26)のニックネームをもう少しくだけた形にすると，(27a)のようなバー，キャバレーのホステスが顧客を呼ぶときに使うホステス語や，(27b)のような昔風の愛称表現ができる．ここでも語幹部分(愛称辞「さん」や「お」を除いた部分)に(25)の最小性条件が働いている(Mester 1990; Poser 1990)．

(27) a. 鈴木→すずさん，すーさん　田中→たーさん　佐藤→さーさん

b. 鈴子→おすず, おすう　京子→おきょう　そめ子→おそめ

フットの役割がさらに明確な形で現れるのが複合語を短縮する過程である．日本語の複合語短縮では，それぞれの要素の語頭から2モーラずつを取って短い語を作る形式がもっとも生産的なものである．これは(28a)のように漢語(漢字)複合語を短くする場合だけでなく，(28b)のように外来語複合語を短縮する場合や，(28c)のように異語種の複合語を短縮する場合にも一般的に観察される(例外としてベア＝ベ(ース)・ア(ップ)，テレカ＝テレ(ホン)・カ(ード)，セ・リーグ＝セ(ントラル)・リーグ，私大＝私(立)・大(学)などがある)．

(28)　a. 東(京)・大(学)，イト(ウ)・マン［伊藤萬，旧商社名］，天(麩羅)・どん(ぶり)

　　　b. ドン(ト)・マイ(ンド)，ラジ(オ)・カセ(ット)，ツア(ー)・コン(ダクター)

　　　c. 断(然)・トツ(プ)，半(分)・ドン(タク)［ドンタク，オランダ語で休日］，ニラ(と)・レバ(ー)

以上，既存の語彙から新しく作り出される日本語の語彙が「2モーラ以上」という最小性の条件を課され，とりわけ2モーラというまとまりを好む傾向があることを指摘した．前節では音節とモーラという二つの音韻単位が人間の言語に共通して存在する単位であることを考察したが，興味深いことに，(23)～(28)で観察した最小性の条件もまた，人間の言語に普遍的に見られる傾向である．たとえば英語の短縮語を見てみると，1音節という最小の音節数にまで短くなる場合でも，必ず2モーラの長さを保っている．(29a)ではもともとの語にあった短い母音を長く(つまり長母音・二重母音に)することによって，また(29b)では次の音節から子音を取り込むことによって2モーラの長さの音節を作り出している．

(29)　a. pro.fes.sio.nal [prə.fe.ʃə.nəl] → pro [proʊ] (プロ)

　　　　in.flu.en.za [in.flu.en.zə] → flu [fluː] (インフルエンザ)

　　　b. pro.fes.sor [prə.fes.ə] → prof [prɑf] (教授)

　　　　fa.nat.ic [fə.næt.ik] → fan [fæn] (狂信的な→ファン)

英語において(25)の条件が働くのは，新しい語彙が作り出されるときだけではない．日本語の場合とは異なり，英語では最初から存在しているような普通の語彙にもこの最小性条件が課される．つまり(25)の適用範囲が日本語より広

いのである．この制約によって(30a)のように短い母音で終わる単音節語は存在せず，母音が短い場合には，(30b)のように子音が後続して合計2モーラの長さを保持しようとする．このような母音と子音の共起制限は長い母音を含む単音節語には存在せず，(30c)のように後続する子音がなくても，(30d)のようにそのような子音があっても（つまり開音節でも閉音節でも）かまわないのである．この関係は表2.2のようになる．

(30)　a.　短母音のみ：　*pi, *se, *ma, *pu
　　　b.　短母音＋子音：　pick, sell, mac, pull
　　　c.　長い母音のみ：　pea, say, may, poo
　　　d.　長い母音＋子音：　peak, sale, make, pool

表2.2　英語の単音節語の構造

母音	音節	
	開音節	閉音節
短い	*pi[pi]	pick[pik]
長い	pea[piː]	peak[piːk]

　興味深いことに，表2.2に見られる不均衡な状態は，タイ語やカンボジア語，ラテン語，アラビア語，ハワイ語をはじめとする数多くの言語にも観察されている(Hayes 1995)．つまり，程度の差こそあれ，人間の言語一般に(25)の最小性条件が観察されるのである．一般化という観点から見ると，これは(25)の制約を仮定することによって，一見すると無関係に思える(23)(24), (26)〜(28)の日本語の現象と(29)(30)の英語の現象とを統一的に説明することができるようになることを意味している．これを可能にしているのが「モーラ」と「フット」という概念なのである．また，フットという普遍的な言語単位を発見したという意味で，言語の本質に一歩近づいたと言うことができる．

2.6　規則と制約

　2.3節において，不完全指定という考え方が「表層で観察される現象は一定の基底形から規則の体系によって派生される」という派生の構図を前提に提案されたことを述べた．不完全指定だけでなく言語現象の記述全般において，基

底形の数(たとえば語彙の数)は無限であっても規則は有限個であり,その規則の体系から無限の現象(たとえば文)が産出されると考えられてきた.そのような有限個の規則の体系(派生の過程)を解明することが真理を解き明かすことであると,言語学者は信じてきたのである.ここでいう規則とは概略(31)のような書き換え規則の形式を持っている.

(31) 　　A → B ／ X ＿＿ Y

　　　　 X ＿＿ Y の環境で(＝X と Y の間で),A が B に変わる.

(a) 音節構造制約

ところが最近になって,[基底形→規則→表層形]という構図に疑問を投げかける動きが顕著になっている.この動きの根底には,(31)のような規則の形による派生では,言語現象の本質的なところが捉えられないという考え方がある(音韻理論の変遷と最近の動向については Goldsmith(1995)に収められた諸論考を参照).その欠点を補うべく提案されたのが**制約**(constraint)という概念であった.すでに 2.5 節において,語形成の過程に最小性という音韻構造に関する制約が働くことを考察した.ここではもう少し具体的な例として,古代日本語の複合語形成過程に起こったと思われる三つの音韻現象を見てみよう(金田一(1976)を参照).

(32) 　a.　aha + umi → ahumi(淡海＝近江)

　　　　　 naga + ame → nagame(長雨)

　　　b.　naga + iki → nageki(長息＝嘆き)

　　　c.　haru + ame → harusame(春雨)

(32a)では母音連続 /au/, /aa/ の最初の母音を削除し,(32b)では /ai/ という母音連続を中間の音色 /e/ に融合し,(32c)では基底形(入力)になかった /s/ という子音を 2 母音間に挿入している(ちなみにこれと同じ子音 /s/ の挿入現象が「青(ao)」〜「真っ青(mas+sao)」などの交替形にも見られる).これらの三つの現象は,(31)の規則の形式に従うと概略(33a–c)のように表される(C:子音,V:母音,φ:ゼロ,+:形態素境界).

(33) 　a.　母音削除:V → φ ／ ＿＿+V

　　　b.　母音融合:$V_i + V_j → V_{ij}$

　　　c.　子音添加:φ → C ／ V+＿＿V

しかしながら(32)の変化が起こらなかった場合を想像してみると，これらの三つの現象には機能的な関連性があることがわかる．変化が起こらなかったとしたら /au/ や /ua/ のような**母音連続**(vowel hiatus)が生じたことになり，いずれの変化も，このような母音連続の生成を避ける働きをしていることがわかる．つまり，(32)の三つの変化は，母音連続を避けるという共通の目的を持っているのである．音韻論では，このような規則間の共通性を**共謀**(conspiracy)，**言語の定向進化**(linguistic orthogenesis)などと呼んでいる．このような規則間の共通性は，それぞれの現象を(33)のように規則で書いてしまったのでは捉えることができない．つまり，これらの規則は言語現象の単なる「記述」であって「説明」とはなっていない．(32a–c)の三つの現象の共通性を何も捉えていないために，「別々な現象と思われてきたものの裏にひそんでいる共通性をみつけ，両者を統一(する)」という「一般化」を達成していないことになる．

これに対し，(34)のような母音連続の生起を禁止する制約を想定すると，(33)の三つの規則・変化の背後にある原理(規則間の共通の機能)が捉えられるようになる．

(34) *VV

　　　母音連続は不適格である．

母音の連続を禁止する(34)の制約を音節構造という観点から再解釈すると，母音だけからなる音節を禁止し，常に「子音＋母音」という音節構造を要求する(35)の制約に読み代えることができる．この**音節構造制約**(syllable structure constraint)は数多くの言語に見られるものであり，たとえば英語の不定冠詞 *a* が母音で始まる語の前では *an* という語形となる(36a)の現象や，イギリス英語において，通常発音されない語末の /r/ が母音で始まる語の前では発音される「つなぎの r」の現象(36b)などは，いずれも(35)の音節構造制約が働いているものである．

(35)　　頭子音制約

　　　音節は子音で始まらなくてはならない．

(36)　　a. a<u>n</u> apple[ə.næ.pl]　cf. a book
　　　　b. ca<u>r</u> of the year[kɑ: rəv ðə jiə]　cf. car[kɑ:]
　　　　　a pai<u>r</u> of shoes[ə peə rəv ʃu:z]　cf. pair[pɛə]
　　　　　fa<u>r</u> away[fɑ: rə.wei]　cf. far[fɑ:]

(b) 音節量制約

(31)のような書き換え規則に限界があることは，(32)だけでなく数多くの現象の分析からも指摘されている．ここでもう一つ，音節の長さを意味する**音節量**(syllable weight)に関する制約を紹介してみよう．日本語が外国語を借用する過程を見てみると，*icecream* のような興味深い例に遭遇する．この単語は，今でこそ「アイスクリーム」という語形で定着しているが，古くは「アイスクリン」という語形もあり，この古い語形が今でも方言形として残っている．この二つの語形の違いは，前者が *cream* の母音をそのまま長母音として借用し，後者が語末の *m* を音節末子音(尾子音)として借用していることにある．この語の面白いところは，長母音と尾子音の両方を借用した「アイスクリーン」という形が見あたらないことである．つまり長母音と撥音(ん)が共起する音形はないのである(/./ は音節境界を示す)．

(37) ice.cream → a. アイスクリーム /ai.su.ku.rii.mu/
      b. アイスクリン /ai.su.ku.rin/
      c. *アイスクリーン /ai.su.ku.riin/

(37c)の語形が存在しないのはけっして偶然ではない．長母音と撥音が共起すれば「リーン」という3モーラの長さ，つまり3拍分の長さを持つ音節ができてしまうため，その音節構造を避けようとしているのである．「アイスクリーム」は，*cream* という音節の尾子音 /m/ を新しい音節の頭子音として扱うことにより，語末母音挿入という過程を経て「リー.ム」という2音節を作り出している．一方「アイスクリン」は，*cream* の母音を短くすることによって，音節のまとまりを保持したまま2モーラ音節を作り出している．両者に共通していることは，3モーラの長さを持つ音節ができるのを避けようとしていることである．ちなみに，「アイスクリン」に見られる母音短縮現象は，(38)を含む多くの語に起こっている(Lovins 1975)．

(38) a. /aun/ → /an/ グラ(ゥ)ンド，ファ(ゥ)ンデーション
  b. /ein/ → /en/ エ(ィ)ンジェル，アレ(ィ)ンジ，ステ(ィ)ンレス，
        ケ(ィ)ンブリッジ

3モーラの長さを有する音節を避けようとする傾向は，促音(っ)の知覚にも現れている．同じ「子音＋母音＋子音」という構造の英単語でも，(39a)のよ

うに短母音を含む語が日本語に借用されるときは促音が添加されるが，(39b)のように長母音・二重母音を含む語には促音は添加されない．(39a)では母音が短いために促音が加わっても2モーラの長さの音節(hit, kap, pit)しか生成されないが，(39b)の場合には，長母音・二重母音がすでに2モーラの長さを有しているために，仮に促音が添加されると3モーラの音節(hiit, hait, kaap)が生成されてしまう．後者では，3モーラ音節の生成を避けるために促音添加が阻止されたと解釈される．

(39)　a.　hit → ヒット (hit.to)　　cup → カップ (kap.pu)
　　　　　　pitch → ピッチ (pit.ti)
　　　　b.　heat → ヒート, *ヒーット　　height → ハイト, *ハイット
　　　　　　carp → カープ, *カーップ　　peach → ピーチ, *ピーッチ

このように(37)～(39)の現象は，すべて3モーラの長さを持つ音節の生起を避けようとするものである．ところが規則を用いて記述しようとすると，この共通性が表せない．一つ一つの現象は記述できても，現象の背後にある共通の原理を表す手だてがないのである．これに対し，制約という概念を用いると，この問題は難なく解決できる．日本語の表層構造を規定する条件として，(40)のような制約を提案するだけですむのである．

(40)　音節構造制約
　　　　　3モーラ以上の長さの音節は不適格である．

ちなみに，(40)の制約は日本語だけでなく数多くの言語に観察されている (Árnason 1980; 窪薗 1995)．たとえば英語では，母音で終わる音節(開音節)の長母音はそのままにして，子音で終わる音節(閉音節)の母音だけを短くする現象が観察される (Myers 1987)．*go/gone, say/said, do/done* などの動詞活用において，現在形が長い母音(長母音または二重母音)を保つ一方で，尾子音のついた過去分詞形が短い母音となるのも，この歴史的音変化の結果である．これと基本的に同じ変化が数多くの言語に観察されることから，(40)の制約は，日本語という言語の体系を超えて人間の言語に備わった一般的な特性であることが想像される．換言すれば，(40)の制約を想定することにより(37)～(39)をはじめとする一連の言語現象の共通性を捉え，それらを一般化することができるのである．

(c) 制約の一般化

　前節までの議論から，言語の記述・説明に「制約」という考え方が不可欠であるということが理解してもらえたのではないかと思う．最近の研究では，この考え方をさらに一歩進めて，一見異なるように思える複数の制約を一般化しようとする動きも見られる．複数の制約を統合しようとする試みである．

　2.3節において，日本語では同一の語（正確には同一の形態素）に複数の濁音は共立せず，それゆえすでに濁音を含んでいる語では連濁という音韻過程が阻止されることを指摘した．このライマンの法則は，一見すると日本語の特定の音韻過程だけに見られる原理・法則のように思えるかもしれないが，実はそうではない．この原理をもう少し抽象化すると，類似の言語特徴が一定の範囲内に起こることを制限する **OCP** (Obligatory Contour Principle) と呼ばれる一般的な原理に帰着する (Clements & Hume 1995)．

(41)　OCP
　　　　同一もしくは類似した言語特徴は隣接できない．

ちなみに人間の言語では，一つの言語音が隣接する言語音の影響を受ける**同化** (assimilation) という現象がしばしば観察される．たとえば日本語の連濁という音韻過程は，子音が前後の母音の影響を受けて［+voice］という特徴を付加される現象であり，またアメリカ英語において強勢音節末尾の /t/ が有声化する（たとえば water が「ワラ」，shut up が「シャラップ」と聞こえたり，writer が rider と同音語に聞こえる）現象も，同化現象の一種である．これらは音声産出の労力をできるだけ小さくしようとする「惰性」の原理によって生み出されるものと考えられている．ところが言語現象の中には，これとはまったく逆に，一定の範囲内に同一の言語特徴が共起することを嫌う傾向も観察される．ライマンの法則が具現化している OCP という原理はまさにこのような性格のものであり，一見するとライマンの法則とは無関係に思える数多くの現象が，この OCP という原理に還元される．

　たとえば，語アクセントを有する言語においては，一つの語に原則としてアクセントは1個しか存在できない．それゆえ，語と語が結合して大きな語が形成される複合語形成などの語形成過程においては，構成要素のいずれかが自らのアクセントを失うことになる．日本語の場合には(42)のように，通常，第1

要素がアクセントを失い(McCawley 1968; 秋永 1981; 佐藤 1989)，一方，英語では(43)のように第2要素がアクセントを失う——ただし英語の場合には，弱化されたアクセントは副次アクセントとして残る(Chomsky & Halle 1968; Liberman & Prince 1977; Fudge 1984)．いずれの場合にも，「1語に1アクセント」という原則が生かされ，それによって語としてのまとまりをつけようとするのである．

(42) a. シャ⌐カイ＋セ⌐イド → シャカイセ⌐イド (社会制度)
b. ヤ⌐マト＋ナデ⌐シコ → ヤマトナデ⌐シコ (大和撫子)

(43) a. BLACK ＋ BOARD → BLACKboard (黒板)
b. AIR ＋ PORT → AIRport (空港)

OCPの原理は英語の動詞活用にも観察される．英語のいわゆる不規則動詞には，[t]か[d]で終わる語幹を持つものが多い．それらを分類してみると，(44a)のように過去形・過去分詞形が現在形と同形となるもの，(44b)のように語幹末の[d]が無声化してしまうもの，そして(44c)のように語幹の母音が音質や音長を変えるものに大別される．

(44) a. hit–hit–hit　set–set–set　cut–cut–cut　let–let–let
spread–spread–spread
b. send–sent–sent　build–built–built　lend–lent–lent
c. meet–met–met　get–got–got/gotten
bind–bound–bound　bleed–bled–bled

[t]，[d]で終わる英語の動詞に不規則変化が多いという事実は，この言語が語幹に[t]，[d]という音を付加することによって過去形・過去分詞形を作るという事実と関連づけることができる．*missed* [mist]や *killed* [kild]は[t]，[d]という語尾が付加されるだけで規則的な型におさまるのに対し，*hit* や *send, meet* はその規則に従うと[hitt]，[sendd]，[mi:tt]のように[t]や[d]が連続した音形となってしまう．そのような音形を避けるために，(44a-c)のような不規則形が生じると考えられる．この分析をさらに発展させると，*wanted* [wɑntid]や *mended* [mendid]のように語幹と活用語尾[d]との間に[i]という母音を伴った変則的な活用形が存在する事実も同じように解釈できるようになる．

従来の研究では，[tt]や[dd]などの子音連続が許容されない事実は，個別言語ごとに定められた音連続の制限(音素配列制約)によるものと解釈されてき

た．/tt/ や /dd/ の音素配列が英語という言語では許容されず，ひいては(44)の不規則活用が英語という言語の個別的な現象と考えられてきたのである．これに対し一般言語学的観点から英語の音素配列制約を再解釈すると，この制約そのものが，類似した言語特徴が隣接することを嫌う OCP 制約(41)に還元できるようになる．また *wanted* や *mended* などの変則的な規則動詞も，語幹末尾の[t]や[d]と活用語尾[d]の連続が OCP の原理に反するため，規則動詞としての基本は保ちながらも，母音挿入という形で OCP への抵触を避けようとしたものと解釈される．

このように OCP という制約で捉えると，英語の不規則動詞が生じる原因となっている音素配列制約を，連濁過程におけるライマンの法則や(42)(43)の現象と同じ土俵で解釈できるようになる．つまり OCP という少し抽象化した原理を仮定することにより，日本語の連濁現象や英語の不規則動詞などのように一見すると無関係に思える現象の背後にある共通性を捉えることができるようになる．諸制約を統合する OCP という制約（メタ制約）を仮定することにより，言語現象をさらに一歩深く一般化できるようになるのである．

2.7 最適性理論

前節では，規則を用いて言語現象を一般化しようとする伝統的な分析の欠点を指摘し，その欠点を「制約」という考え方がうまく補うことを見た．本章を終える前に，欧米の言語学界で最近注目を集めている**最適性理論**（Optimality Theory）という新しい理論（Prince & Smolensky 1993）を紹介しておきたい．この理論は言語分析の常識であった「規則」「派生」という概念を全面的に否定し，「制約」だけで言語現象を記述・説明しようとする．音韻分析を出発点として提案されたこの言語理論は，閉鎖的な傾向の強かった音韻論の枠を超えて，文法を扱う統語論や語や文の意味を探る意味論，さらには社会言語学，心理言語学，歴史言語学などの周辺分野にも影響を及ぼしはじめている．

すでに繰り返し述べたように，言語学における一般化とは，無限個の言語現象を有限個の規則・原理に帰納することであり，そのような規則・原理を発見すること，つまり無限から有限を導き出すことが，言語学の諸分野に共通した目標とされてきた．このように言語現象の一般化を目指して発展してきた現代

言語学において，この目的を実現するための柱となってきたのが(11)に示した派生の構図であった．ここでは，実際に観察される形(表層形)に対してある程度抽象的な形式・表示(基底形)を想定し，その両者を結ぶものとして「規則」が考えられた．表層形は無限にあっても，それを基底形から派生する規則は有限個であり，その有限個の規則の体系を明らかにすることが「無限から有限」を解明することとされたのである．この考え方は心理言語学や，社会言語学，歴史言語学などの分野でも基本的なものとされ，幼児による言語獲得の過程は規則体系を習得する過程，言語の社会的変容（バリエーション）や歴史的変化は規則体系の変化であると考えられた．このように[基底形→(規則)→表層形]という構図は言語学のすべての分野に常識として受け入れられてきた前提であった．

最適性理論はこの言語学の「常識」に異論を唱える．この新しい理論では[基底形→(規則)→表層形]という構図を否定し，代わりに**適格性制約**(well-formedness constraint)という，表層構造にかかる**出力条件**(output condition)によって特定の表層形が決定されると説く．特定の表層構造が実現するのは，規則の体系がその構造を派生するからではなく，適格性を規定する制約によってその構造が**最適**(optimal)とされるからである，というのである．また，従来の理論では規則の有無や順序づけによって記述・説明されてきた言語・方言間の差異や，幼児における言語発達過程も，表層構造を規定する制約の**優先順位**(ranking)の違いであると解釈する．

他の言語理論と同じように，最適性理論は文法を普遍的な部分と個別言語の特徴の二つの部分に分けて考える．このうち普遍的な部分，つまり一般言語理論，ないしは**普遍文法**(universal grammar)と呼ばれている部分は，Con(制約)，Gen(生成)，Eval(評価)という三つの部門・機能に分解される．

Con(constraints)とは，すべての個別文法のもととなる制約群であり，すべての言語・文法に共通した制約群である．つまり，表層構造を規定する制約はすべて普遍的(普遍文法の一部)であって，すべての言語に存在し，日本語や英語などの個別文法はこれらの普遍的な制約群が特定の階層・序列をなすことによって作り出されると仮定する．

これに対し Gen(generator)は，それぞれの入力(基底形)に対し，論理的に可能なすべての出力候補を作り出す機能である．ちなみに，ここで言う入力

とは，音韻論の場合には形態素，もしくは形態素の連続のようなきわめて単純な形であり，それほど抽象的な表示ではない（たとえば「ながあめ」という複合語の音韻入力は /naga+ame/ である）．また，入力をもとに出力候補が作り出されるといっても，これまでの理論のように特定の構造が一つだけ作り出されるのではなく，論理的に可能なすべての構造が出力候補として作り出される．たとえば /naga+ame/ という入力に対しては /nagaame, nagame, nageme, nagasame, nagamame/ など，論理的に考えられる限りの構造が出力候補として作り出されるのである．

最後に Eval(evaluation) とは，Gen により作り出された複数の出力候補を，言語(文法)ごとに階層化された Con に照らし合わせて，それらの中から最適な候補を選び出す機能である．従来の言語理論では，[基底形→(規則)→表層形]というステップに従い，規則によって特定の表層構造が派生されると考えられたが，最適性理論では Eval が特定の表層形を決定する機能を果たす．Eval が「規則」と基本的に異なるところは，基底形から表層形を導き出すのではなく，論理的に可能なすべての構造の中から，表層構造にかかる適格性制約を最大限に満足する構造を選ぶということにある．以上の枠組みをまとめると(45)のようになる．

(45) 　Gen：（入力）→（出力候補 1，候補 2，候補 3，…，候補 n）
　　　 Con：（制約 1，制約 2，制約 3，制約 4，…，制約 n）
　　　 Eval：（出力候補 1，候補 2，候補 3，…，候補 n）→［最適出力］

このような普遍文法の中身に対し，文法の個別的特徴は小さい．すでに述べたように，最適性理論では，言語・方言間の差異は諸制約が異なる階層(優先順位)を与えられることによって生じるものとされている．言語や方言間で異なるのはこの違いだけであり，それ以外の部分ではまったく同じだと仮定している．

以上のような枠組みを前提に，最適性理論は具体的に次の五つの原則を提唱している．

(46) 　a. 普遍性(Universality)：制約はすべて普遍的である．
　　　 b. 階層化(Ranking)：制約は言語ごとに階層づけられている．
　　　 c. 違反可能性(Violability)：制約には違反してもかまわない．
　　　 d. 内包性(Inclusiveness)：最適性は制約によってのみ決定される．

e. 並行性(Parallelism)：最適性は同時的・並行的に決定される．

(46a, b)は，上記Conの中身に関する主張である．まず(46a)は，表層構造を規定する制約がすべて普遍的であり，すべての言語に存在するということを意味し，(46b)は普遍的な制約群が特定の階層を作り出すことによって特定の文法が作り出されることを意味する．両者を総合すると，文法(言語・方言)間の違いは制約そのものの違いではなく，諸制約がどのような優先順位で階層化されるかという違いということになる．また，すべての制約が普遍的ということは，大人の言語に存在する制約がすべて生得的なものであり，人間のすべての子供が生まれながらにして持っているということをも意味している．この論を発展させると，言語獲得とは規則や制約を獲得する過程ではなく，持って生まれた制約に優先順位をつける過程(制約を階層化する過程)ということになる．

(46c–e)は上記Evalの特性に関するものであるが，この中で最適性理論にもっとも特徴的と思われるのが(46c)の「制約には違反してもかまわない」(Constraints are violable)という主張である．派生を前提とする従来の言語理論でも「制約・条件」という概念がしばしば用いられてきたが，制約に反する構造はその段階ですべて不適格とされていたため，規則・制約の体系が著しく複雑になったり，説明できないデータ(つまり例外)が数多く出てきていた．これに対し最適性理論では，制約を相対的なものと捉え，制約に違反しても即，不適格とされることはない．ただし，無制限に違反していいかというと当然そういうわけではなく，(46c)の条項には「違反は最小にとどまる」(violation is minimal)というただし書きが付く．つまり，Genによって作り出された数多くの出力候補の中から，すべての条件(制約)を最大限に満足する候補が最適な出力として選ばれるのである．このように，最適性理論の名前に盛り込まれた最適(optimal)という概念は，「すべての条件(制約)を満足する完璧な」という意味ではなく，「他の出力候補に比べ相対的に最適な(relatively best)」という意味を持っている．ところで，(46c)の考え方は(46a, b)の仮説と密接に結びついている．すべての制約を普遍的と考え，言語や方言間の違いを制約間の相対的な強さ(優先順位)の違いとして捉える以上，すべての言語がすべての制約を満足することは考えられない．制約を「違反してもかまわないもの」と考えることによってはじめて，すべての制約を普遍文法の中に入れるという(46a, b)の仮説が許されるのである．

次に(46d)の内包性とは，最適な表層形を決定する評価(Eval)の過程が表層構造の適格性を規定する制約のみに基づいて行われ，規則やその他の操作によって決定されるものではないという仮説である．この仮説と不可分の関係にあるのが(46e)の並行性の仮説であり，これは最適な構造が選択される過程が，個々の候補について，あるいは個々の制約について個別的に行われるのではなく，すべて並行して同時に行われるということを主張する．裏を返すと，従来の言語理論が仮定するような「一つの表層形が決定されるまでに数多くの規則が順次適用される」という**連続的な派生**(serial derivation)は存在しないという主張である．「規則による派生」という伝統的な分析に対しては，「実際の言語活動において1語1語(あるいは1文1文)そのようなプロセスを経ているのだろうか」という素朴な疑問があった．「並行性」という考え方は，このような疑問にも答えるものである．

ここで，2.6節(a)で紹介した日本語の複合名詞を例に，最適性理論の分析を具体的に見てみよう．すでに述べたように，古代日本語は語と語の結合によって複合語が作られる場合に母音と母音の連続を避けようとし，たとえば /naga/＋/ame/ という入力に対して(47a)のように母音を削除した音形を選択する．これに対し現代日本語は，同じ語形成においてそのような母音削除はせず，(47b)のように入力となる2語をそのまま結合する．

(47) a. naga ＋ ame → nagame（長雨）
　　 b. naga ＋ ame → nagaame（長雨）

派生に基づく伝統的な分析は，(47a, b)のような違いを母音削除規則の有無という形で説明しようとしてきた．つまり，古代日本語の音韻文法体系には(48)のような母音削除の規則が存在していたのに対し，現代日本語の体系にはそのような規則が存在しないと考えるのである．

(48) (＝33a)　　V → φ ／ ＿＿＋V

これに対し規則による派生という考え方を否定する最適性理論では，(47a, b)のような文法間の違いを，同一の制約群が異なる優先順位を与えられている結果と解釈する．つまり，(49)のような一般的な制約が(50)のように異なる階層をなしているからであると説く（A ≫ B は，B より A の制約の方が上位にランクされていることを意味する）．

(49) 頭子音制約(＝35)：音節は子音で始まらなくてはならない．

削除禁止制約：入力に存在する要素を勝手に削除してはならない．

(50) 古代日本語：頭子音制約 ≫ 削除禁止制約
現代日本語：削除禁止制約 ≫ 頭子音制約

古代日本語と現代日本語の違いを表で示すと表 2.3，表 2.4 のようになる．表中の / * / と / *! / はそれぞれ，特定の制約に対する違反と致命的違反を意味し，また 〈 〉は削除される要素を表す．

表 2.3　古代日本語の体系

入力＝ /naga+ame/	頭子音制約	削除禁止制約
(a) na.ga.a.me	*!	
⇒(b) na.g〈a〉a.me		*

表 2.4　現代日本語の体系

入力＝ /naga+ame/	削除禁止制約	頭子音制約
⇒(a) na.ga.a.me		*
(b) na.g〈a〉a.me	*!	

古代日本語の体系 (表 2.3) では，削除禁止制約が頭子音制約よりも下位に位置づけられているため，上位の頭子音制約に違反する (a) の構造よりも，下位の削除禁止制約にしか違反しない (b) の構造の方が最適とされる．一方，現代日本語の体系 (表 2.4) では，頭子音制約に対し削除禁止制約が上位にランクされているため，入力構造に忠実な (a) の構造の方が最適とされる．もちろん，頭子音制約と削除禁止制約を両方とも満たす構造があれば，ランキングのいかんに関わらずそれが最適となるはずであるが，/naga+ame/ のような入力に関する限り，そのような完璧な構造は存在しない．このため，頭子音制約という音節構造制約と，入力構造に忠実であろうとする削除禁止制約とは両立しない性格を持つことになる．

最適性理論では，この二つの制約のように，一方を満足しようとすれば他方を満足できなくなってしまうような関係のものが多い．一見すると自己矛盾をはらんでいるように思える関係の制約が存在することを前提に，制約相互の関係 (相対的な優先順位) によって言語体系間の差が生み出されると考える．言い換えるならば，どのような表層構造も完璧なものではなく，いくつか欠点を持っているということを当然のことと考え，その不完全さによって言語の多様性

を簡潔に捉えようとしているのである．この考え方を背後から支えているのが，上で述べた「制約には違反してもかまわないが，違反は最小にとどまる」という仮説である．この「一部の制約に違反するからといって即，不適格というわけではない」という柔軟な考え方によって，派生に基づく従来の分析では複雑なプロセスとしてしか記述できなかった言語現象を単純な形で捉えられるようになった．

表 2.3，表 2.4 は，同一言語の二つの時代の体系を比較したものであるが，最適性理論は文法間の違いというものを（つまり日本語と英語の違いも，日本語の諸方言間の違いも）一貫してこのような普遍的制約の序列化の違いとして捉えている．また，心理言語学の主要テーマである言語獲得の過程も同じように扱う．つまり，すべての子供が同じ制約群（Con）を持って生まれるものと仮定し，言語獲得の過程は，子供が誕生後に与えられた言語データをもとに諸制約を特定の順序に階層化する過程であると説く．子供の文法と大人の文法の違いは制約階層の違いであり，制約間で序列が変わったり，あるいは，序列化していなかった複数の制約が序列化することによって生じるというのである．

このように，最適性理論は言語の歴史的変化から社会的変容，獲得に至るまでの広範囲な現象を比較的単純な形で捉える枠組みを提示している．とはいえ，提唱されてからまだ日が浅いため，理論の細部はまだわからない部分が多く，たとえば規則・派生という伝統的な考え方や枠組みを本当に全廃できるかという本質的な問題に対しても，完全な答えが出ているとは言いがたい．また，言語の体系を制約の体系として捉え，言語の変化やバリエーションを制約階層の変化と見るにしても，(i) その制約階層の変化に何か方向性がないのか，(ii) 諸制約はお互い独立したものか，それとも何か有機的なつながりがあるのか，(iii) 諸制約はすべて等価か，それとも制約間に有標・無標の関係があるのか，などの疑問が生じる．今後の研究が待たれるところである．

第 2 章のまとめ

2.1 長年別々な現象と思われてきたものの裏にひそんでいる共通性をみつけ，両者を統一して理解することを言語学では一般化と呼ぶ．現代言語学は言語現象の一般化を目指し，無限の文や発話を作り出している有限個の規則・原理を見

つけだそうとする．統一的な記述・説明を探究する点において，言語学は物理学や数学，化学などの自然科学と同じ出発点・目的を有している．(2.1 節)

2.2　物理的な意味では無限に異なる音が存在し，同一人物が発音した[a]という音であっても，物理的に完全に同じ音となることはまれである．一方，それぞれの言語の中で意味の区別に役立つ音の対立は有限であり，そのような意味での音を音素と言う．音声分析の第一歩は，物理的に無限個の音群から有限個の音素を抽出することである．その作業において相補分布と最小対語という二つの概念が用いられる．前者は，同じ場面（環境）に現れない 2 音の関係を示すものであり，見かけ上は異なっていても，そのような分布を示す 2 音は同じ音素の異なる実現形と判断される．それとは逆に，二つの音が同一場面に出現して意味の対立を引き起こす場合に，その 2 音は異なる音素であると判定される．そのような最小対立を示す語のペアを最小対語という．相補分布と最小対語の二つの概念は，物理的に異なる特性を示す 2 音が同一の音であるか異なる音であるかを判断する基準である．(2.2 節(a))

2.3　一つ一つの音である音素は最小の言語単位ではなく，声（有声・無声）など複数の音声素性に分解される．音素を音声素性の束と考えることによって，複数の現象を簡潔に表すことが可能になった．(2.2 節(b))

2.4　音声素性を単位として音声現象を記述すると，さまざまな一般化が可能となる一方で，ジレンマに陥ることがある．このジレンマを解くために不完全指定という考え方が登場した．これは，他の情報によって予測可能な素性値は未指定になっているという考え方であり，「予測できる特徴は指定する必要がない」という有標性の仮説に基づいている．(2.3 節)

2.5　伝統的な音韻研究では，人間の言語はモーラ言語と音節言語に分類されるとされてきたが，日本語のようなモーラ言語でも音節という単位が必要であり，また英語のような音節言語の記述にもモーラという概念が不可欠である．このように考えることによって，一見異なるように思える複数の現象を一つの構造・原理に還元することができるようになる．(2.4 節)

2.6　モーラという単位はただ連続しているものではなく，2 モーラを単位としてフットという一つのまとまりをなしている．このフットという概念の導入によって，最小性の条件を含む複数の現象を統一的に理解できるようになった．(2.5 節)

2.7　伝統的な言語分析は，無限の現象（表層形）を作り出すメカニズムを有限個の規則によって表そうとし，言語の体系を規則の体系と同一視していた．ところが，この規則を主体にした派生の枠組みでは，規則間の共通性を表すことがで

きないなどの問題が生じる．この問題を克服するために，規則の動機付けを表すべく制約という概念が導入された．また複数の制約を統一する原理も提案されている．(2.6節)

2.8 1990年代になって，「規則」を廃し「制約」だけで言語現象を記述・説明しようとする最適性理論と呼ばれる理論が提案された．この理論は普遍的な制約群を仮定し，それらの制約が言語ごとに異なる階層・序列を持っていると考える．特定の言語に特定の語形・音形が現れるのは，その言語の制約階層に照らし合わせてその表層形が相対的に最適とされるからであると説く．(2.7節)

3
音声の生物学的基礎

3 音声の生物学的基礎

【本章の課題】

　音声はわれわれの情報交換の手段として広く使用され，動物の間でもやはり頻繁に用いられる．動物は，定型的行動として何種類かの音を発し，行動の解発因としてそれらの音を受容する．動物間の音声通信は，われわれのことばとの共通点が指摘され，古くから生物学の興味ある対象であった．われわれの音声は，動物と連続性をもつ身体の仕組から作り出されるが，それと同時にことばによる高度の情報交換は人間だけの特性である．

　これら二つの側面が並行するからには，不可解なことが少なくない．実体としての音声は単なる空気の振動であるが，われわれの身体から発信され，やはり身体によって感知される音の波である．したがって，音声は物理現象でありながら身体の形態と機能とが繰り返し反映される点に特徴がある．音声を発信する器官は，声帯という指先ほどの長さの発音源とにぎりこぶし大の空間の中で運動する調音器官である．音声の受信は薄い鼓膜を介して行われ，音の受容のために特殊化した微小な感覚器官によって受容される．つまり，人間の音声は口と耳の働きに大きく依存する．

　一方，われわれは身体の制約を意識せずにことばを話すことができるし，機械ではなかなかわからない音も理解することができる．これは，音声器官が情報交換の用途へ十分に適応した結果である．仕掛はもちろんわれわれの脳のなかにもある．人間の遺伝子は，口と耳を形成すると同時に脳の中の言語野もつくる．言語野は，口と耳とを結び，ことばの発信と受信を取りまとめる中枢である．脳に言語が宿るのは，大脳皮質の発達のためばかりではなく，神経機能を誘導する末梢の仕組があるからでもある．

　音声に関する最近の論議は情報交換という機能的側面を重視する傾向にある．しかし口と耳の仕組にも謎を解く鍵を見出すことができる．この章では，音声の生物学的基礎となる音声器官の形態と機能について解説を行う．生物どうしの比較や形態の考察は，問題の理解を補う一つの方法であると思うので，この点についてはやや詳しく説明を加える．

3.1 口と耳の由来

　脊椎動物の進化の歴史のなかで，口と耳はとくに形態変化の著しかった器官である．二つの器官は，頭部に集まった未分化な運動感覚器官に起源をもち，口を動かす一方で音の受信にも使われる装置であった．両生類や爬虫類では口を発音と集音に兼用するが，哺乳類では発音器官と聴覚器官に専門化する．

　耳の仕組は哺乳類化の過程で大きな進化をとげ，1個の耳小骨から3個の耳小骨の連鎖に変わる．この劇的な変化によって，高い感度と分解能を獲得して聴覚の機能が飛躍的に向上する．哺乳類の間では聴覚器官の基本構造には著しい差はなく，われわれの耳と多くの共通点をもつ．

　発音器官は，呼気をエネルギー源とし声帯などの振動体をふるわせ，共鳴腔を使って音の種類を作り出す．もともとの仕組は生命の維持が目的なので，やはり多くの脊椎動物に共通する．しかし，からだの大きさが違えば，音の大きさ，高さ，音色がすべて異なる．つまり，発音器官の形態は動物の外見と同じくらいに変異に富み，音にもその違いが反映される．

(a) 鰓から進化した器官

　口と耳はともにサカナの鰓(gill)に起源をもつ．鰓は鰓弓と呼ばれる内臓器官の一部なので，鰓に起源をもつ器官は鰓弓器官と呼ばれる．これらの器官は，水中の脊椎動物が陸生の生活をするようになったときに，不要になった鰓を捨てるのではなく新しい器官の発生のために解体して再利用したものである．このために，口と耳は系統発生の過程で環境に適応したさまざまな形態変化を呈し，適応放散†を特徴とする器官の代表として知られている．

　図3.1はサカナの鰓弓および体節と人間の頭頸部器官との対応関係を示したものである．両者を比較すると，規則的な繰り返し構造をもつ鰓弓が頭頸部のさまざまな器官へ変化したことがわかる．鰓は内臓系器官なので，鰓弓筋も消化管をとりまく筋と相同の内臓筋である．下顎に付着する筋(咀嚼筋)と顔面の皮筋(表情筋)がその代表で，動き方が比較的ゆるやかであるのは内臓筋のもつ性質といってさしつかえない．舌筋と前頸筋は例外で，鰓ではなく体節(somite)に起源をもつ．体節は脊椎に沿って並ぶ繰り返し構造であり，体節に

由来する筋は体の移動につかわれる運動筋である．脊椎動物が陸生の生活をするようになった際に，手足の完成とともに最も頭側にある体節筋が口腔に向かい前進して舌筋と前頚筋になったと考えられている（三木 1992）．したがって，舌は手足と同様に本来の運動器官であり，カメレオンやキツツキの舌にみられるように弾道的で敏捷な運動に適している．このように音声の生成に使われる口腔顔面の筋は内臓系と運動系の2系統から構成され，発話動作にもそれぞれの特徴が現われると考えられる．

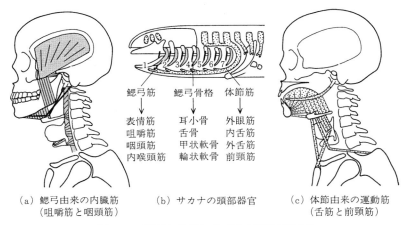

(a) 鰓弓由来の内臓筋　　(b) サカナの頭部器官　　(c) 体節由来の運動筋
　　（咀嚼筋と咽頭筋）　　　　　　　　　　　　　　（舌筋と前頚筋）

図 3.1　鰓弓と体節に由来する頭頚部器官
鰓弓筋から，表情筋，咀嚼筋，咽頭筋などが発生する．鰓弓骨格からは，舌骨，甲状軟骨，輪状軟骨などの喉頭の枠組が作られる．頭側の体節筋は口腔に向かって進み舌筋と前頚筋となる．舌筋は外眼筋や上肢の筋とともに本来の運動筋である．三木(1992)より改変．

鰓はリズミカルな運動によって水流を作り出し酸素と食料を取り入れる．このため，同期的な自動収縮を繰り返すための規則的な配列をもつ神経系の仕組が備わっている．鰓運動の神経機構は，リズミカルな哺乳動作や咀嚼運動に役立っており，われわれの発話動作のリズムの起源にもなっていると想像される．

(b)　聴覚器官と発音器官との関係

哺乳類の耳小骨連鎖は，鰓弓器官に起こった放散現象の興味深い例としてよく知られている．両生類や爬虫類の頭蓋の骨は多数あるが，哺乳類になるとその数が減少する．下顎骨の数も，爬虫類では5個であるが，哺乳類では1個で

ある．一方，爬虫類の耳小骨は1個で，哺乳類では3個ある．一般に骨の数は，進化の過程で癒合と消失によって減少する．ところがライヒェルト-ガウプ説†によれば，数の不一致は爬虫類の顎骨の一部が哺乳類の耳小骨に進化したからであるという．この型破りの学説は，多くの化石証拠と発生学的事実により百年後の今でも広く信じられている．図3.2は魚類と爬虫類の顎関節を構成する骨が，哺乳類の中耳腔にある耳小骨に進化した様相を示している．サカナの顎の骨はもとの姿を失い，後方に向かって拡大した哺乳類の頭蓋函に取り込まれてツチ骨，キヌタ骨，アブミ骨となる．この耳小骨連鎖の成立により，振動覚を主とする器官から音波覚専用の器官へ変わり，感覚の特殊化と高度化がもたらされる．一方，下顎骨は新しい顎関節を側頭骨との間につくり，1個の骨からなる単純で堅固な構造になる．第4，第5，第6鰓弓からは喉頭の軟骨ができて呼吸と発声に使われる．これら一連の変化によって口と耳は互いに独立することになる．

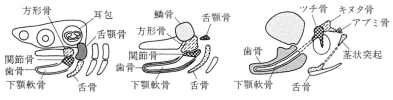

(a) サカナの鰓弓と頭部　(b) 爬虫類の顎関節と耳小骨　(c) 哺乳類の耳小骨と二次顎関節

図3.2　顎関節から耳小骨へ(ライヒェルト-ガウプ説)
サカナの顎関節は第1鰓弓に由来し，両生類や爬虫類では頭蓋後部の方形骨と下顎軟骨(メッケルの軟骨)の後端にある関節骨とを接続する．哺乳類ではこの関節は中耳に取り込まれて耳小骨連鎖となり，下顎を取り巻く歯骨が側頭骨との間に新しい関節(側頭下顎関節)をつくる．1837年，C. Reichertが哺乳類の耳小骨の起源を顎骨とする学説を提出し，1913年，E. Gauppがアブミ骨の起源を加えて完成する．(a)サカナの顎関節は第1鰓弓の関節からできる．(b)爬虫類の顎関節は頭部の方形骨と下顎の関節骨の間にある．舌顎骨からアブミ骨(コルメラ)ができる．(c)哺乳類になると関節骨と方形骨は中耳に移動してツチ骨とキヌタ骨となりアブミ骨と連結する．Neal & Rand (1945)ほか多くの資料より．

このような耳小骨の歴史からわかることは，発音器官と聴覚器官が共通の構造に起源をもつという事実である．両生類は顎を水中に置いて水から伝わる振動を探知し，爬虫類は地面に顎をのせて地中の振動を感知する(Tumarkin 1968)．つまり，哺乳類では発音器官として使われる舌や下顎や喉頭の構造は，

(c) 人間の形態的特殊性

　脊椎動物の頭部の基本構造は，目と鼻と口を含む顔面頭蓋と，耳と脳を格納する脳頭蓋とに分けられる．それぞれの形態は動物ごとに異なり，人間の頭部形態の特徴は，顔面頭蓋の縮小と脳頭蓋の拡大である．顔面の縮小にともない口腔が著しく短縮しても，摂食の都合上，舌の長さが保たれる必要があるので，喉頭の下降が余儀なくされる．その結果，縦に長い咽頭腔が生じ，声道はほぼ直角に屈曲する．咽頭腔が拡大することにより舌の移動範囲が広がる．同じ理由で，喉頭蓋は軟口蓋から離れるため，呼吸の道と食物の道とが交差する．この**咽頭交差**(pharyngeal chiasma) のために，誤嚥の危険が常にあるが，口腔から明瞭な音声を出力するために有利な構造をとる．

　人間の頭部の形態は，しばしば**胎児化**(neoteny) の象徴として扱われる．一般に類人猿の成体は加齢とともに成長し続け，最終的に親子の間に大きな形態の違いができる．ところが，人間の成体は幼児によく似た形態を保ち続ける．垂直で平坦な顔面や小さく後退した下顎などが幼形の温存であると説明され，**幼形成熟**(pedomorphosis) とも呼ばれる．この胎児化説は解剖学者 L. Borg が「人類生成の問題」として取り上げ，その後，人類学者によって人間の形態的特徴の基本とされた理論である (Montagu 1981)．成人が幼児の形態を温存することは，発音の共通性と長い幼若期間を意味し，親子間の音声の交換と言語の発達に大きく貢献することは容易に想像できる．ところが，頸部内臓については，この説明がうまくあてはまらない．喉頭の下降，咽頭腔の拡大，頸椎の弯曲などは成人のみの特徴であり，幼児との共通性はむしろない．幼児の喉頭は高い位置にあるが，成長するにつれて喉頭は下降を続ける．幼児の頸椎は直線的であるが，成長とともに弯曲が固定する．したがって，人間における頸部内臓の年齢変化は幼形成熟とは矛盾し，むしろ**老形成熟**(gerontomorphosis) の特徴といわなくてはならない．要約するならば，頭部顔面の幼形成熟と頸部内臓の老形成熟が，音声にかかわる人間の形態的特殊性とみることができよう．

3.2 発音器官の形態と機能

　人間を含めて陸生の哺乳類の多くは，喉頭を空気振動の音源とし口腔を共鳴管に用いることによって，音の高低を決め音色の変化をつくる．発音器官の大きさと形は音色を決める要因でもあり，発音動物の大きさ，種の同定，雌雄の区別，親子の認知などに役に立つと考えられる．人間においても，発音器官の大きさと形はやはり直感的な生物学的情報の生成要因である．さらに，母音や子音などの特別な音が言語情報の交換に使われる．声の高さや母音のフォルマント周波数(4.2節(c)参照)などは，言語音の特徴としてあげられるが，そのなかに，男女差，年齢差などの生物学的情報も含まれている．これら二つの性質を計量的に区別することはしばしば困難であるが，母音の種類を声道の形に，男女差や年齢差を声道の長さに対応づけることがおおむね可能である．一般的な意味での個人差の生成要因はまだよくわかっていないが，声道の分岐管の形状，声道の咽頭・口腔比，口腔の横幅など，形態的な個人差の大きい項目を個人差の生成要因の候補にあげることができる．

(a) 音響器官としての声道

　声道(vocal tract)は声帯から口唇までの体腔であり，前進する音波の経路である．声道の音響特性は声帯から口唇までの音響管の長さと形によって決まり，**フォルマント**(formant)と呼ばれる声道共振周波数が音響スペクトルのピークとなって現われる．音響管の共鳴特性を議論する場合，直線的な管に変換しても物理的にはほぼ等価であり，**声道断面積関数**(vocal tract area function)が声道形状の表現に用いられる(4.2節(c)参照)．

　母音型音声が声帯音源と声道腔との物理作用で作られることは古くから知られており，**共鳴説**(resonance theory)と**過渡説**(transient theory)という二つの母音の生成理論の間でさかんな議論があったという(Fletcher 1929; Chiba & Kajiyama 1941)．声帯音源が声道に注入されると声道腔の共振がおこり，その結果，母音型の音声が出力される．声道にせばめがある場合，その位置によって異なる種類の母音が生じる．この過程を説明する母音のモデルとして，1個のせばめを介して前後二つの共鳴腔が連結した声道モデルが使われてきた．し

かし，母音の特徴は，必ずしも1個のせばめだけでなく，声道全体の形状，あるいは複数個の調音パラメータの相互作用によって決まる．この現代的な音声生成理論を築いたのは，有名な Chiba & Kajiyama(1941) および Fant(1960) の研究である．彼らは，声道の断面積を求め，電気回路モデルによって声道共振を表現し，声道形状と音響スペクトルとの関係を明らかにした．この結果，音源と声道フィルターの縦続接続を基本とする音声生成の音響理論として完成する．その後の音声生成のモデルには，声道断面積関数を扱う理論と調音パラメータを扱う理論との2種類が存在し，さまざまなモデルが提案されている．

母音と声道形状

声道形状からフォルマントの成立に至る過程は物理法則に従うので対応関係が明らかである．図3.3に示すように，口の構えの変化はフォルマントの変化となって現われる．長さが声道とほぼ等しい17cmで断面積が均一である音響管の共振周波数は，500Hzを第1共振として1000Hzごとに規則的に並ぶ．音響管の形が変わると共振周波数はその変化に応じて移動する．実際の声道形状の変化は，下顎，舌，口唇の位置・形状変化によってもたらされる．声道はあらゆる形に変化しうるわけではなく，発音器官の形態の制約を受け，たとえば母音三角といわれる音響的分布などの，人間の音声らしい特徴ができる．

声道形状変化の第1成分は，図3.3の例に示すように，母音[i]と[a]の対比にみられる変化の方向である．声道を前後の2本の管とみなすと，それぞれの断面積は交代性に変化する．下顎が挙上し舌が前方に移動すると，声道の前方

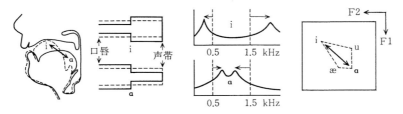

(a) 母音[ɑ]と[i]の調音と声道の概形　(b) 周波数スペクトル(F1とF2)と空間的分布

図3.3　母音調音とフォルマントとの関係

口腔内における舌の移動により声道の前後腔の大きさが相反的に増減する．この変化は母音のフォルマントに直接反映し，F1とF2との相反的な変化となって現われる．このような調音とフォルマントとの対応関係がなりたつのは屈曲した声道形状のためである．

が狭くなり後方が広くなる．反対に，下顎が下降し舌が後方に移動すると，声道の前方が広くなり後方が狭くなる．このような声道の前後の相反的な変化はフォルマントに反映し，第1フォルマント(F1)と第2フォルマント(F2)とが逆向きに移動する．声道形状変化の第2成分は，母音[u]の形状に対応する変化であり，第1成分とほぼ直交する関係にある．声道を3本の管とみなすと，中央の管とその前後の管との間にはやはり交代性の変化がみられる．中央の管の断面積が小さくなると，第1フォルマントと第2フォルマントはともに低くなる．実際の母音では，以上の二つの成分がさまざまな割合で混ざる．そのほかに，口唇の形状変化が第3成分として加わるが，通常は上記の第2成分と結合して，フォルマントの変化を強調する．このような声道形状と母音のフォルマントとの対応関係を参照して，音声から声道形状を推定することがある程度可能である．

声道の微細構造

古典的な声道のモデルは1本の音響管で表わされるが，実際の声道は図3.4に示すように分岐や突起物をもつ管である．声道の閉鎖端付近（声帯上部）の形状はほかの部分と比べてやや複雑である．声帯の直上の空間は喉頭前庭(laryngeal vestibule)ないし喉頭管(larynx tube)と呼ばれる長さ約2cmの細

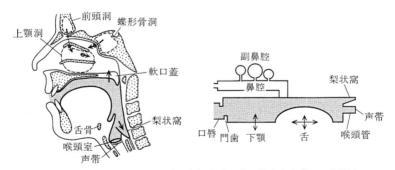

(a) 声道の二つの分岐管（鼻腔と梨状窩）　(b) 声道の微細構造を考慮した音響管モデル

図3.4　声道の微細構造とその音響管モデル
梨状窩は喉頭管の出口にある分岐管で，およそ5kHzに反共鳴の谷をもたらす．軟口蓋は音響的に半透明で，口腔と常に弱く結合しており，約3kHzに小さな反共鳴の谷をもたらす．これらの分岐管は母音のフォルマントにもかなりの影響を与える．

長い空間である．この管腔は主声道の一部であるが，極端に狭くなると音響的に分離する傾向がある．咽頭腔の下端に位置する梨状窩(piriform fossa)は食道入口部の深いくぼみであるが，音声に微妙な影響をおよぼす声道の分岐管として重要な存在である(Fant 1960; Dang & Honda 1997)．梨状窩は約2cmの長さをもつ左右2個の分岐管であり，反共鳴腔として4～5kHz付近にスペクトルの谷をもたらす．さらに，声道の閉鎖端に位置するため母音のフォルマントにも影響を及ぼし，その程度は母音ごとに異なる．

口蓋(palate)と頚椎は口腔と咽頭腔を構成する骨格の枠組である．口蓋は多くの子音の調音点を提供する重要な場所である．口蓋の形状には個人差がみられ，さらに，口蓋の高さと幅，歯列の形は，人種の違いも反映するといわれる．歯茎隆起(alveolar ridge)にも個人差があり，子音調音における**舌先型**(apical)と**舌端型**(laminal)などの微妙な相違の一因といわれている．

すき間なく整った歯列の形は人間に固有の特徴である．下顎が上顎に対し後退し，上顎と下顎の門歯が前後する鋏状咬合と呼ばれる嚙み合わせをつくる．この咬合様式も人間に固有の性質であり，声道中心線が屈曲するために声道長がわずかに増える．口唇の開口部は変形が著しく，赤い唇の色とともに特に目立つ部分である．口唇は音への効果だけでなく，視覚的な言語情報としても重要である．

声道には母音ごとに変化する微細構造もある．ひとつは，喉頭蓋谷(vallecula)と呼ばれる舌根部と喉頭蓋とに挟まれる空間である．この浅いポケット状の空間は，舌根部が後方に移動する広口母音で消失し，舌根部が前方に移動する狭口母音で大きくなる．口腔内のもう一つのすき間は上下の歯列の間の空間である．この空間は広口母音では声道に含まれるが，狭口母音では舌によって内側面が覆われ，歯列前方に開口部をもつ分岐管になる．

以上の微細構造がどのような音響的効果を持つのかは興味深い疑問であるが，従来の音響管モデルの枠組を超える問題なので，まだよく分かっていない．おそらく音響的な微細構造に反映し，音声の自然性と個人性の要因になっているのではないかと想像される．

鼻腔と副鼻腔

鼻腔(nasal cavity)は声道につながる大きな分岐管であり，呼吸器官であるほ

か嗅覚の器官でもある．鼻腔は，発話の際には軟口蓋の挙上により主声道と分離されるが，鼻音では軟口蓋が下降して声道と結合する．鼻腔は鼻中隔によって左右に分かれ，鼻甲介の存在する鼻腔中央部で複雑な形状になる．鼻腔には能動的要素がないので管腔の枠組は基本的には変化しない．鼻甲介の粘膜はかなり厚みがあり，この厚さが周期的に変化するので，鼻腔内の気道の形状には生理的な周期変動(nasal cycle)がある．しかし，鼻甲介粘膜の厚さは左右交代的に変動するので音声にはあまり反映されないと考えられる．風邪を引くと鼻がつまるのは，両側の鼻甲介粘膜の腫脹が原因であり，この場合には交代性の原則がくずれ音声にも影響が及ぶ．

　副鼻腔(paranasal sinuses)は顔面頭蓋にある骨性の空洞であり，上顎洞，篩骨洞，蝶形骨洞，前頭洞に分けられる．これらの空洞は小さい導管によって鼻腔と連絡するので，鼻音の特徴にも反映する．副鼻腔は陸生の哺乳類で著しく発達するので，基本的には嗅覚器官と考えられている．人間では嗅覚が退化しても副鼻腔は存続するので，人間にとって副鼻腔の機能的意義は不明瞭であり，たとえば頭部を軽量化するための骨の含気化であるなどと説明される．副鼻腔の形状にはかなりの種差があり，おそらく動物固有の頭部顔面の形状をつくるための空間的資材であろうと想像される．人間の場合にも副鼻腔の大きさには個人差が大きく，個人の顔面の形状を決める要因になっている．鼻音以外の音声(口音)では鼻腔は主声道から切り離されるが，軟らかい軟口蓋を経由して常に音響的にゆるく結合している．また，硬口蓋から鼻腔・副鼻腔への音響漏洩はおそらくわずかであるが，必ずしも無視できないかもしれない．鼻腔と副鼻腔は，これらの結合を介して音声に影響を与え，音声の個人差をもたらすひとつの要因になっていると考えられる．

声道形状の男女差と年齢差

　男性，女性，子供の声が異なる理由は，声帯と声道の大きさが異なるからである．喉頭の形態には明らかな性的二形が認められる．声帯の長さの年齢差と男女差は顕著であり，声の高さに直接反映する．声道の形態にもやはり年齢差と男女差がある．最も変化が大きい部分は咽頭腔であり，成人男性の咽頭長は新生児の3倍に達する．成長とともに，喉頭は頸椎に対し若干下降し，頸椎そのものも長くなる(Crelin 1973; Kent & Vorperian 1995)．つまり，声道の大

きさの年齢変化は頚部内臓において強くみられる．

(b) 呼吸器と喉頭

　喉頭は肺とともに陸生の脊椎動物において出現する．両生類や爬虫類の喉頭は，気管の入り口を保護する弁（声帯）と声帯と喉頭腔を支える2種類の軟骨（披裂軟骨と輪状軟骨）とからなる簡単な仕組でできている．哺乳類では甲状軟骨という新たな軟骨が加わり，高速の気流が声帯の間隙（声門）を通過する際に声帯を機械的に支える．声帯は単に呼吸器の保護だけでなく，固く閉鎖して息をこらえ，瞬発的な全身運動を補助する働きももっている．甲状軟骨は嚥下筋の付着部であり摂食器官としても機能する．したがって，甲状軟骨の出現は哺乳類における運動量の増大に貢献する．多くの哺乳類では声帯が結合組織で占められる．これに対し人間の声帯は筋組織に富む柔らかいヒダである．人間の声帯は高調波に富んだ雑音の少ない音声をつくり，微妙な発声の調節に適しているといわれる．

　喉頭はもともと肺を保護する弁であり，いわば生命維持の器官として意思の発動を待つことなく働くことができる．したがって，運動の随意性にはある種の制限がある．大脳皮質から脳幹の喉頭運動神経核に至る下降路には種差があることがわかっている．多くの哺乳類では，喉頭への下降路は一次運動野からではなく辺縁皮質（帯状回）から発する．これは，発声行動が情動に拘束されることを意味する．チンパンジーでは，一次運動野から喉頭運動神経核へ直接連絡する経路があることが知られており，おそらく人間ではこの新しい経路が発達しているのであろうと類推されている（Kuypers 1958; Jurgens 1979）．発声の随意性は特別の神経経路の発達によって獲得され，音声行動の多様性を支える神経基盤のひとつに数えられる．

呼吸リズムと喉頭調節

　呼吸器は，呼気の動作によって音声の物理的エネルギーである呼気流をつくる．自然の呼吸リズムは交代的であるが，発話の際には呼気相が長く吸気相の短いリズムに変わる．自然の呼気相では呼気の流れは次第に緩徐になるが，発話においてはほぼ一定の呼気流が維持され，微妙な呼吸の調節が要求される．定常的な呼気流の維持には，膨らんだ肺が一度に呼気を使い尽くさないように

するための吸気筋の補償的な働きが必要になる．また，長い発話の終りには，残った呼気をしぼり出すようなよぶんの努力も必要になる．喉頭では呼気をさえぎり呼気圧を蓄積することによって声帯の振動を引き起こし，気流の断続からなる母音型音声の音源をつくる．呼気流は声帯振動だけでなく子音の生成要因でもある．声道の閉鎖が開放されるときや著しいせばめがあるときには乱流雑音の音源がつくられる．声帯の開閉と調音動作との連動によって発声と調音の調節が律動的に行われて，子音と母音とが交代する音節の連鎖が生じる．哺乳類の発音動作は呼吸リズムと声門の開閉とが必ず同期するのが特徴で，別々の調節ができない．チンパンジーでも1回の呼気でおおむね一つの音しかだすことができないことが観察されている．呼吸器と喉頭を独立に調節し一息のなかで連続する音節をつくりだせるのは人間固有の機能である．

喉頭の形態と喉頭筋の機能

　喉頭(larynx)の枠組は，図3.5に示すように舌骨(hyoid bone)と3種類の軟骨(甲状軟骨 thyroid cartilage，輪状軟骨 cricoid cartilage，披裂軟骨 arytenoid cartilage)からなる．哺乳類の舌骨と甲状軟骨は密着しているので相互の自由度に乏しい．人間では甲状軟骨は舌骨から分離しているので，舌や下顎の運動にあまり影響されずに発声を調節することができる．甲状軟骨はその下にある輪状軟骨と関節を作る．この輪状甲状関節は顎関節と同様に左右1対あるので，関節運動は主に**回転**(rotation)であるが若干の**滑走**(translation)も生じる．輪

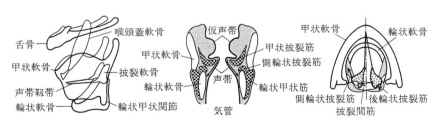

(a) 喉頭の枠組　　　(b) 喉頭の前額断面　　　(c) 声帯の内転と外転

図3.5　喉頭の枠組と内喉頭筋
舌骨は関節をもたない遊離骨であり，喉頭はその舌骨から懸架されている．喉頭が全体として可動性に富むのは嚥下機構に組み込まれているからであり，輪状甲状関節も嚥下時に逆回転して声門の絞扼的閉鎖を補助する．発声時には披裂軟骨が内転して声門がゆるく閉鎖する．

状軟骨は指輪の形をした軟骨で，頚椎に向かいあう後面が平らで大きい．この部分は後板と呼ばれ，頚椎に対して喉頭を安定化する役割をはたす．その上方に左右1対の披裂軟骨があり，輪状軟骨の関節面上で回転と滑走からなる複雑な運動を行う．

　喉頭筋には喉頭の軟骨間を結ぶ内喉頭筋と喉頭の枠組を支える外喉頭筋とがある．内喉頭筋の第一の作用は声門の開閉動作であり，開大筋（後輪状披裂筋）と閉鎖筋（甲状披裂筋，側輪状披裂筋と披裂間筋）とが拮抗関係をもつ．第二の作用は声帯の張力を調節する輪状甲状関節の回転であり，輪状甲状筋と声帯筋（甲状披裂筋）とが拮抗する．この二つの作用は完全には独立していないので相互に影響を及ぼすこともある．たとえば，無声子音をつくるときには，声帯の開大と同時に声帯の張力を増大させて声帯振動を急速に停止させる．その結果，無声子音に後続する母音で声の高さが高くなる傾向が生じる．一方，有声の閉鎖子音を作る際には，口腔が閉鎖しても声門を呼気が通過する必要があるので，喉頭が下降し後続母音で声の高さが下がる．このような現象は多くの言語で確認されており，有声音と無声音の弁別にも貢献すると考えられている．

　機能的な意味での外喉頭筋は非常に種類が多く，図3.1に示した筋はおおむねすべてこのなかに入る．第一の要素は頚椎に沿う喉頭の上下運動をもたらす力の作用であり，舌骨上筋と舌骨下筋が拮抗する．第二の要素は舌骨に対する水平方向の力の作用であり，舌の変形や下顎の運動が関与する．喉頭と調音器官とが連結するために，調音と発声の調節の間には相互作用が生じる．

声門の開閉と声帯振動

　声帯（vocal folds）は，甲状軟骨の背後にある声帯筋と粘膜からなる左右1対のヒダである．われわれ人間の音声はこの声帯の働きに大きく依存している．母音型音声の音源，有声無声の区別，音の高さや音色の変化などの音源に由来する音声の特徴は，声帯の働きと呼吸の調節によって作られる．

　左右の声帯の間の間隙を**声門**（glottis）という．声門の開閉動作は披裂軟骨に付着する内喉頭筋の働きで起こる．安静呼吸時には左右の声帯が外側に寄り（外転，abduction），発声時には正中に近寄る（内転，adduction）．後輪状披裂筋は唯一の声門開大筋であり，持続的に収縮して披裂軟骨の声帯突起を外転位に維持する．発声時には声門閉鎖筋が収縮し披裂軟骨を内転させる．嚥下時に

は閉鎖筋の強い収縮により喉頭腔全体が絞扼的に閉鎖する．無声子音の際には開大筋が収縮し閉鎖筋の活動が抑制される．連続発話では開大筋と閉鎖筋とリズミカルな交代性収縮がみられる(Hirose & Sawashima 1981)．

　声帯振動(vocal fold vibration)は声門を呼気流が通過するときに生じる声帯粘膜の振動である．声帯振動が呼気と声帯組織との物理的相互作用であることは今ではよく知られている．かつて，声帯筋(甲状披裂筋)の走行に関する一つの研究がもとになって，神経同期説(neurochronaxic theory)という学説が提出されたことがあった．これは，声帯を斜走する筋繊維が急速な収縮と弛緩を繰り返し，声帯粘膜の振動を引き起こすという推論であった．この神経インパルスに同期して声帯が気流を遮断すると主張する学説をめぐって，声帯筋の走行と振動現象についての研究がさかんに行われた．しかし，声帯を斜走する繊維はごくわずかで，神経同期説を支持する生理学的事実はみあたらず，この学説は廃説となる．そして，呼気流と声帯との相互作用による自励振動説が見直され，筋弾性空気力学理論(myoelastic-aerodymanic theory)として確立する(van den Berg 1958; 広戸 1966)．その後，振動に直接関与する声帯粘膜の役割が重視され，最近ではボディ-カバー理論(body-cover theory)として受け入れられている(Hirano & Kakita 1985)．呼気流が声門を通過すると声帯粘膜は正中に吸い寄せられ声門が閉鎖する．声門閉鎖が起こると呼気圧が上昇し，声帯粘膜が押し上げられ声門が開大する．この繰り返しにより声帯振動が持続すると考えられている．声門を通過する呼気は断続する気流となり，空気の粗密波すなわち音源信号が作られる．

声の高さの調節

　声の高さ(vocal pitch)，すなわち，声帯振動の基本周波数(fundamental frequency)は声帯粘膜の張力の変化によって変わり，アクセントやイントネーションのような音声のメロディー的要素を構成する．声帯粘膜の張力変化は主として声帯が引き伸ばされることによって生じる．声帯が引き伸ばされると張力の増加だけでなく声帯が薄く軽くなるので，振動数の増加がもたらされる．このような声帯の伸張は，図3.6(a)に示すように輪状軟骨と甲状軟骨とが関節を中心に回転するために生じる．輪状甲状筋がこの回転をもたらす主要な筋であると考えられているが，そのほかの喉頭筋にも補助的な活動が認められ，いく

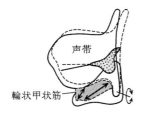 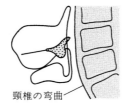 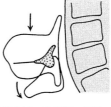

(a) 輪状甲状筋による関節の回転　(b) 頸椎の弯曲と喉頭の下降を用いる関節の回転

図3.6　声の高さの調節機構
輪状甲状関節の回転が起こり声帯が引き伸ばされると，声帯の張力が増大し声が高くなる．輪状甲状筋は直接この関節の回転を引き起こす．喉頭が下降すると輪状軟骨は頸椎の弯曲に沿って移動し，関節の逆回転が生じ声帯が短くなる．

つかの異なる生体機構が推測されている（本多 1996）．

　声の高さを調節する要因は輪状甲状筋の収縮のみではなく，輪状甲状関節の回転を引き起こすすべての外力が要因となりうる．喉頭の枠組である舌骨や甲状軟骨に付着する数多くの外喉頭筋が，輪状甲状関節に対する力の作用を介して声の高さの調節を補助する．舌骨の上部にある筋群（舌骨上筋）は高い声を出す際に喉頭を引き上げる．この際に，舌骨が前方に移動し，結合組織の連結を介して甲状軟骨を前方に回転させ，声帯の伸長を助ける．舌骨の下方にある筋群（舌骨下筋）は低い声を出すときに喉頭を引き下げる．喉頭の下降は低い声を出す際にしばしばみられ，喉頭の垂直方向の移動が何らかの仕組を介して声帯の短縮をもたらすと考えられてきた．磁気共鳴画像法（MRI）を用いた最近の研究によって喉頭の上下動と声の高さとの因果関係がようやく明らかになってきている（平井他 1994）．喉頭は頸椎に沿って3cm程度の範囲で上下に動く．図3.6(b)に示すように，人間の頸椎は喉頭の高さで前方に弯曲しているので，輪状軟骨が下降すれば輪状軟骨を回転させる力が発生する．したがって，喉頭の上下運動によって声帯長が変化する生体機構が成立する．頸椎の弯曲は人間に固有で，発声への効果も人間ではじめて成立したものである．二足歩行によって脊柱全体が弯曲し，大脳化の結果喉頭の下降が進行して，音声言語のメロディー的要素の調節に利用されるようになった現象であると考えられる．

(c) 調音器官

　発音器官には一般の運動器官と質的に異なる性質があると思われる．四肢の

運動器は手足という放射的な形態と体節由来の骨格筋とをもつ．一方，下顎や喉頭などの鰓弓に由来する運動器官は，内臓筋と支持組織の網状構造が基本構造である．このような起源の相違はそれぞれの運動の特徴に少なからず反映すると思われる．骨格系の運動の特徴は，身体の外にある広い空間を場とする弾道的な運動であり，視覚を補助とした予測的な行動に適した制御機構が発達する．弾道的な運動をうまく行うには，慣性という不安定要素を扱わざるをえないので，四肢の運動には制御機構の複雑さが要求される．一方，発音器官は筋のネットワークが主体で，そのなかに比較的小さな内臓骨格（下顎，舌骨，喉頭軟骨）を有する仕組になっている．このような運動器官の制御機構としては，基本的には筋の収縮力と軟部組織の弾性の釣合いを調節する比較的簡単な仕組があればよい．

　発話動作には一種のなまけがみられ，音声にもその影響が現われる．特に目標とする調音に直接関与しない器官では運動の平滑化が生じる．これは，**調音結合**(coarticulation)と呼ばれ，人間の音声固有の重要な性質として知られている(Öhman 1966；Bell-Berti & Harris 1982)．調音結合における平滑化の現象は，おそらく内臓器官固有のなめらかな運動特性に起因すると考えられる．舌は体節筋由来の運動器官なので，例外的に手足の運動と共通する敏捷さがある．しかし，舌の動作の場は自由空間ではなく口腔という限られた空間であり，この点は内臓筋の性格と似ている．この空間的制約によって，調音動作がなめらかであっても十分に音響的な対比をつくることができる．この効果は，Stevens (1989)の**量子理論**(quantal theory)として知られ，広い意味にとれば発音器官形態のひとつの特性とみなすことができる．

下　顎

　口蓋と頚椎からなる固定した声道の枠組に対して，**下顎**(jaw)と舌骨が可動の運動器官として向かい合い，これらの硬性器官に囲まれた空間が舌を主要素とする調音動作の場を形成する．下顎は調音空間における舌動作の範囲を拡大すべく補助する．下顎は関節(側頭下顎関節)をもつので，形の上では四肢骨格の仕組と類似する．下顎に付着する咀嚼筋は数が多く，開大筋(外側翼突筋，顎二腹筋，オトガイ舌骨筋，胸骨舌骨筋)と閉鎖筋(内側翼突筋，側頭筋，咬筋)に分類できる．これらの筋のうち，発話には比較的小さな筋だけが使われ，大

型の咀嚼筋は咀嚼のみに使われる．人間の顎関節は機械的には不完全な関節で，顎を大きく開く際に関節の回転だけでなく前方への滑走が同時に起こる．下顎の滑走が起こる理由の一つは，関節の回転範囲に解剖学的制限があるためである．人間では発達した鼓室骨と乳様突起が障壁となって，下顎の回転のみでは十分に口を開けることができず，滑走の成分が必要になる（上条 1965）．もう一つの理由は発声機能との関係であり，下顎の滑走には開口時に舌骨が過度に後方に圧迫されることを防ぐ二次的作用があると考えられる．下顎骨の形態には個人差が大きく，上顎との位置関係やオトガイ部の突出度などにはかなりの変動がみられる．調音動作の個人差も下顎の形状にある程度依存するのではないかと想像される．

　下顎は口腔を開閉するとともに舌を支える器官である．しかし，舌を支持する構造は下顎だけでなく，舌根部は舌骨によって支えられる．したがって，舌端部は下顎と運動をともにし，舌根部は舌骨と運動をともにする．舌骨は下顎や舌などの調音器官と喉頭との間にあり，両者の相互作用の経由点でもある．

舌

　舌（tongue）は筋のみからなる特殊な運動器官であり，サカナにはなく陸生の両生類で初めて現われる．舌の基本的運動要素は変形であり，数多くの舌筋が舌の形状変化に関与する．外舌筋は一端が骨格に付着する筋であり，母音の調音に際して舌の大変形をもたらす．内舌筋は両端とも舌内に位置する筋であり，一部の子音で重要な役割を果たす．口腔内における舌の動作は 3 次元の形状変化であるが，母音の調音動作における舌変形の主要素は矢状正中平面において二つの直交する軸に沿う運動である（Maeda 1990）．人間の舌はこのような 2 次元の動作に適した外舌筋の配列をもっている．

　図 3.7 は外舌筋の走行と作用を示したものである．主な外舌筋は正中を走るオトガイ舌筋と，その外側を走行する舌骨舌筋および茎突舌筋の 3 種類である．このうちオトガイ舌筋は扇状に広がる筋であるため，前部（垂直部）と後部（水平部）の筋束は異なる作用をもつことになる．したがって，機能的には外舌筋は 4 筋ある．オトガイ舌筋後部の収縮は舌根部を前方に引き寄せることにより舌の上面を挙上させ，舌は後下方から前上方へ移動する．この作用に拮抗するのが舌骨舌筋であり，舌を反対方向に移動させる．オトガイ舌筋前部の収縮は

舌を後上方から前下方に移動させ，茎突舌筋がこれに拮抗する．つまり，作用の方向は互いに直交するので2組の拮抗筋対をなしているとみなすことができる．母音の調音動作はこれらの拮抗筋間の力の釣合いによってほぼ決まる．筋電図法(electromyography)によって観測される外舌筋の活動は個々の筋の解剖学的走行から推測される収縮効果とほぼ一致しており，前母音でオトガイ舌筋前部が，後母音で舌骨舌筋と茎突舌筋が強く収縮する．狭口母音ではオトガイ舌筋後部の活動が顕著にみられる．

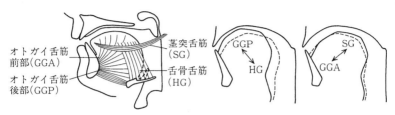

(a) 母音をつくる四つの外舌筋　　　(b) 2組の拮抗筋対

図 3.7　外舌筋の構成と舌の形状変化をもたらす作用
外舌筋は舌の大きな形状変化によって母音の形状を決める．オトガイ舌筋が三角状筋であり力の作用が場所によって異なるので，機能的には前後の筋束に分けられる．四つの外舌筋は2組の拮抗筋対をなし，力の釣合いの変化により舌の形状が変わる．

子音の調音において舌は歯茎音や口蓋音の生成に関与する．この場合，外舌筋の活動のほかに舌の内部にある内舌筋と口腔底にある補助舌筋(オトガイ舌骨筋や顎舌骨筋)の作用が加わる．歯茎音における舌尖の動きには，舌上面に沿って走行する上縦舌筋とオトガイ舌筋前部の収縮が使われる．口蓋音では補助舌筋の収縮により舌全体を挙上させ口蓋部における閉鎖をつくる．

口唇，軟口蓋と咽頭筋

　口唇(lip)もやはり筋性の器官であり，下顎と運動をともにする点でも舌と共通する特徴がある．口唇の動作には，開大，狭小と突き出しの三つの要素があり，3次元の複雑な変形である．口唇の開大には上口唇挙筋と下口唇下制筋がかかわる．口唇の狭小には口輪筋の辺縁部が，口唇の突き出しには口輪筋の周辺部とオトガイ筋が使われる．口唇を突き出すと舌は自然に後退する．この随伴運動は恐らく自動的な哺乳動作に起源をもつと考えられる．口唇をあまり使

わない日本語の[ɯ]では舌は口蓋との接触を保ったまま後退が少なく，口唇を突き出す[u]では口蓋から離れ舌の後退が顕著である．

軟口蓋は，口腔と鼻腔との間（鼻咽頭）にある弁であり，鼻音で下降し口音で挙上する．この上下運動は口蓋帆挙筋と口蓋帆舌筋との拮抗作用で生じる．軟口蓋の挙上の高さは，狭口母音で高く広口母音で低い傾向がある．これは，広口母音において母音の鼻腔漏洩があっても音響的影響が少ないためと説明されている．咽頭腔は単なる管腔ではなく，咽頭収縮筋の収縮により左右の咽頭側壁が正中へ移動して咽頭腔を狭くする．また，頸椎の弯曲度の変化によっても咽頭腔の形状変化が生じる．頸椎は固定の声道壁と思われているが，実際には発話時の頭位，声の高さ，発声法などによってわずかに変形し，音響的に無視できない効果が生じる．

(d) 発声と調音との調和

喉頭における音源の生成と調音器官による声道形状変化とは互いに独立した調節要素とみなされている．音声生成の最終段階である物理的現象をとりあげるかぎり，音源と声道との**線形結合モデル**(source-filter model)によって十分に説明することができる．しかし，発話器官は数多くの筋と結合組織により相互に連結されているので，力の作用は少なからず全体に及ぶ．また，音源特性と声道形状の調節に同一の器官が関与する場合もある．このために，音源と声道との間に図3.8に例示するような相互作用が生じる．発話動作の実行に際し

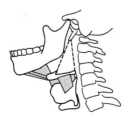
(a) 下顎と喉頭軟骨との
　　機械的結合

(b) 調音動作による声の
　　高さへの影響

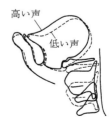
(c) 声の高さの変化による
　　調音への影響

図3.8 調音と発声との相互作用
喉頭と調音器官とは筋や結合組織により連結するので，相互に力の作用を及ぼす．舌の大変形や下顎の開大は喉頭への枠組作用を介して声の高さを変化させる．反対に，声の高さを調節する外喉頭筋は調音器官の移動変形をもたらし，母音フォルマントに若干の変化を与える．

ては，声道器官全体の調和を考慮した調節が行われると考えられ，これにより
ある種の音声の性質が派生する．

調音から発声への影響

　一般に，声の高さは，狭口母音で高く，広口母音で低い傾向がある．この母音ごとに声の高さが異なる現象は，**母音の固有周波数**[†]（intrinsic vowel F0）と呼ばれ，日本語も含めて多くの言語に認められる．母音の固有周波数は，さまざまな因果関係の推測が行われ，さらに母音の知覚にもかかわる問題としてとりあげられてきた．この問題を単一の説明に集約することは必ずしも妥当ではないが，喉頭への調音動作の影響が基本的な要因であろうと思われる．

　舌と喉頭とは，舌骨を介して筋や結合組織によってつながっている．このゆるい結合を介して，舌骨の前方移動が甲状軟骨の回転をひきおこす機構が推測できる．舌骨の位置は舌の形状や下顎の位置によっても変化するので，母音ごとに声帯の張力に違いが生じる原因となりうる．母音の[i]と[u]では，舌骨は舌根部とともに前方に移動する．舌骨の水平移動は甲状軟骨に力の作用を及ぼし，輪状甲状関節の回転により声帯長が変化する．

発声から調音への影響

　母音の固有周波数にみられる相互作用が調音器官から喉頭への作用であるのに対し，その逆の場合も想定される．つまり，音源の特性を調節する筋活動により声道形状全体が変化して，フォルマントのずれを生じる可能性があげられる．声の高さの調節には舌筋を含む数多くの外喉頭筋が参加する結果，声道の長さと舌の形状が変化する．同じ理由で，アクセントやイントネーションの調節に伴い母音のフォルマントもわずかに変動する．

　このような声の高さと声道形状との関係がどのような知覚的効果をもつのかはよくわかっていない．一つの注目すべき点は，この現象が発話器官の発育過程と同じであるという事実である．子供と大人は発話器官の大きさが異なるので，両者の母音は音響的に大きく隔たるが，それにもかかわらず同じ母音として知覚される．この知覚的現象は**母音の正規化**[†]（vowel normalization）と呼ばれ，その仕組についてはまだ解決をみない問題であるが，生体機構に基づく声の高さとフォルマントとの相互作用が母音知覚に影響を与える一つの要因では

ないかと想像される．

3.3 聴覚器官の形態と機能

　聴覚器官は哺乳類におけるさまざまな器官適応のなかで最も成功を収めた感覚器のひとつである．哺乳類の祖先は大型爬虫類の支配する地球上で時間の棲み分けを行い，夜行性の生態的地位を獲得して感覚器の適応進化を完成する．そのなかでも聴覚器官は形態と機能において劇的な変化をとげ，音波覚専用の感覚器として広い周波数範囲とすぐれた感度を獲得する．小動物であったことも高い周波数へ受聴範囲が拡大した要因に数えられ，哺乳類の耳小骨は概して小さい．哺乳類のなかでは人間の可聴周波数範囲（約 20～20000 Hz）はむしろ狭い方であるが，その代価として周波数分解能に優れている（Stebbins 1980）．

　図 3.9 に示すように哺乳類の聴覚器官は三つの基本構造からなる．外耳は音を集めて中耳に伝える．中耳は空気の振動を耳小骨の振動に変換する．内耳は耳小骨の振動をリンパ液の振動に変えて感覚細胞に伝える．以上の末梢機構は，必ずしもマイクロホンのような受動的物理過程ではなく，感覚細胞へ適刺激を送るため能動的生理過程である．明らかにこの仕組には他の感覚器に比べて格

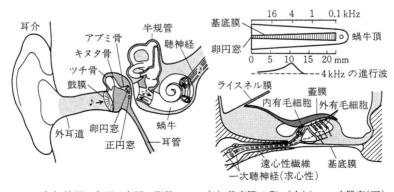

(a) 外耳，中耳，内耳の形態　　(b) 基底膜モデル（上）とコルチ器官（下）

図 3.9　聴覚の末梢器官

空気の振動は外耳道を通り鼓膜を振動させる．耳小骨はこの振動の振幅を減らすかわりに圧力を蓄え，卵円窓と内耳リンパ液の往復運動をひきおこす．蝸牛の基底膜には進行波が発生し，コルチ器官にある有毛細胞は基底膜の振動を感知し聴神経にインパルスを伝える．

段の複雑さがある．網膜上の視細胞は光粒子を直接受け取るが，内耳の有毛細胞が空気の振動を受け取るには，外耳，中耳，内耳の連鎖という複雑な装置の介在を必要とする．したがって，聴覚の中枢は，音源の解読に際して，いわば末梢の過程をさかのぼるような処理を行わなければならない．この点に聴覚機構の本質的な複雑さがあるように思われる．

(a) 音の伝達機構

音が内耳に伝わる経路には空気伝搬（気導）と骨性伝搬（骨導）の二つがある．気導路は空気の振動を感知する経路で，陸生の哺乳類ではこの経路が普通である．外耳と中耳は空気振動を内耳のリンパ液に伝える変換器であり，機能的な面からみれば第1段階の音響フィルターでもある (Rocowski 1994)．骨導路は頭蓋骨を経由する経路であり，水中や地中に住む哺乳類はこの経路を用いる．伝音機構の特性は動物の大きさに依存し，可聴周波数範囲は鼓膜の大きさにおおむね比例するといわれる．

外　耳

外耳 (external ear) は耳介と外耳道からなり，集音装置であると同時に特定の周波数成分を強調する選択的増幅装置でもある．人間の耳介の集音特性は約 5 kHz になだらかなピークをもち，複雑な耳介の形状によって音の上下方向の定位にも役立つという．外耳道は長さが約 2.5 cm，断面積が 40 mm^2 の管であり，鼓膜の特性とあわせれば約 2.5 kHz にピークをもつ．外耳全体（耳介と外耳道）では 2 kHz 以下の波長の長い音に対しては増幅装置の役割を果たさず，2〜7 kHz の帯域を選択的に増幅する．

中　耳

中耳 (middle ear) は**鼓膜** (tympanic membrane) と**耳小骨連鎖** (ossicular chain) からなり，外耳道の音のエネルギーを内耳リンパ液に伝えるための伝達路である．耳小骨はツチ骨，キヌタ骨，アブミ骨の三つであり，靱帯により連結されている．哺乳類の耳小骨連鎖は一般に可動性に乏しいが，人間の耳小骨連鎖は柔らかく相互に動きうる．ツチ骨の柄 (manubrium) は鼓膜に付着して鼓膜の振動を受け入れ，アブミ骨の骨板は内耳の卵円窓 (oval window) に振動を伝える．

耳小骨は薄く柔らかい鼓膜(低インピーダンス系)から硬い内耳リンパ液(高インピーダンス系)へ振動を効率的に伝えるので，理想的なインピーダンス変換器であるといわれる．鼓膜は面積が約 60 mm^2 の膜であり，外耳道に対して傾斜しているので外耳道の断面積よりやや大きい．卵円窓の面積は 3.2 mm^2 であり，鼓膜との面積比は約 20 分の 1 である．よくいわれるように，中耳は鼓膜に加わる圧力を 20 倍に増幅して内耳に伝える増幅装置である．

　もうひとつの中耳の働きとして耳小骨筋による伝達特性の反射性調節がある．耳小骨筋には鼓膜張筋とアブミ骨筋とがあり，鼓膜とアブミ骨の過大な振動を抑制して内耳を保護する．これらの筋の作用は，耳小骨連鎖全体の制動であり，1 kHz 以下の低い周波数を減衰させる．中耳の伝達特性には，鼓膜と耳小骨連鎖の機械特性のほかに，中耳腔の容積が影響する．人間では耳の後ろに発達した乳様突起があり，このなかに乳突洞と呼ばれる中耳腔と連絡する空洞がある．中耳腔の容積が大きければ鼓膜は低い音に対し振動しやすくなり，低音域の増幅装置として機能する．

　鼓膜からアブミ骨板までの中耳の伝達特性は，1 kHz になだらかなピークをもつ帯域通過特性であると考えられている．中耳伝達特性のピークは外耳伝達特性のピークより低く，外耳と中耳の特性をあわせると，およそ 0.5〜7 kHz の帯域が選択的に増幅されることになる．この帯域幅は，音声に含まれる情報の周波数帯域とほぼ一致すると考えてよいであろう．

(b) 音の分析機構

　音の分析には 2 種類の要素がある．ひとつは音源の方向の検出であり，もうひとつは音源の性状の解読である．音の分析は基底膜の振動という物理的な分析過程と，内耳の感覚細胞(有毛細胞)から大脳聴覚野にいたる神経経路における生理的過程に分けられる．音源の方向の感知についてはトリやコウモリの研究でよく知られている．音源の性状の解読については，内耳における時間と空間の分析機構や中継核における特徴抽出細胞の存在が知られている．人間ではおそらく音声に特有の処理機構があると想像されるが，この点についてはまだよく分かっていない．

　聴覚研究の歴史は，von Békésy (1960) や Katsuki et al. (1962) の優れた研究に負うところが多い．しかし，その後 20 年の間に新しい事実が数多く付け加

えられた．かつては蝸牛は単なる水力学的構造であり，感覚細胞の活動以外に能動的な働きには乏しいと考えられていた．また，基底膜は広い周波数に応答し，聴覚伝導路の側抑制機構により周波数選択性が漸次高まると考えられていた．現在では，蝸牛に周波数選択性を能動的に高めるための機構があること，聴覚伝導路ではむしろ特徴抽出と方向検出を重要な役割とすることなどがわかっている(Pickles 1988)．

内　耳

アブミ骨や頭蓋骨経由で内耳に伝わった振動は，内耳腔内のリンパ液の振動に変わり，音の分析が開始される．**内耳**(inner ear)は**半規管**(semicircular canal)と**蝸牛**(cochlea)からなり，半規管が平衡器で，蝸牛が聴覚器である．蝸牛が渦巻き状であるのは哺乳類の特徴である．そのなかは，前庭階，中央階(蝸牛管)，鼓室階の三つの管に分かれる．前庭階と鼓室階とは蝸牛頂孔で連絡する．前庭階と中央階の間はライスネル膜(Reisner's membrane)という薄い膜で仕切られている．また，中央階と鼓室階とは基底膜(basilar membrane)で仕切られている．アブミ骨の骨板は前庭階にある卵円窓に位置するので，入力音の振動はまず前庭階に伝わり，中央階と鼓室階を経て正円窓(round window)で吸収される．この過程で基底膜の波動が発生する．この波動は蝸牛基部から頂部に向かって進む膜のうねりであり，**進行波**(traveling wave)と呼ばれる．蝸牛管は基部から蝸牛先端(頂)にいくほどせまくなるが，基底膜は反対に基部ではせまく先端に向かい広くなる．進行波の振幅は入力音の音圧，周波数に依存し，基底膜の横幅によっても変化する．高い音は卵円窓の近くで進行波のピークをつくり，低い音は蝸牛先端まで達する．基底膜は自然の周波数分析器と考えられ，音の高さが基底膜上の位置に対応するので**場所によるコーディング**(場所説)と呼ばれる．

有毛細胞と聴神経

有毛細胞(hair cell)は脊椎動物の平衡感覚器として広く用いられる感覚細胞である．内耳は，もともとは平衡感覚のための半規管であり，その一部が膨隆して蝸牛となり，そこに聴覚の機能が加わったものである．すべての有毛細胞は感覚細胞であると信じられてきたが，外有毛細胞は例外で，驚くべきことに

細胞自体が伸縮して基底膜の振動を増強する．つまり，外有毛細胞は微小運動器官として働く．

基底膜の上には**コルチ器官**(Corti's organ)と呼ばれる構造が基底膜の全長にわたって並んでおり，ここに聴覚の感覚細胞がある．コルチ器官は，図3.9(b)に示すように，内有毛細胞，外有毛細胞，支持細胞，蓋膜などからなる．内有毛細胞は感覚細胞であり聴神経の大半と連絡する．外有毛細胞は主に遠心性の神経繊維を受け取り，運動毛により蓋膜の振動を調節する．内有毛細胞の感覚毛は蓋膜に接しておらず，基底膜の振動を水流として検出する．一方，外有毛細胞の先端にある毛は蓋膜と接して基底膜振動を調節する．また，内耳には能動的に基底膜を振動させる機構があって，**耳音響放射**(otoacoustic emission)と呼ばれる外界に小さな音を放出する現象が知られている．

有毛細胞の興奮は1次ニューロンである聴神経繊維(auditory nerve)にそのまま伝わり，中枢へ向けて運ばれる．聴神経繊維の数は25000本しかなく，われわれの聴覚分解能と比べて多い数とはいえない．聴神経繊維は低い周波数の刺激に同期的に発火し，約1kHzの頻度まで追随する．この事実は，周波数情報が場所説に従う処理だけでなく，時間パタンによる周波数分析が可能であることを意味する．これは**時間によるコーディング**(時間説)と呼ばれる．この方法は，蝸牛を持たない動物で周波数情報の伝達に使われ，蝸牛をもつ動物でも低い周波数の分析に用いられる．

聴覚伝導路と聴覚中枢

内耳から大脳の聴覚野に至る神経経路(auditory pathway)は，音の分析という感覚の処理に特殊化しているが，基底膜上の感覚受容野の地図が中継核から皮質に至るまで繰り返し再現される点で，皮膚感覚などの体性感覚と共通する．

聴神経繊維は脳幹に入り蝸牛神経核(cochlear nucleus)で次のニューロンに接続する．聴神経繊維は蝸牛神経核にある複数のニューロン群と連絡し，それぞれが周波数の場所表現(tonotopy)を保持するという．したがって蝸牛神経核において，すでに複数の蝸牛地図が存在する．蝸牛神経核の細胞は聴神経の発火パタンをそのまま中継する細胞もあるが，発火パタンの特徴に応じて反応する細胞もある．これらの細胞により最初の音の特徴抽出が行われる．

蝸牛神経核を出た繊維は脳幹を上行して，中脳にある上オリーブ核(superior

olivary complex)と下丘(inferior colliculus)を経て視床にある内側膝状体(medial geniculate body)に至り，最終的に側頭葉の一次聴覚野(primary auditory cortex)に達する．それぞれの中継核においても周波数表現(あるいは蝸牛地図)が保持されており，入力音の分析が多段階にわたって行われる．オリーブ核では左右の神経が交差し，左右の耳からの入力音の時間差や音圧差を検出する．下丘には多くの上行する繊維と下降する繊維が集まっており，音源の定位と音源の識別が行われると考えられている．方向定位の優れたメンフクロウの中脳には，人間の下丘に相当する聴覚域があり，この場所には音源の位置によって応答する細胞があることが確かめられている．

聴覚野は内側膝状体から直接投射をうける一次感覚野である．聴覚野は従来は単一の皮質領域であると考えられてきた．しかし，現在では内側膝状体と皮質の間には並行する複数の経路があって，皮質上には複数の聴覚野(AI, AII など)があることが知られている．AI と呼ばれる領域では周波数表現が帯状の等周波数帯の列として再現されるが，AII にはこのような分布はみられない．

(c) 音声知覚の心理的過程

人間における音声知覚は皮質の広い領域の統合的な処理によって行われると想像されている．音声の知覚過程は生理学的な取り扱いが難しく，従来から心理学の分野で扱われている．ここでは膨大な心理学研究をまとめる余裕はないので，音声知覚研究の歴史のなかで繰り返し議論されてきた調音結合と範疇的知覚(categorical perception)の問題をあげるにとどめる．

これは，記号としての音声と観測される音声信号との間にみられる非線形性の問題である．記号としての音声が音素の列であるという仮定に基づくならば，音声の瞬時的特徴が音素に対応している必要がある．しかし，実際の音声の音響特徴は，調音器官の連続的な運動に依存するので，音の境界がしばしば不明瞭である．音の特徴が時間的に分散する結果，音の性質と知覚の区分との間に複雑な対応関係が生じる．それにもかかわらず，われわれの耳は調音結合を意識することなく範疇的な処理を行うことができる．この問題は現在でも音声知覚の中心的課題である．

この点に関するハスキンス研究所の音声知覚に関する研究は古くからよく知られている．Liberman ら(1985)は，人間の音声の処理に特殊化した神経機構

を想定し**音声知覚の運動説**(motor theory of speech perception)と呼ばれる理論を提唱した．この説によれば，人間の聴覚系には音声の知覚のための特別の仕掛があり，それは調音動作の内部表象あるいは知識を参照する過程であるという．つまり，言語音と調音動作との対応関係の知識によって，記号と信号との非線形性の問題が解決されるという説明である．これまでに，動物や乳児においても音素ごとの範疇的知覚があることや実験手法によって結果が変わりうることなどを主な理由として，この理論には多くの反論が出されている．しかし，人間においても動物においても，音声生成と知覚の仕組は並行して発達するので機能的に結びつくのが自然であり，この意味では運動説は当然の説明である．音声生成と知覚の機能がそれぞれ別々に発達して情報交換のためにたまたま偶然に結び付いたと考えるのは，むしろ不自然だからである．このように考えると，発話動作の仕組を参照することも，人間の聴覚系に内在する音声分析機構の一面であるといって，それほどの誤りはないのではないかと考えられる．このような聴覚機構と音声知覚とのあいだの問題については，脳機能の直接的な観測により事実を明らかにする必要があると思われる．

3.4 音声の生成と知覚

音声が動物や人間の情報交換に用いられるためには，発信する側と受信する側との間に音声を媒介とするループが成り立つことが条件である．このループは**ことばの鎖**(speech chain)とも呼ばれ，音声の生成と知覚とを密接にむすぶ情報交換の通路として，絵にもかかれ箱と矢印の情報処理モデルにもなってきた(Denes & Pinson 1993)．これまで述べてきた音声生成と知覚の働きは，このループをつなぐ構成要素の一員である．最終的には，このループはわれわれの脳のなかで閉じる．そこに音声の生成と知覚とを直結する神経の仕組が備わっていると考えられる．その仕組がどのようなものであるか，現時点で全体像が明らかになっているわけではもちろんない．しかし，動物の中枢神経機構の研究や人間の脳機能の観測において，神経基盤と考えられる知見が少なからず得られている．以下には，この章をまとめるべく，音声の生成と知覚の密接な関係を例証するいくつかの事実を説明する．

(a) 動物の情報交換

カエルはすべての種で雄が発音し，雌は雄の鳴き声に対し走音性を示す．カエルは肺と声帯によって発音するのでフォルマントに類似した高低2個のスペクトルピークをもつ．種によっては長く持続する音や短く繰り返す音をだし，二つの音節からなる特殊な鳴き声をだす種類もいる．カエルの内耳には両生類乳頭と基底乳頭の2種類の聴覚器官があり，それぞれは異なる周波数帯域を受け持つ．これら二つの部位が同時に刺激されるとはじめて同種の鳴き声として感知する．つまり，発声と聴取との間に繁殖行動に適した鍵と鍵穴との関係がなりたっている．ところが，雌の聴覚中枢における周波数選択性は温度に依存して変化し，雄の発音周波数も雌の受聴特性に追随して変化するという (Stieber & Narins 1990)．これは，発声行動が聴覚系の制約を受けることを示唆している．

小鳥は聴覚フィードバックにより歌を学習するので，人間の音声との共通性がしばしば指摘される．小鳥の歌は鳴管(syrinx)の振動でつくられる．左右の鳴管がそれぞれ独立しているので，二つの異なる音を同時にあるいは時間を隔ててだすことができる．小鳥の歌の生成と知覚にかかわる神経経路は詳しく調べられており，相互の神経連絡があることが知られている．小鳥に音を聞かせると，発声最高中枢(HVc)の活動にひき続いて，鳴管を支配する舌咽神経核の細胞にも活動が生じ，しかも，舌咽神経核の活動は音の種類に対応して変化する(Williams & Nottebohm 1985)．この事実は，歌の知覚が成立する際に，運動表象に変換されることを意味する．

コウモリは哺乳類の中では活発な発音行動を行う動物であるが，同種間の情報交換のためではなくこだま定位(echo location)の目的に使う．コウモリは声帯から超音波パルスを発し，戻ってきた信号を処理して餌の位置や種類を探知する．内耳の感度は発信する超音波の周波数で高く，基底膜上の周波数分解能も高い．一次聴覚野の周波数分布も特有の形をもち，発信周波数を中心とする周波数領域が極端に広い(Suga et al. 1987)．これは，発声機構と聴覚皮質の形態との間に密接な対応関係があることを示している．

霊長類は人間と近縁の関係にあるが，音声通信に関してはむしろ共通性に乏しく，人間のモデルとしてむしろ適さないという意見もある．音声行動からみ

ても発声と聴覚との対応関係は種ごとに異なるようにみえる．発声運動中枢は帯状回（cingular gyrus）から中脳水道の中継核（periaqueductal gray）に至る経路であり，中脳水道から喉頭の運動神経核に達する．帯状回は辺縁系（limbic system）の一部であり，発声の解発は情動に大きく左右される．リスザルには一次運動野（前帯状回）から聴覚連合野への連絡や，聴覚の中継核から中脳水道への連絡がある．しかし生得的に発声のレパートリーが決まっており，聴覚野を取り除いても発声に影響が現われないので，発声における聴覚の役割は少ないと考えられている．一方，マカクサルは，発声のレパートリーは生後徐々に増え，音声の出し方と受け取り方は聴覚的経験によって影響をうける．また，情動以外の事象に関する情報交換も行うといわれる．マカクサルでは発声時に舌を動かすので，帯状回以外にも発音中枢があると考えられている．チンパンジーは人間の前舌母音を区別できないという．チンパンジーの口腔と舌は前後が長く平坦で，この形態からみて前舌母音の発音が難しい．これは，発音できない母音は聞き取ることができないことを意味し，人間の外国語学習の問題と共通する現象ではないかと思われる．

(b) 音声の生成と知覚の中枢機構

　音声の生成と知覚とを連結する神経経路については完全に分かっているわけではなく，むしろ未知の領域である．図3.10は，人間と哺乳類における断片的な解剖学的報告をもとに，脳皮質と皮質下における音声の生成と知覚との神経連絡をまとめた図である．脳幹においては発音運動の神経核と聴覚路の神経核との間に連絡がある．これは，脳神経の間の網の目状の神経連絡の一部である．内側膝状体と基底核との間の連絡も運動と感覚とを結ぶ経路である．島（insula）は前頭葉と側頭葉の間に埋もれた皮質であり，嗅覚や内臓感覚などの中枢といわれてきたが，発話運動や聴覚の中枢と神経連絡があるらしいことがわかってきている．古典的言語中枢である**ブローカ野**（Broca's area）と**ウェルニッケ野**（Wernicke's area）との間には弓状束と呼ばれる密な神経連絡があることは古くからよく知られている．

　最近の脳機能画像化法の進歩により人間における音声の中枢処理機構の研究がさかんになり，新しい知見が次々に報告されるようになってきた．従来からのウェルニッケ–ゲシュヴィントのモデル（Wernicke–Geschwind model）は失語

3.4 音声の生成と知覚   123

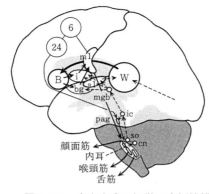

図 3.10 音声生成と知覚の中枢機構における神経連絡

感覚言語野であるウェルニッケ野（W）と運動言語野であるブローカ野（B）とは弓状束（太い矢印）を介して連絡する．一次運動野（m1）と一次聴覚野（a1）との間には直接の連絡はないが，おそらく島（i）を経由して連絡する．皮質下では，聴覚の経路である内側膝状体（mgb）から運動系の神経核である基底核（bg）への投射がある．脳幹においては，下丘（ic）から中脳水道（pag）へ，上オリーブ核（so）から顔面神経核へ，それぞれ神経連絡がある．なお，図には発声の上位中枢である補足運動野（6 野）と帯状回（24 野）も加えてある．

症の研究に基づく言語処理のモデルとして有名である（Geschwind 1972）．言語野は聴覚連合野であるウェルニッケ野と運動連合野に属するブローカ野とがそれぞれことばの知覚と生成とを受け持ち，それぞれの皮質領域の障害が失語症の病態に対応するといわれてきた．ところが，脳の電気刺激実験の結果から，この対応関係がしばしば不明確であることがわかってきている（Ojemann 1983）．脳血流の観測（PET）による単語刺激の実験では，ウェルニッケ野だけではなくブローカ野の活動の増加も観測される（Posner & Reichle 1994）．音声生成の実験課題では，一次運動野，補足運動野，小脳，島の活動がみられるが，ブローカ野とウェルニッケ野には活動の上昇があまりみられない．ブローカ野に活動がみられるのは，動詞を当てはめる言語処理課題を使用した場合であり，ブローカ野を含む前頭葉，前帯状回，左側頭葉後部（ウェルニッケ野を除く），右小脳などで活動がみられる．これらの事実は，いずれもことばの生成と知覚の処理が相互に連絡をとりながら進行することを示唆している．

以上の例から従来の学説であまり扱われなかった脳の働きを指摘することができる．島の中心溝前部は発語失行症において障害のみられる領域である．調

音動作のプログラムはブローカ野の機能であると考えられてきたが，最近の臨床例の報告からは島においてこの処理が行われるのではないかと考えられている (Dronkers 1996)．島の後部は聴覚野の一部として視床からの投射があるので，音声の生成と知覚とを直結する部位である可能性もある．また，小脳外側部にある歯状核はブローカ野との連絡があり，小脳が言語処理に関与する可能性も指摘されている．

一方，音声知覚については，脳磁界計測(MEG)や機能的 MRI (functional MRI) などの脳機能の観測法が用いられるようになってきている．これら最近の技術では，まだ空間分解能と時間分解能の問題があるが，脳磁界計測を用いると時間情報を手がかりとして脳皮質における神経活動の位置を推定することがある程度可能で，最近の研究では一次聴覚野に母音分布図があるらしいことが知られている (Diesch et al. 1996)．聴覚皮質上の母音分布は母音の調音図やフォルマントの分布図とほぼ相似であり，母音の運動表象と知覚表象とがそれぞれの脳皮質において対応関係をもって分布しているのではないかと想像される．

3.5 生物形態からみた音声

音声の生成機構を中心としてわれわれの音声通信を支える生物学的基盤をまとめるのがこの章の目的であった．音声による情報交換の基本的な仕組はよく分かっているという人もいるにちがいない．紙数を費やした動物の歴史は，現代科学の対象としてやや魅力に欠けるであろう．しかし，人間の仕組を理解するには，形態の由来や動物との比較が役に立つことも少なくないと思う．音声生成の仕組については，器官形態の機能的意義を強調したつもりである．われわれはなぜ情報交換の第一手段としてことばを用いるのか．一般的な答えとしては，人間社会とか遺伝子ということばがまず頭に浮かぶかもしれない．筆者の個人的見解を述べるならば，答えはわれわれの身体のなかにある．すなわち，われわれは，ことばの使用を避けることができない特別な身体の仕組をもっているからである．形態と機能との関係をよく考えると，自然にこのような結論に達するであろう．音声知覚の仕組については音声生成の側面との関連性を中心に述べるにとどめた．賛否が分かれると思うが，音声の受信に発信の仕組が

関わっていても，あまり不思議なことではないという見方である．

　音声による情報交換の研究にとって最大の謎は，脳のなかの過程である．これは，最新の高額機械を使用しても相当に難しい問題であるのは目にみえている．この壁をどう乗り越えるかが今後の大きな問題である．ひとつの方法は，直接的手段によってとにかく脳機能の観測を行うことである．もうひとつの方法は，末梢の仕組をよくながめてみることではないかと思う．脳は末梢とのつながりがあるから相応の機能が宿るのであり，いわば脳は末梢の仕組のコピーである．脳が末梢の働きを調節する一方で，末梢は脳の機能をつくりだす．脳と末梢の間に陰陽論的並行関係があるといわれる由縁である．末梢の仕組の研究は，脳という箱の中味を知るためにも十分に役に立つはずである．

第3章のまとめ

3.1　発音器官は内臓系の咀嚼器と運動系の舌からなる複合器官である．聴覚器官は，顎骨に由来する耳小骨連鎖と平衡器に由来する内耳とが合体して，音の知覚のために特殊化した感覚器官である．これらの発音器官と聴覚器官はともにサカナの鰓に起源をもっている．

3.2　人間の発音器官は，大脳化や二足歩行と並行しながら形を変え，変化に富む音声を生成するために適した形態を獲得する．この発音器官の形態的特徴は音声に含まれる生物学的情報として現われる．また，調音動作の場が声道という屈曲した狭い体腔にあるために，比較的ゆるやかに口の構えを変えても十分な音響的対比が得られる仕組ができている．複雑な音節構造が使われるのは，新たな神経機構が追加されたためでもある．

3.3　人間の聴覚器官は，可聴周波数帯域が狭いかわりに音の分解能の点で優れている．生物学的情報の上に言語的情報が加わった話しことばの構造は，人間の耳にもやはり高度な機能が追加されていることを裏付けている．

3.4　人間は，いわば1台のコンピュータを使って音声の合成と認識を行う．話しことばの生成と知覚は，ともに連携しながら発達するので，相互に影響を及ぼしあうことになる．つまり，音声には，音の識別が容易になる方向に発音を変更したり，発音の仕組を音の識別に利用するなどの，目には見えにくい自然の仕掛が内在している．この点は，音声の研究を行う際に記憶にとどめておく必要がある．

4
音声の分析と合成

4 音声の分析と合成

【本章の課題】

　音声通信は，口と耳という身体のしくみを使って生成・受容できる信号を，ある言語の枠組みに従って用いることで行われる．したがって，音声信号の持つ言語上の特性も，音声を生成する音声器官の機能の諸特性から生じてくるものであり，その概要はすでに第3章で述べられたとおりである．

　それでは身体的には音声信号はどのような物理的特性を持つのか．その主要なものは，声帯振動を伴う有声音においては，声帯振動の基本周波数と舌，顎，唇などによって形成される声道の音響管としての音響特性であり，それに様々な過渡的な音を用いる子音が加わる．それらの物理的特性の分析方法の概要をまとめ，音声生成諸器官との関係をできるだけ簡潔なモデルを用いて説明する．次に，それらの音響的特性と言語との対応について概観すると同時に，工学的に音声を合成する方法の基本的技術とその発展状況について述べる．最後に音声通信は人間同士が相対して行う，いわゆる対話が根本なので，対話における音声の諸特徴について述べる．

4.1 音声生成のモデル化と音声合成

　鳥，昆虫，水中に住む動物などの多くはそれぞれ特有の通信方法を持っている．しかし，言語は単なる通信手段ではなく，複雑な思考を可能にする道具でもあり，人間に独特のものといえる．

　人間は生まれるときには，言語を持っていない．自律神経系は，生後短年月で形成され，それが外界からの情報によって修正されていく．7歳頃まで一定の言語環境にあれば言語獲得が行われる．当初は，アクセント，イントネーションなどの韻律に相当する全体的な調子を判断し，徐々に音素の区別をするようになり，通常，1歳頃には一語文を話す．そして，まわりにある事物を覚えると同時に多語文表現に進んでいく．

　言語獲得に関する研究では，2歳頃までの経験が言語の獲得に重要なことがわかっている．10歳を過ぎても語彙を増やしたり，外国語を学ぶことはできるが，母語を獲得し言語の基本能力を得ることはたいへん困難になってくる．

　図 4.1 は音声の通信過程の全体を示したものである．言語の問題は，音声言語に限っても，このように多くの事柄が関わっており，たいへん複雑であり，いろいろな面を持つ．本章で取り上げるのは，主として音声生成の部分である．この部分は，話者が話したい内容に文章表現を与え，それに感情表現を加味して，音声器官を制御するための神経指令が大脳の運動性言語野で生成され，そ

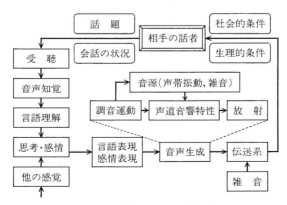

図 4.1　音声による通信過程

れに応じて音声器官が運動して**調音運動**(articulatory movement)が起こり，肺からの呼気流を受けて音声波が生じ，大気中に放射される過程である．この過程の中でも，調音運動から音声波が生成される部分は，比較的観察が容易であり，基本的には言語による差も少ない．

しかしながら，音声器官の運動には，多数の筋肉が関与しており，自然な発声をしているときの観測は簡単ではない．また，呼気流と声帯振動，あるいは摩擦音，破裂音に見られる空気力学的現象はかなり複雑で，十分なモデルができているわけではない．母音については，声道形状とその共振特性による音声の周波数特性が関係づけられるので物理的な研究がかなり進んでいる．

音声を機械によって合成しようとする試みはたいへん古くからある．たとえば，1779 年 C. G. Kratzenstein は共鳴器を用いて母音の音韻性に証明を与えた．1791 年 W. von Kempelen は機械式音声合成器を作成している(図 4.2)．しかし，音声合成器が実際的なものになるには電子回路が必要であった．1937 年ベル研究所の H. Dudley らは，1939 年から 1940 年にかけてのニューヨークとサンフランシスコにおける万国博覧会にデモンストレーションする目的で，Voder という音声合成器を作製した．この装置は図 4.3 に示すように，10 チャンネルの共振回路を持ち，子音も合成できる．母音を発生するための周期音源と子音のための雑音音源を持ち，これに可変の声道の音響特性を付加した構成で，ほぼ人間の音声生成過程をモデル化している(Flanagan 1972)．

今日では，コンピュータ技術の発達により，たとえ複雑な計算を要求するものでも，高い品質の合成音声の得られる音声合成技術が実用化されるように

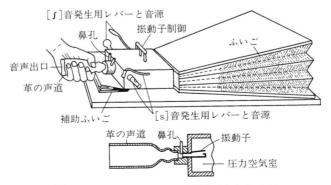

図 4.2　von Kempelen の機械式音声合成器

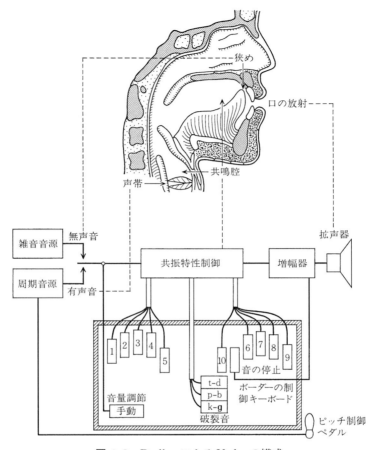

図 4.3　Dudley による Voder の構成

なってきている．これまでの音声合成技術の中心は，**テキスト音声変換**(text to speech)あるいは**音声規則合成**(speech synthesis by rule)と呼ばれるもので，文字表現されている任意の文章を人間が話すのと同様な音声に変換しようというものである．日本語の単音節の種類は 100 程度であるから，人間の発声した単音節の音声を録音しておき，これを文字表現の順番につなげて再生すれば，合成音を作ることができそうに思われる．しかし実際は，そのような音声はある程度意味は通じるであろうが，人間が自然に発するものとはほど遠いものであって，実用にはならない．

そこで，音声生成過程の各部分について工学的なモデルを作ることで，任意の文章を自然な音声に変換する研究が続けられている．人間と機械の相互の作業がますます多様になり，人間にとって自然で，親しみやすく使いやすいインターフェースが望まれるようになってきているなかで，いろいろな声質，話し方，方言などを生成できるいっそう高度な音声合成技術が要求され研究が続いている．

4.2 音声生成過程のモデル

(a) 音声器官・調音器官の機能

音声器官の構造を音響的に見れば図 4.4 のようになる．音声は肺から押し出される呼気流によって発生する．左右 1 対ある**声帯**(vocal cords)の間を**声門**(glottis)と呼ぶが，声を出そうとするとき両方の声帯は接近し，呼気流を流すことで**声帯振動**(vocal cord oscillation)が生ずる．声帯振動は，気管から口腔に流れる直流的な呼気流を周期的に断続する空気流に変換するもので，典型的な自励発振器を形成している．自励発振器とは，管楽器やバイオリンなどで見られるように，一定の気流や弓の動きから周期的な振動を起こす機構である．声帯の振動数を**基本周波数**(fundamental frequency)と呼び，声の高さ(ピッ

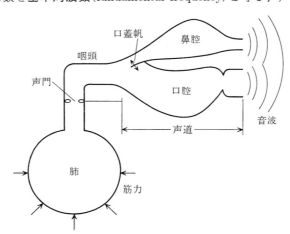

図 4.4　音響的に見た音声器官の構造

チ†)に対応する．

　声帯振動を伴う音を**有声音**(母音，半母音，有声子音)，伴わない音を**無声音**という．無声音の音源は大きく2種類ある．一つは**摩擦音**で，声道中に狭めを作り，ここを呼気流が通過するときに発生する乱流によって発生する乱流雑音である．狭めの場所と声道の形によって，[s]や[ʃ]などの音になる．もう一つは**破裂音**で，舌や口唇で声道を閉鎖して空気流を一時止め，圧力が高まったところでこれを急に開放することで発生する．[p]や[t]，[k]などの音が生成される．

　声帯振動は摩擦音と破裂音の生成とは独立にできるので，声帯振動を伴うものを**有声子音**，伴わないものを**無声子音**と呼ぶ．子音には摩擦音，破裂音以外に，半母音，鼻音，破擦音がある．**半母音**は母音と同様にして生成されるが，調音器官を動かしながら発声する過渡的な音である．**鼻音**は軟口蓋(口蓋帆)が下がって鼻腔と口腔が接続した状態で，軟口蓋と口唇の間のどこかで声道を閉じることで生成される．**破擦音**は破裂音の生成後に破裂生成部の狭めを保持して，そこで摩擦音を続けて生成するもので，破裂と摩擦の二つが連結した音である．

　これらの音源と声道の形状を組み合わせて連続的に変化させることで，母音と子音が連結して音節が形成され，その連鎖が単語を作り文を構成する．声帯の振動の基本周波数や音声の大きさは，複数の音節にわたって，アクセントやイントネーションなどの超分節的情報を付加する．

　したがって音声生成過程をモデル化することは，まず各調音器官の形状の記述方法を与え，それらの位置の値から声道の形を表すことが必要である．舌や唇などはたいへん複雑な変形をするものであり，個人差も小さくないので，母音の分類には，舌の前後や唇の狭広などの定性的表現が広く用いられている．図4.5に，日本語5母音を発声したときの正中面で見た調音器官の形の例を示す．このような調音器官の様々な形状を，できるだけ少ない数のパラメータを用いて，精度よく表現できるモデルが望まれる．このようなモデルの例を図4.6に示す(白井・誉田 1976, 1978)．

　このモデルはつぎのようにして構成される．図4.7で，顎は，固定点Fを中心として，一定半径FJの回転運動で近似する．顎の開きがX_Jである．X_Nは口蓋帆の動きを表し，開いていれば鼻腔が音響的に接続して，鼻音が発生す

134   4 音声の分析と合成

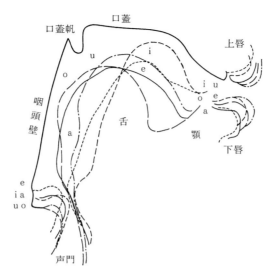

図 4.5 日本語 5 母音発声時の正中面で見た調音器官の形状

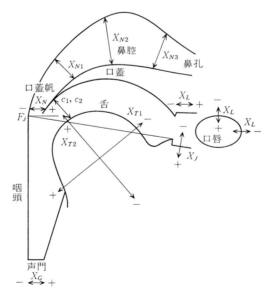

図 4.6 調音モデルの例と調音パラメータ

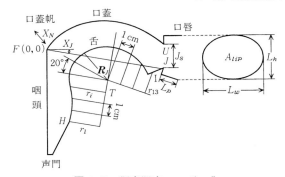

図 4.7 調音器官のモデル化

る．X_N の動きはほぼ On–Off 的である．A_{lip} は口唇の開口部の面積，T は舌面を計測する中心である．

舌面の形は多様であるが，舌の解剖学的な構造や対象とする言語の音韻体系から，ある程度制約される．それは，舌面の形を表現するベクトル量 $\boldsymbol{R} = (r_1, r_2, \cdots, r_{13})^T$ において，r_1 から r_{13} の各要素間の強い相関として捉えられる．実測データから $\boldsymbol{R}$ を測定し，これに主成分分析を適用する．まず，母音部の舌面データから分析すれば，母音の舌面形状がつぎのように表現できる．

$$\boldsymbol{R}_V = \sum_{j=1}^{p} x_{Tj} \boldsymbol{V}_j + \overline{\boldsymbol{R}}_V \tag{4.1}$$

ただし，$\boldsymbol{V}_j$ は母音の舌面データ $\boldsymbol{R}_V$ に対して主成分分析を行って得られる p 個の固有ベクトルであり，$\overline{\boldsymbol{R}}_V$ は $\boldsymbol{R}_V$ の平均値である．

固有ベクトルの形を図 4.8 に示す．$\boldsymbol{V}_1, \boldsymbol{V}_2, \boldsymbol{V}_3$ の三つの基底を用いることで，(4.1)式によって母音の舌面形状を非常に小さな誤差で表現できることがわかる．第 1 パラメータ X_{T1} は咽頭部から硬口蓋方向への舌の移動を表し，声道形状としては奇関数的な変形に対応する．第 2 パラメータ X_{T2} は，これに直交する変動パターンで偶関数的である．

子音に対しては，子音に対する舌面データ $\boldsymbol{R}_C$ をまず母音空間に射影して，母音調音と同様に表現できる部分を除去する．その残りの $\widetilde{\boldsymbol{R}}_C$ について，再度，主成分分析を適用する．また，口唇の形状の記述にも同様の手法を用いて，唇の高さ L_h，横幅 L_w，突き出し量 L_p はつぎのように表現できる．

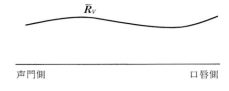

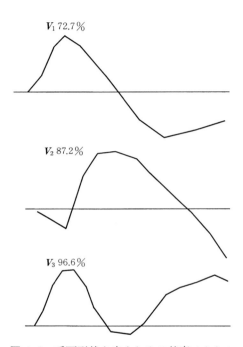

図 4.8 舌面形状を表すための基底ベクトル

$$\begin{pmatrix} L_h \\ L_w \\ L_p \end{pmatrix} = \begin{pmatrix} k_1 \ J_s \\ k_2 \ J_s^{k_3} \\ 0 \end{pmatrix} + \begin{pmatrix} l_h \\ l_w \\ l_p \end{pmatrix} X_L + \begin{pmatrix} \overline{L}_h \\ \overline{L}_w \\ \overline{L}_p \end{pmatrix} \quad (4.2)$$

ただし，J_s は上下門歯間の距離であり，$k_1, k_2, k_3, l_h, l_w, l_p, \overline{L}_h, \overline{L}_w, \overline{L}_p$ は定数である．X_L が口唇の形を表すパラメータとなる．

母音を特徴づける声道の音響特性は，声道を不均一な断面積を持つ一つの音響管として考えれば十分であるから，図 4.5 の正中断面の声道形状を記述することで有効なモデルとなるが，子音の調音を含めて，より定量的に調音器官の

形状や運動を考えるためには精度のよいモデルが必要となる．調音器官の多くの部位は連続的に変形し，その運動に関与する筋肉の数もたいへん多い．また，声道の形は本来3次元的なもので，立体的形状を考えなければ，子音や促音などの発声形状を正確に表現することができない．現状では，特定の話者に限っても声道の立体的運動の形状を表現できるモデルはまだ作られていない．

(b) 調音制御機構のモデル

調音器官の運動は，分節的性格を持つ各音素を発声する目的では，ある目標の調音状態を目指して，ほぼ弾道的な運動をすると考えられる．多数の筋肉が連続的に制御されるという意味ではたいへん複雑な運動ということになるが，このような運動系をマクロにとらえて，実際の調音運動に近い動きを与えるモデルを作ることはできる．

最も簡単なモデルは，図4.9(a)のように，調音器官の位置の目標値が一定の継続時間を持つ駆動コマンドとして調音器官の運動系Hに加えられ，調音運動すなわち調音パラメータの動きになるとするものである．調音運動系Hを一定の質量を持ち，バネで支えられ，粘性によるダンピング(制動)を持つ2次システムと考えると，その動特性は臨界制動，すなわち運動が振動的にはならないが，最も速く目標値に到達する特性を持つことがわかる．このことは，調音運動系が全体的に，連続する音素の目標位置にできるだけ正確に速く到達するのに適切な運動制御系になっていることを示唆している．しかし，個々の運動では臨界制動に近いことは示されるが，目標値によって，バネ定数などのパラメータの値は異なり，非線形システムであることがわかる (Shirai & Kobayashi 1986)．

調音運動系を非線形システムとしモデル化するには，ニューラルネットワークを用いるのが有効である．図4.9(b)はフィードバックを持つニューラルネットワークの例であるが，このようなシステムによって，非線形な動特性をかなり精度よく表現できる (Shirai & Kobayashi 1992)．音素目標値を時間的に与える場合は，数多くの筋肉を動かす神経指令の生成の部分は，図4.9(a)の動的部分に含まれてしまうが，神経指令によって調音運動がどのように起きるかを分離しようと思えば，比較的観測の容易な顔面などのEMG (electromyography, 筋電位)を観測することで，神経指令の情報を相当量得られるので，これを入

138　4　音声の分析と合成

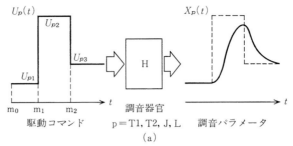

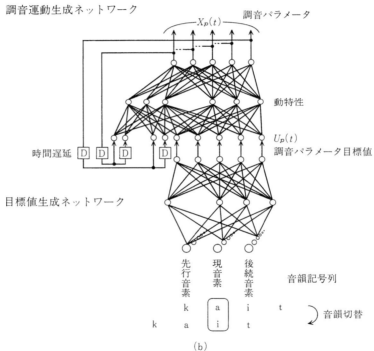

図 4.9　調音制御モデルの構成例(a)とニューラルネットワークを用いた調音制御モデル(b)(/kaiteki/の調音運動生成例)

力として調音運動のモデルを作ることができる．フィードフォワード型ニューラルネットワークを用いて，EMG から精度よく調音運動を生成できる．さらに，この方法で逆システムを作ることで，調音運動を生ずる元となっている神経指令を逆に推定できる可能性がある．

（c） 声道の音響特性

声道は成人男性で約 15〜17 cm，また断面の円形近似したときの半径は 2 cm 以下である．これにくらべて 4 kHz の音波の波長は，音速 c がほぼ 3.5×10^4 cm/s であることを考えると，1/4 波長は 2.2 cm となり十分大きい．したがって，4〜5 kHz 以下の周波数では，音波は主に声道の長さ方向に沿って伝わり，伝播方向と直交する横断面では一様な音圧分布を持つ．すなわち，声道内の音波は平面波であり，声道は図 4.10 のような不均一な断面を持つ音響管でモデル化され，この音響管の共振特性によって母音の音響的特性が説明される．

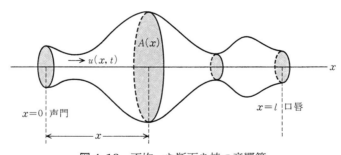

図 4.10 不均一な断面を持つ音響管

音声波の伝播の方程式は，声門からの軸に沿った距離を x，x における声道断面積を $A(x)$，空気の密度を ρ，音速を c とすると，音波の体積流速度 $u(x,t)$，音圧 $p(x,t)$ について，

$$\frac{\partial p(x,t)}{\partial x} = -\frac{\rho}{A(x)} \cdot \frac{\partial u(x,t)}{\partial t} \qquad (4.3)$$

$$\frac{\partial u(x,t)}{\partial x} = -\frac{A(x)}{\rho c^2} \cdot \frac{\partial p(x,t)}{\partial t} \qquad (4.4)$$

で与えられる．この式から

$$\frac{\partial}{\partial x}\left[\frac{1}{A(x)}\cdot\frac{\partial u(x,t)}{\partial x}\right] = \frac{1}{c^2 A(x)}\cdot\frac{\partial^2 u(x,t)}{\partial t^2} \tag{4.5}$$

が導かれるが，これを**Webster のホーン方程式**(Webster's horn equation)といい，$A(x)$ が一定とすれば $u(x,t)$ も $p(x,t)$ も同じ波動方程式

$$\frac{\partial^2 \phi}{\partial x^2} = \frac{1}{c^2}\cdot\frac{\partial^2 \phi}{\partial t^2} \tag{4.6}$$

を満足する．

そこで，図 4.11 のように声道を長さ Δx の微小円筒の縦続接続と考える．音波は，声門から口唇方向に向かう前進波 $f_n(x,t)$ と逆向きの後進波 $b_n(x,t)$ で表現することができ，音波が $\Delta x/2$ を伝播するのに要する時間を Δt とすれば，第 n 番目の区間で，

$$u_n(t) = f_n(t-\Delta t) - b_n(t+\Delta t) \tag{4.7}$$

$$p_n(t) = \frac{\rho\cdot c}{A_n}\{f_n(t-\Delta t) + b_n(t+\Delta t)\} \tag{4.8}$$

となる．この式から境界面での体積流速度と音圧の連続性を考えると，

$$f_{n-1}(t+\Delta t) = k_n b_{n-1}(t-\Delta t) + (1+k_n) f_n(t-\Delta t) \tag{4.9}$$

$$b_n(t+\Delta t) = (1-k_n) b_{n-1}(t-\Delta t) - k_n f_n(t-\Delta t) \tag{4.10}$$

という基礎方程式が得られる．ただし $k_n = \dfrac{A_{n-1}-A_n}{A_{n-1}+A_n}$ を**反射係数**(reflection coefficients)という．

上式で，声道内の音波の伝播が表現できるので，これに声帯音源および摩擦，破裂などの音源をそれぞれの発生源に加え，口唇における適当な放射条件をつ

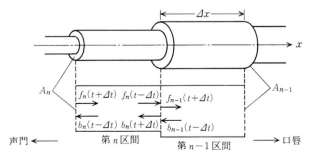

図 4.11 長さの短い均一な断面を持つ音響管の縦続接続による声道のモデル化

けることで音声波をつくることができる．

このようにして計算できる母音の伝達関数を周波数領域で示せば，

$$V(s) = \frac{A}{\prod_{}^{N/2}(s-p_n)(s-p_n^*)} \tag{4.11}$$

となる．伝達特性が極のみを持つのでこれを**全極形モデル**(all pole model)という．ここで複素数 $p_n = -\sigma_n + i\omega_n$ が**極**であり，p_n^* は p_n の複素共役で，$f_n = \frac{\omega_n}{2\pi}$ は声道の共振周波数を与える．f_n の最小のものから順に**第1フォルマント**(first formant)，**第2フォルマント**，… という．極は(4.11)式の分母を0にする点であるから，この近傍で $|V(s)|$ は大きくなり山を作る．つまり，各フォルマントの周波数で図4.12のように音声スペクトルにピークが生ずる．

鼻音を生成するときは，鼻腔部分の分岐音響管を加えて母音と同様に計算することができる．また音源が声門以外の部分にある子音の場合も同様で，声道の伝達特性は零点を含み，

$$V(s) = A \cdot \frac{\prod_{}^{M/2}(s-z_m)(s-z_m^*)}{\prod_{}^{N/2}(s-p_n)(s-p_n^*)} \tag{4.12}$$

となる．分子に含まれる z_m が零点であるが，極の場合と同様に，零点の与える周波数を**反共振**(アンチフォルマント，anti-formant)という．反共振の周波数で音声スペクトルには谷が生ずる．

図4.5から声道断面の形状を求め，これらの声道形状に対して声道の伝達特性を(4.11)式から求めると図4.12のようになる．

各母音の特徴は第1，第2フォルマントに現われ，第3フォルマント以上の相違によって母音が区別される例はきわめて稀である．日本語の5母音の第1，第2フォルマントの分布は図4.13のようになる．女性や子供では声道長が短いので，フォルマントも成人男性に比べて高い．母音のフォルマント構造と声道形状の関係を簡潔に表現するには，声道中の狭めの位置と狭めの大きさ，口の開口度の三つのパラメータを用いて各母音の声道形状を表すのが有効であるが，先述した声道形状の統計的分析による調音モデルを用いれば，図4.14のように，フォルマントと調音器官の制御の関係がいっそう明確になる．図4.14(a)では，顎の開閉を表すパラメータ X_J は第1フォルマントに大きく影響し，

142 4 音声の分析と合成

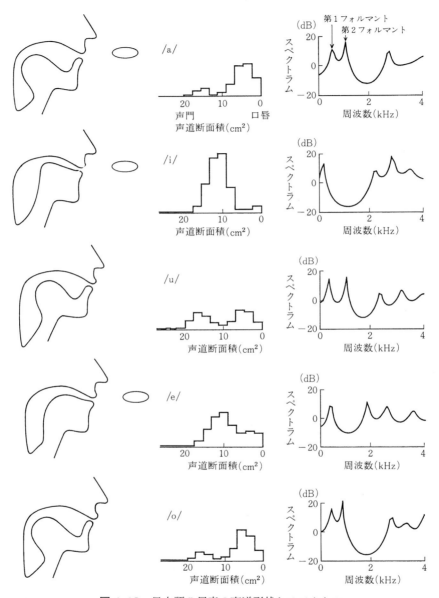

図 4.12 日本語 5 母音の声道形状とスペクトル

4.2 音声生成過程のモデル 143

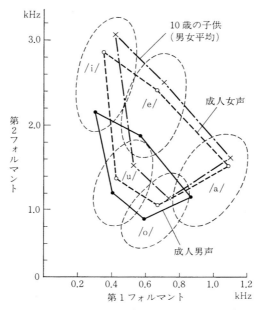

図 4.13 日本語 5 母音のフォルマント分布

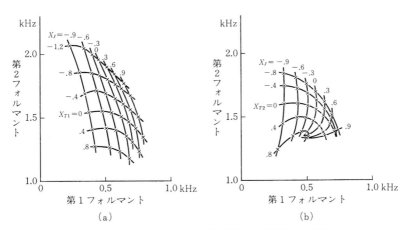

図 4.14 フォルマントと調音器官の制御との関係

舌の主として前後の動きを表すパラメータ X_{T1} の変化は第 2 フォルマントを変化させている．図 4.14(a) で示された第 1，第 2 フォルマント領域は，/i/, /e/, /a/ の領域を含み，これらの母音が X_J と X_{T1} で特徴づけられることがわかる．一方，図 4.14(b) では，顎が閉じている場合ほど，舌の上下の動きを表すパラメータ X_{T2} が第 2 フォルマントを大きく変化させるものの，X_{T2} のフォルマントに対する影響は X_{T1} と X_J に比べて小さいことがわかる．したがって，母音の調音においては，X_J と X_{T1} の二つのパラメータが支配的で，/u/ の調音に X_{T2} が有効に働いていることがわかる．

また逆に，同じ第 1，第 2 フォルマントを持つ母音を発声する調音のやり方はいろいろある．つまり同種の母音を発声する調音は調音パラメータの空間の中である広がりを持つ．したがって，同じ種類の母音でも，それが他の音素と連続して発声されるときには，前後の音素の調音の影響を受けて，様々な調音状態をとることになる．

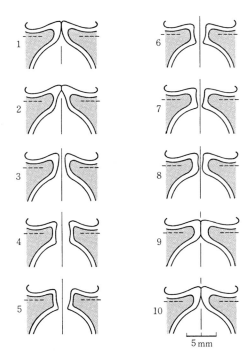

図 4.15　胸声における声帯振動

(d) 声帯音源

有声音の音源は声帯振動である．その振動の様子を横断面で図 4.15 に示す (Hirano 1977)．図中 1 から 10 は 1 周期の間の声帯の動きを示す．呼気流は声帯の開閉動作によって振動的になる．発音の強弱や，胸声（通常の発声），ファルセット（うら声）など呼気圧および喉頭の制御によって，声帯の振動は異なってくる．図 4.16 に示すように，強い声や低い声では，1 周期中で声門の閉鎖期間が長く，急峻な三角波状になる．弱い声や高い声では逆で正弦波に近くなる．このような声帯振動をモデル化した例を図 4.17 に示す (Ishizaka & Flanagan 1972)．このモデルは，声帯を二つの重さをもった部分で表しているので **2 質点モデル** (two mass model) と呼ばれている．それぞれの部分はバネ s，非線形抵抗 r，質量 m で構成され，厚さは d，両部分はバネ k_c で結合されている．P_s は声門下における呼気圧，U_g は流速，P_{11} などは圧力を示す．

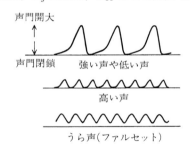

図 4.16 有声音の声帯振動の様子

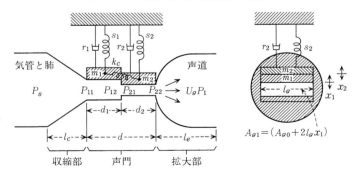

図 4.17 声帯振動のモデル化の例

両部分は声道に対して直角方向の変位 x_1, x_2 のみが許される．声門断面積 A_{gi} は二つの質量の動きによって変化するが，どちらかの質量が壁に衝突すると声門が閉鎖する．

　空気流に対しては，圧力を電圧に，空気流の速度を電流に対応させれば，電気的等価回路で声道をモデル化できる．図 4.18 で，R, L, C は抵抗，インダクタンス，キャパシタンスを表し，R_{ki}, R_{vi}, L_{gi} は A_{gi} の関数である．図 4.18 のように声道の伝達のシステムと声帯モデルの運動方程式を連立させて，コンピュータシミュレーションした結果の例を図 4.19 に示す．この振動の様子は，高速度撮影や逆フィルタ法による観測結果ともよく似ているだけでなく，声帯の緊張度を変えることで，胸声，ファルセットの変化も起こすことができる．

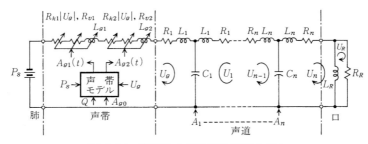

図 4.18　声帯および声道の回路モデル

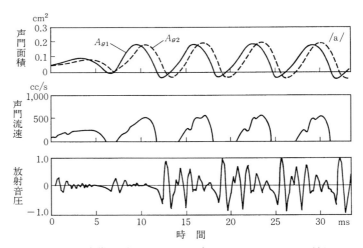

図 4.19　声帯モデルを用いた母音のシミュレーション結果

(e) 子音の音源

子音の代表的音源である摩擦音と破裂音の音源は，声道中に狭めを作り，そこに呼気流が流れるときに生ずる乱流によって発する雑音である．乱流の程度は**レイノルズ数**(Reynolds number)

$$R_e = \frac{Ud}{\nu} \tag{4.13}$$

によって決まる．ここで U は流速，d は狭めの直径，ν は空気の粘性係数である．R_e の値がある値を越えると乱流が生じ雑音が発生するが，その場所は子音によって異なる．[s]と[ʃ]については雑音源が狭めの後に呼気流が衝突する障害物，すなわち上下の門歯の位置に主に存在する．もう一つのタイプの雑音源は硬口蓋摩擦音[ç]と軟口蓋摩擦音[x]の場合で，主に狭めの後方部分で口腔内の硬い壁に沿って分布的に存在する．

これらの雑音源を声道中に設けることで，先の声帯振動モデルも合わせて音

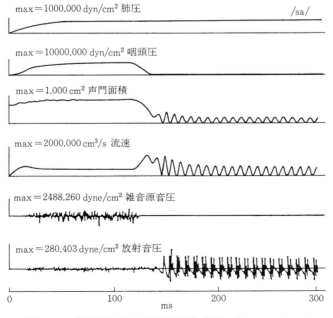

図 4.20 雑音源を加えた音声波生成のシミュレーション

声波の生成をシミュレーションすることができる(白井他 1975). その例を図 4.20 に示す.

4.3 音声の分析法

音声器官によって生成され空気中に放射された音声波を受聴するのであるから, 音声波を適切に分析すれば, 音声によって伝えられている情報はすべて抽出可能なはずである. 音声分析の目的は, 第一に音声生成機構の性質および言語の特質と可能な限り直接的に関連する音声の物理量を明らかにして, その物理的, 統計的性質を示すことであり, 第二には, 音声の持つ重要な情報を損なうことなく情報圧縮して通信したり蓄積する効果的な音声符号化法を見つけることである. 第三は, 音声波の分析に基づいて, 逆に人工的に音声を合成することであり, 第四は言語的な情報の抽出, すなわち音声認識のための分析である. また音声分析は音声の物理的, 統計的性質が人間の受聴とどのような関係にあるか, 言語的情報はどのようにして認知されるかという音声知覚の問題へつながっている.

音声生成の基本的機構は, 音響的には, 声帯音源または子音の雑音源が声道の音響管に加わり口唇あるいは鼻口から放射されるのであるから, 音声分析は, まず母音について考えれば, 声帯振動の基本周波数を抽出することと声道の伝達特性, とりわけ第 1 フォルマント, 第 2 フォルマントの推定が重要になる. ところが, いくつかの音素を連結し単語や文章として実際に発声する際には, 当然, 調音器官は連続した運動をするのであるから, 個々の音素は常に一定した調音方法で発声されるわけではない. したがって, 同じ音素でも前後の音素の影響を受けるので, その組み合わせによって相当異なった音になる. これを**調音結合**(coarticulation)と呼ぶ. また, 調音結合以外にも, 文中で強勢されているか弱く発声されているかも調音に影響するので, 当然, 音響的な差違を生ずる. したがって, 音声の音響的分析の基本は, 音声波の周波数成分が時間的にどのように変化するかを見ることとなる.

(a) スペクトログラム

周波数スペクトルを時間的に記録したものを**スペクトログラム**(spectrogram)

4.3 音声の分析法

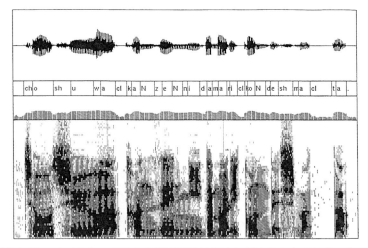

図 4.21 スペクトログラムの例「聴衆は完全にだまりこんでしまった」

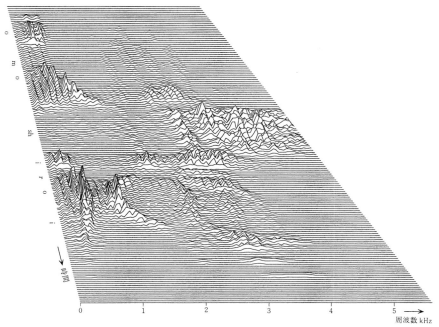

図 4.22 スペクトログラムの立体表示「おもしろい」

と呼ぶ．音声のスペクトログラムを得るには，時間軸を横軸とし，スペクトルの強度を濃淡表示する**サウンドスペクトログラム**(sound spectrogram)が広く用いられてきた．図 4.21 はスペクトログラムの例である．スペクトログラムの縞目の濃い部分が周波数成分が大きいことを示し，各フォルマントの動きがよく見える．また，摩擦音，破裂音などの境も分かるので，音素の継続長なども計測できる．図中の cl は声道のどこかに閉鎖があって音が放射されていない区間を示す．図 4.22 はスペクトログラムの別の表現方法である．スペクトルの強度は山の高さで示されている．

(b) スペクトル分析

ある時間における音声のスペクトルを図 4.23(a) に示す．この図はスペクトログラムのある時刻における断面を示していることになる．ある時刻の音声のスペクトル分析をするということは，その時刻の前後で短時間すなわち 20〜30 ms 程度の長さの音声波を切り出して，その区間の音声に含まれる周波数成分を求めることで，フーリエ変換などの手法が用いられる．この長さの音声区間には，声帯振動の基本周期が二つ以上は含まれているので，スペクトルには基本周波数に対応して周期的な細かい山を生ずる．この細かい山を除いたスペクトル包絡(図 4.23(b))は，声帯振動の基本周波数の成分が除去されて，その時刻における声道の形に対応した音の伝達特性を表している．

スペクトル分析には表 4.1 のように様々な方法があるが，それらはノンパラメトリックな方法とパラメトリックな方法に大別される．**ノンパラメトリックな方法**(non parametric method)は，短時間自己相関関数あるいは音声信号そのものをフーリエ変換する方法が主に用いられる．**パラメトリックな方法**(parametric method)の代表は線形予測分析(LPC)で，音声信号を全極形のモデルに当てはめ，そのモデルのパラメータを推定することでスペクトル分析を行う．

音声信号をデジタル処理するには，まず信号を一定時間間隔 ΔT ごとに数値化する．これを標本化(サンプリング)という．標本化周波数 $f_s \left(= \frac{1}{\Delta T}\right)$ Hz は，分析の対象としたい最高周波数 f_m Hz の 2 倍以上でなければならない．たとえば 4 kHz までの音声を問題とするならば，標本化周波数は 8 kHz で，標本化間隔は 1.25 ms となる．また，このとき標本化する前に，信号はアナログフ

4.3 音声の分析法

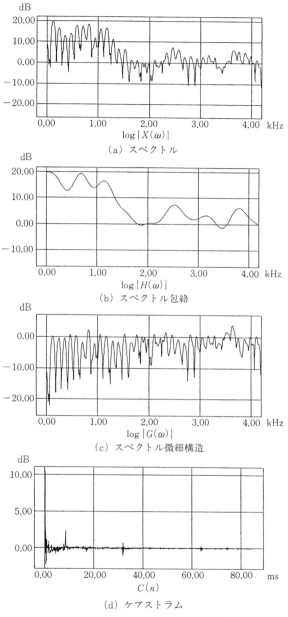

(a) スペクトル

(b) スペクトル包絡

(c) スペクトル微細構造

(d) ケプストラム

図 4.23 母音 /a/ のスペクトル分析

表 4.1 音声スペクトルの主な分析法とその特徴

分析法	パラメータ	特徴
ノンパラメトリック分析		
（i）短時間自己相関分析	$\phi(m)$	スペクトル包絡と微細構造がたたみ込みの形で混在する．計算アルゴリズムが単純でハードウェア化が容易
（ii）短時間スペクトル分析	$S(\omega)$	スペクトル包絡と微細構造が積の形で混在．FFTによれば高速処理可能
（iii）ケプストラム分析	$C(\tau)$	スペクトル包絡と微細構造がケフレンシー領域において近似的に分離できる 2回のFFTと1回の対数変換が必要である
（iv）帯域フィルタバンク分析	フィルタ出力のRMS値	スペクトル包絡の概形が求まる アナログ実時間処理に適する
パラメトリック分析		
（i）合成による分析(A-b-S法)	フォルマント，バンド幅など	モデルの精密化が可能．フォルマントの分析精度が高い．複雑な逐次近似が必要なため，処理時間大
（ii）線形予測分析(LPC)		モデルは全極形スペクトルで単純である モデルの次数に等しい遅れの自己相関関数または共分散から逐次近似によらず推定が可能

ィルタを用いて 4 kHz 以上の信号を除去しておく必要がある．これは，もし 4 kHz 以上の信号が含まれていると，8 kHz で標本化し分析した 4 kHz 以下の周波数領域の結果に，4 kHz 以上の信号成分が影響を与え，誤差を生ずるからである．この現象を**エイリアシング**(aliasing)という．

標本化された時系列から先述したように，一定時間区間切り出す，つまり，N 個のデータを取り出して $x(n)(0 \leqq n \leqq N)$ とする．一つの分析区間，1フレームの長さは $\Delta T \cdot N$ となる．自己相関関数 $\phi(m)$ は

$$\phi(m) = \frac{1}{N} \sum_{m=0}^{N-m} x(n)x(n+|m|) \qquad (|m|=0,1,\cdots,N-1) \quad (4.14)$$

であり，短時間スペクトル $S(\omega)$ は $\phi(m)$ のフーリエ変換で，つぎの式で定義される．

$$S(\omega) = \sum_{m=-(N-1)}^{N-1} \phi(m)(\cos m\omega) \qquad (4.15)$$

$$\phi(m) = \frac{1}{2\pi} \int_{-\pi}^{\pi} S(\omega)(\cos m\omega) d\omega \tag{4.16}$$

ただし，ω は角周波数で実周波数 f Hz との関係は $\omega = 2\pi f$ である．実用上は，$\phi(m)$ を計算せず，時系列 $x(n)$ を直接フーリエ変換することで $S(\omega)$ を求める．このとき，周波数 ω を離散値 ω_k についてのみ計算することにすれば

$$X(k) = \sum_{n=0}^{N-1} x(n) e^{-in\omega_k} \quad (k = 0, 1, \cdots, N-1) \tag{4.17}$$

$$\omega_k = \frac{2\pi k}{N} \tag{4.18}$$

これを**離散フーリエ変換**(discrete Fourier transform，DFT) と呼び，**高速フーリエ変換**(fast Fourier transform，FFT) を用いて効率的に計算できる．パワースペクトル $S(\omega_k)$ は次式で得られる．

$$S(\omega_k) = \frac{1}{N} |X(k)|^2 \tag{4.19}$$

このように，N 個の標本点を切り出してきて1フレームとして音声分析を行うが，切り出し区間の両端における切断の影響を小さくするために，窓関数を乗ずる．代表的な窓関数として，**ハミング**(Hamming)**窓関数** $W_{\mathrm{H}}(n)$ と**ハニング**(Hanning)**窓関数** $W_{\mathrm{N}}(n)$ がある．

$$W_{\mathrm{H}}(n) = 0.54 - 0.46 \cos\left(\frac{2n\pi}{N-1}\right) \tag{4.20}$$

$$W_{\mathrm{N}}(n) = 0.5 - 0.5 \cos\left(\frac{2n\pi}{N-1}\right) \tag{4.21}$$

元の音声の標本値を $x_i(n)$ とすると，窓かけした標本値 $x(n)$ は

$$x(n) = W_{\mathrm{H}}(n) x_i(n) \tag{4.22}$$

となる．

図 4.23 (a) に示した短時間スペクトルから (b) に示したスペクトル包絡と (c) の音源の成分を分離する一つの方法は，**ケプストラム分析**(cepstrum analysis) である．音源のスペクトルを $G(\omega)$，声道のインパルス応答を $H(\omega)$ とすれば，音声のスペクトルの間には

$$X(\omega) = G(\omega) H(\omega) \tag{4.23}$$

の関係がある．したがって

となる．これを逆フーリエ変換したものがケプストラムで

$$C(\tau) = F^{-1}\log|X(\omega)| = F^{-1}\log|G(\omega)| + F^{-1}\log|H(\omega)| \quad (4.25)$$

となる．離散フーリエ変換を用いれば

$$C(n) = \frac{1}{N}\sum_{k=0}^{N-1}\log|X(k)|e^{i2\pi kn/N} \quad (0 \leq n \leq N-1) \quad (4.26)$$

ケプストラム $C(n)$ の横軸は時間の次元を持ち，**ケフレンシー**(quefrency)と呼ぶ．

式(4.25)の右辺の第1項はスペクトルの微細構造で高ケフレンシーにピークとして現われ，第2項は声道特性で低ケフレンシー領域に集中する．したがって，ケプストラムから第1項の成分を除去してフーリエ変換すれば $\log|H(\omega)|$ が求められる．図4.23(b)はそのようにして求められた $\log|H(\omega)|$ の図で，声道内の音の伝達特性を表している．

(c) 線形予測法

線形予測法(linear prediction)は音声のパラメトリックな分析法として広く用いられている．n 時点の標本値 $x(n)$ は $x(n-i)$ $(i=1,2,3,\cdots)$ と無関係ではない．音声波形が連続的であるだけでなく，その音声が /a/ であれば /a/ の波形に応じた関係が $x(n)$ と $x(n-i)$ の間に存在する．線形予測法ではその関係を次式で与える．

$$x(n) = -\sum_{i=1}^{p} a_i x(n-i) + u(n) \quad (4.27)$$

(4.27)式は $x(n)$ をそれ以前の p 個の値で線形予測する形になっているので，線形予測法と言う．パラメータ a_i を**線形予測係数**(linear predictive coefficient)と言う．$u(n)$ は**残差信号**(residual signal)と呼ばれ，予測誤差に相当する．音声信号の標本値間に含まれる相互の依存性が線形予測の部分にすべて含まれれば，残差信号 $u(n)$ の各時点の値は互いに無相関になる．つまり $u(n)$ は白色雑音になる．このとき，音声のスペクトル情報は p 個のパラメータ a_i の値によって表現されている．

このように音声の情報すなわちスペクトルの時間変化は，線形予測係数の時間的な変化によって表現されることになるので，線形予測法は音声通信におけ

る符号化の基本的手法となっており，**線形予測符号化**(linear predictive coding, LPC)と呼ばれている．

予測誤差を $e(n)$ とすると，

$$e(n) = x(n) + \sum_{i=1}^{p} a_i x(n-i) = \sum_{i=0}^{p} a_i x(n-i) \quad (4.28)$$

ただし $a_0 = 1$ である．

分析フレーム中の2乗誤差 $e(n)^2$ の総和を最小にするように a_i を定めると，a_i は次式を満たす．

$$\sum_{i=0}^{p} a_i \sum_n x(n-i)x(n-j) = 0 \quad (4.29)$$

今，$\sum_n$ を考えるのに，1フレームのデータが存在する $n=0$ から $N-1$ までの区間以外で x は 0 として，$-\infty$ から $+\infty$ までとると，

$$\sum_{-\infty}^{+\infty} x(n-i)x(n-j) = \sum_{n=0}^{N-1-|i-j|} x(n)x(n+|i-j|) = \phi(|i-j|) \quad (4.30)$$

となり，自己相関関数となる．したがって，$x(n)$ の自己相関関数を用いて(4.29)式の p 元一次連立方程式を解けば a_i が求められる．この解法を**自己相関法**(correlation method)と呼ぶ．(4.29)式は**正規方程式**または**ユール-ウォーカー**(Yule–Walker)**方程式**と呼ばれているが，(4.29)式の方程式の係数行列は対角線上の値が同じでかつ対称な特殊な形をした行列で**テプリッツ型**(Toeplitz matrix)と呼ばれる．(4.29)式にはレビンソン-ダービンの高速解法が用いられる．(4.29)式で $\sum_n$ について，予測誤差を $[p, N-1]$ の区間で考えると，自己相関法と同様に a_i についての連立一次方程式が導けるが，係数行列の要素が共分散になり，対称ではあるが対角要素は等しくならない．この方法を**共分散法**(covariance method)と呼び，一次方程式はコレスキー分解によって効率的に解けるが，レビンソン-ダービンの方法より計算量が多い．この他，線形予測法には，PARCORやLSPなどの a_i とは等価ではあるが，異なるパラメータ表現と異なる解法が存在する．

(4.27)式を z 変換して，$u(n)$ から $x(n)$ への伝達関数 $H(z)$ を求めると，$u(n)$ は白色化されているので一様なパワースペクトルを持つ．その分散 σ_p^2 は

$$\sigma_p{}^2 = \frac{1}{N}E_p = \frac{1}{N}\sum_{i=0}^{p} a_i \phi(i) \quad (4.31)$$

したがって $x(n)$ のパワースペクトルは

$$S(\lambda) = \frac{\sigma_p^2}{2\pi} \frac{1}{\left|\sum_{i=0}^{p} a_i z^{-i}\right|^2}$$

$$= \frac{\sigma_p^2}{2\pi} \frac{1}{A_0 + 2A_1 \cos\lambda + 2A_2 \cos^2\lambda + \cdots + 2A_p \cos^p\lambda} \quad (4.32)$$

ただし

$$z = e^{j\lambda}, \quad \lambda = \omega\Delta T, \quad -\pi \leqq \lambda \leqq \pi \quad (4.33)$$

$$A_0 = \sum_{i=0}^{p} a_i^2, \ A_1 = \sum_{i=0}^{p-1} a_i a_{i-1}, \ \cdots, \ A_k = \sum_{i=0}^{p-k} a_i a_{i+k}, \ \cdots, \ A_p = a_p \quad (4.34)$$

極周波数は

$$z^p + a_1 z^{p-1} + \cdots + a_p = 0 \quad (4.35)$$

の根 $z_i = r_i e^{j\lambda_i}$ として求められる．

$$\text{極周波数} \quad F_i = \frac{|\lambda_i|}{2\pi\Delta T} \quad (4.36)$$

$$\text{バンド幅} \quad B_i = \frac{\log r_i}{\pi\Delta T} \quad (4.37)$$

このようにして求められた極周波数の中で，B_i/F_i が小さいものを選べば，その F_i はフォルマントに近いものになる．

パラメトリックな分析法には，先に述べた音声生成モデルを用いることもできる．分析対象とする音声を生成する調音パラメータの値を求めるには，合成による分析(A–b–S)法が用いられる(白井・誉田 1978)．

(d) ピッチ抽出

音声のスペクトル分析は，主として声道の音響特性を抽出するものである．もう一つの重要な音声の情報として，声帯振動によって生ずる，基本周波数(ピッチ)の抽出がある．声帯振動は周期的ではあるが，ゆらぎがあり声道特性の影響を受けているので，声帯波だけを分離することは簡単ではない．様々な方法が考えられてきたが，代表的な方法を述べる．

第一は，波形が概周期的であることを利用し，波形処理によりその周期性を検出する．第二は，自己相関関数が周期ごとにピークをとることを利用する．音声波そのものの自己相関や，LPC 分析の残差波形の自己相関関数を用いる変形相関法も広く用いられている．

4.4 音声合成

人間と機械の接する場面が多くなってきて，人間にとって自然で柔軟性のあるインターフェースが強く望まれるようになってきた．音声はこれからのインターフェースの重要な要素であり，とりわけ音声合成技術は比較的古くから応用されてきたが，近年，合成音の品質の向上と同時に声質や話し方のスタイルの制御が可能になるなど，幅広い言語表現をモデル化し合成する研究が進んでいる．

(a) 音声合成方式

音声合成技術は，2 種類に大別される．第一の方法は**録音編集方式**(concatenation of stored speech)と呼ばれるもので，人間が発声した，単語，文節，文章などを録音しておき，これを必要に応じて接続して再生する．駅の構内放送などに広く用いられてきた．決まった形の文章表現だけが用いられる場合には，いくつかの単語を切り替えるだけでよいので，明瞭度の高い高品質の合成音ができる．はめ込んだ単語の接続部分が不自然にならないように録音しておくことが難しいことと，新しい表現を要求されたときには同じ話者が録音を追加しなければならないので，自由度は低い．

録音編集方式と原理的には同じであるが，**分析合成方式**(synthesis by spectral and source parameters)と呼ばれるものもある．これは，音声を蓄積しておく形式が音声波形そのままではなく，分析してスペクトルと音源情報などのパラメータに変換しておき，パラメータから音声を再合成する．音声をパラメータ表現しておく方法は，音声符号化の基本技術であるが，先述の LPC は代表的な方法である．近年，様々な情報圧縮率の音声符号化法が開発されている．圧縮率の低いものは高品質であるが蓄積に要する情報量が大きい．圧縮率の高いものはその逆になるので，用途に応じて適切なものを選ぶ必要がある．

表 4.2 音声合成の諸方式とその特徴

分類	記憶内容	合成単位	具体的方式	情報量
録音編集方式	音声波形	単語, 文節, 文	PCM	64 kbps
分析合成方式	波形パラメータ スペクトルパラメータ	音節, 単語, 文	ADPCM, APC 自然音声素片編集 LPC, CELP	1.6–9.6 kbps
規則合成方式	パラメータ生成規則	単音, 半音節, 音節	自然音声素片編集 スペクトルアナログ, 声道アナログ	50–70 bps

第二の方法は，**規則合成方式**(synthesis by rule)で，一般に単語より小さい音素，音節などの基本単位を結合し，それに韻律情報を付加して音声波を合成する．任意の文章を合成できるので**テキスト音声合成**(text to speech synthesis)とも呼んでいる．しかし，近年，コンピュータのインターフェースとしては，対話形式における音声応答が要求されている．適切な応答文を作成し，適当なタイミングで音声を出力するために，テキスト音声変換とは異なる制御規則が必要となる．

表 4.2 に，音声合成の諸方式とその特徴を示す．

(b) 音声合成システム

音声合成システムの入力の形は図 4.24 のように 2 種類考えられる．一つは機械から出力したい意味内容が与えられる場合で，**概念からの音声合成**(speech synthesis from concept)と呼ぶ．もう一つはテキスト表現された文章を与えられる場合で，**テキスト音声変換**である．前者の場合は，発話意図からまず音声言語表現を作成する過程が存在する．ここでは，音声にする文章の文字または

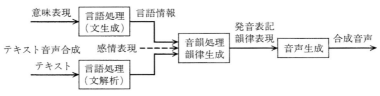

図 4.24 概念からあるいはテキストからの音声合成システムの構成

音素列表現とともに，その発話の韻律に関係してくる内容の強調や感情表現などが指定される．これに対して，日本語のテキスト音声変換であれば，漢字仮名混じりの日本語テキストが与えられるので，まず，そのテキストの解析が必要になる．テキスト解析は，正しい読みと文章として自然な韻律を付与するのに不可欠である．まず**形態素解析**を行い，単語を同定する．単語同定がなされれば，漢字の読みやアクセントなども判明する．また同時に，単語の連接に対して音便化などの音韻規則が適用されて，テキストを音素などの表現に変換することができる．**構文解析**によって文構造を明らかにすれば，単語のアクセントと構文情報によって，ピッチと音声の大きさ，ポーズの長さなどの超分節的特性の制御が可能になる．

概念からの音声合成の場合には，単語や構文情報は文合成時に生ずるので形態素解析などは不必要である．音素列と韻律的情報が与えられると適当な音声波形生成法を用いて音声を生成する．

韻律の制御については，音素の継続長，音源強度，ピッチ周波数を適切に与えることが要求される．音素継続長と強度については統計的な方法によって定量的な検討がかなり可能であるが，ピッチを決める要因は様々で，決定的な解決方法をみつけるに至っていない．単語固有のアクセントは辞書中に与えられ，文節を構成する際のアクセント句のパターンは，ある程度規則化できる．文全体のイントネーションは，構文や意味と関連しており，全体の自然性と了解性すなわち，発話内容の理解の容易さを高める上で重要である．強調や感情表現が関係してくる場合もある．

音声波形の生成は，現状ではフォルマント型と素片編集型の2種類に大別される．**フォルマント型合成器**(formant synthesizer)は，音声生成系のモデルによるもので，母音を生成する声道特性はその伝達関数の極周波数すなわちフォルマント周波数によって特徴付けされ，子音の場合はこれに零点(アンチフォルマント)が加わってスペクトル概形が特徴付けられる．これに声帯音源と子音の雑音源を付加して音声生成モデルを形成する．

一般に，極あるいは零点は，複数の2次のデジタルフィルタあるいは線形予測係数から合成するLPC合成器によって変換するが，声道の形を与えて，その伝達特性から生成する方法もあり，これを**声道アナログ型合成器**(vocal tract analog synthesizer)と呼ぶ．

声道アナログ型では，呼気流や声帯振動，乱流による雑音発声までシミュレーションして，音声を合成することも試みられている．自然性の高い合成音声を得られる可能性があるが，声道形状，声帯，呼気圧の制御が相当困難である．

素片編集型合成(synthesis by concatenation of stored speech units)では，音素や音節など適当な単位で自然音声を蓄積しておき，それを結合して文章を合成する．ここでは，第一に，音声信号をどのような形で表現して蓄積しておき再生するのかという音声符号化の方法が問題となる．一般に，音響情報を符号化した後復号化して再生したとき，原音とできるだけ同じ音として聴取されるほど高品質な符号化法であると言う．音声通信や音声の記録のために，様々な音声の符号化技術が開発されてきたが，それらは波形符号化とスペクトル符号化に大別される．**波形符号化**(waveform coding)は原音声波形をできるだけ忠実に表現することを基準にし，**スペクトル符号化**(spectral coding)は音声情報を短時間スペクトル包絡情報と音源情報に分離する符号化である．音声の規則合成の目的には，次のような条件が必要で，単なる波形符号化では適用できない．

(1) 素片の結合によって接続部に異音を生じたりせず，滑らかで自然な音声を作れる．
(2) ピッチ周波数を自由に変化できる．
(3) 長さと大きさを自由に変化できる．

スペクトル符号化では，音源情報が分離されているから，ピッチ(基本周波数)の変更やスペクトル概形の変形は容易であるが，原音声のピッチから大きく変更すると品質の劣化が大きくなる．したがって現在は多様な調音結合とピッチを持つ音声波形を相当量蓄積しておき，その中から適切な音声素片を選択する方法をとって高品質化を図っている．

(c) 音声合成のためのテキスト解析と音声記号列の導出

日本語テキスト文を音声変換するためには，まず漢字仮名混じり文を音声に対応する音素表記にしなければならない．この過程は形態素解析と音素記号列への変換からなる．

形態素解析(morphological analysis)には辞書と文法が用いられる(本叢書第3巻第2章参照)．音声合成の目的には，文章全体の文解析よりは，文章内での

自立語と付属語の接続が最も重要である．通常，入力文字列の先頭から順に辞書中の単語と照合して，最長一致する単語が取られる．単語が見つかるとその単語に接続可能な語が選択されるので検索は効率的になる．最長一致法だけでは正解が得られない場合があって，その他に，漢字と仮名の境目に語の境界が多く現われることやいくつかの規範が利用される．

図 4.25 に形態素解析の様子を示す．まず，入力文を辞書照合して，すべての可能な単語形態素を抽出し，図 4.25 のような形態素のならび（形態素ラティス）を作る．形態素ラティス上ですべての単語境界が一致するところを**最小分割境界**(minimum disjoint interval，MDI) と呼ぶ．区間内の処理で効率が高まるように，次のような規範を考慮して単語を同定する．

(1) 単語の接続関係(文法上の整合性)
(2) 文節数最小化原理
(3) 最長一致原理
(4) 慣用表現の優先
(5) 漢字表記の優先
(6) 単語の重要度

本	社	で	生	産	や
名詞 本社		格助詞 で	名詞 生産		並列助詞 や
1 接頭語 ほん	1 接尾語 しゃ	2 名詞 で	1 接頭語 なま	接尾語 さん	2 名詞 や
2 名詞 ほん	2 名詞 やしろ	3 動詞 で	2 名詞 せい	名詞 うぶや	

凡例　(候補順)品詞／読み

図 4.25 形態素解析の例

単語が同定されれば読みがわかることになるが，通常の国語辞書の記載のように各単語の平仮名表示の読みが得られただけでは音声を生成するための情報として不十分である．たとえば，「おんせい(音声)」と「おんぱ(音波)」の「ん」(/N/)は，/n/ と /m/ に対応する違いがある．このような撥音 /N/ の後続音韻による変化は規則化できる．また，語が複合すると，後続語の語頭がカ行，

サ行，タ行，ハ行で始まる場合，語頭の清音が濁音になることがある．これを**連濁**と呼ぶ．たとえば，「のぼり」＋「さか」は「のぼりざか(上り坂)」となる．連濁を起こす語と起こさない語は決まっているので，辞書にその情報を記載しておくことができる．

その他，係助詞「は」は /wa/，格助詞「へ」は /e/ と書き替える必要がある．無声子音に挟まれた「い」と「う」は無声化する．つまり，「きせい(規制)」[kisei] の [i] は [i̥] となる．この他にも，ガ行音の鼻濁音化などがある．

一般にこれらの規則には例外も多くみられ，日本語に限らず発音を文字表記から規則に基づいて正しく決定することはたいへん難しい．したがって，辞書を可能な限り完備する以外ないが，必ず辞書に登録されていない未知語が現われるので，これに対処するための規則は必要である．

(d) 韻律制御

日本語テキストから音韻列が導出され，その発声が決まったとすると，次は，各音韻の継続長，音源強度，ピッチの決定が必要になる．

音韻継続長は発話速度や文中の強調個所の指定から決まるものであり，各音韻の了解性を高め，文全体の自然なリズムを作る上で重要である．音韻継続長については，定量的な分析が容易なので，多くの研究がある．母音では /a/, /e/, /o/ が長く，/i/, /u/ が短い．子音の長さは，後続母音の種類によってあまり変わらないが，後続母音の平均的長さは子音によってたいへん異なる．子音部分は /ʃ/ は長く，/r/ は短いが，それに続く母音の平均長は逆に /r/ の場合のほうが長い．図 4.26 を見ると，C(子音) V(母音) の単位の長さはかなり一定になる傾向がある．したがって日本語では，発話のリズムはほぼ等時性を持つモーラの単位によって生み出されていると考えられてきた．モーラは，母音，長音，撥音，促音および子音の付加した母音によって作られる．しかし，実際のデータを見ると，モーラはそれほど等時的ではない．表 4.3 に，音韻継続長に対して関係する要因を示す(佐藤他 1983)．当該音韻と二つの前後の音韻の種類が継続長に大きく影響している．ただし，これらの要因は互いに関連が多いことは注意を要する．音韻継続長の決定の手順は次のようになる(海木他 1990)．

(1) 子音に子音別の固有長を与える．

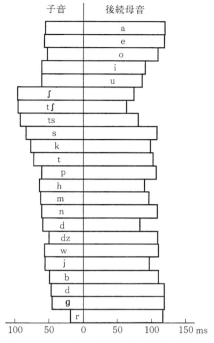

図 4.26 子音と後続母音の継続時間長

(2) 母音に対し，先行および後続子音を考慮して継続長を決める．
(3) 呼気段落内のモーラ数による補正を行う．
(4) 各母音ごとに母音の種類による補正を行う．
(5) 呼気段落の先頭・末尾について補正を行う．

　音源の強度については，声帯音源，子音の雑音源，破裂性の音源に対して自然音声から求められた値を用いて自然なバランスを保つ．ただし，有声音の場合，アクセントと関連してピッチ周波数の大きさは音源強度に強い相関性を持つ．

　単語のアクセントは，文字列から推定できるものではなく，本来その単語に備わったものである．日本語のアクセントは，単語中でピッチ周波数を高くする最後のモーラを**アクセント核**と呼ぶが，この高ピッチに続く低ピッチの相対的関係が安定していることが特徴である．図 4.27 に日本語のアクセント型を示す(秋永 1981)．したがって単語辞書の中にアクセントに関する情報を持つ

表 4.3 音韻継続長に影響を与える要因

影響範囲	観測される音響的特徴	影響要因
当該音韻	音韻固有の平均音韻長，時間長伸縮傾向の相違	各音韻種類の調音上の制約
隣接音韻	隣接音韻間の時間長補償	1モーラ・タイミング
	二つ前後の音韻間の時間長補償	2モーラ・タイミング
単 語	内容語と機能語の差異	伝達情報の重要度
各種発話区分(句，呼気段落)	―	(アクセントなど他の韻律制御との呼応)
	句末の音韻長増加 呼気段落末尾の音韻長増加	発話区分境界の明示
	区分内モーラ数増加に伴う音韻長減少	区分ごとのテンポ
文 全 体	発声全長の長短	発話のテンポ
	文末の音韻長減少	文内の発話位置

必要がある．しかし，文章中では複数の単語が結合して文節を構成し，文節内では単語固有のアクセントがそのまま現われるものではない．助詞や助動詞の結合あるいは接辞や二つの自立語の結合によって複合語を作る場合についてアクセントの生成規則が必要となる．

付属語に関しては，表 4.4 のようにアクセント結合形式を分類するとかなりよく説明できる (佐藤 1989)．￣ はピッチが高くなる部分で，⌐ はアクセント核を示す．支配型は，自立語のアクセントと無関係に，後続する付属語のアクセントになる．不完全支配型は先行語が平板型のアクセントのときだけ付属語アクセントが実現する．従属型では，先行自立語のアクセントが文節のアクセントになる．融合型は不完全支配型とまったく逆で，先行語が平板型のとき文節も平板型となり，先行語がアクセント核を持てば，付属語のアクセントが実現する．融合型の付属語「せる」「れる」「ない」などは動詞性・形容詞性の強い助動詞で，用言と接続しても，融合して元と同じアクセントの動詞，形容詞を形成する．

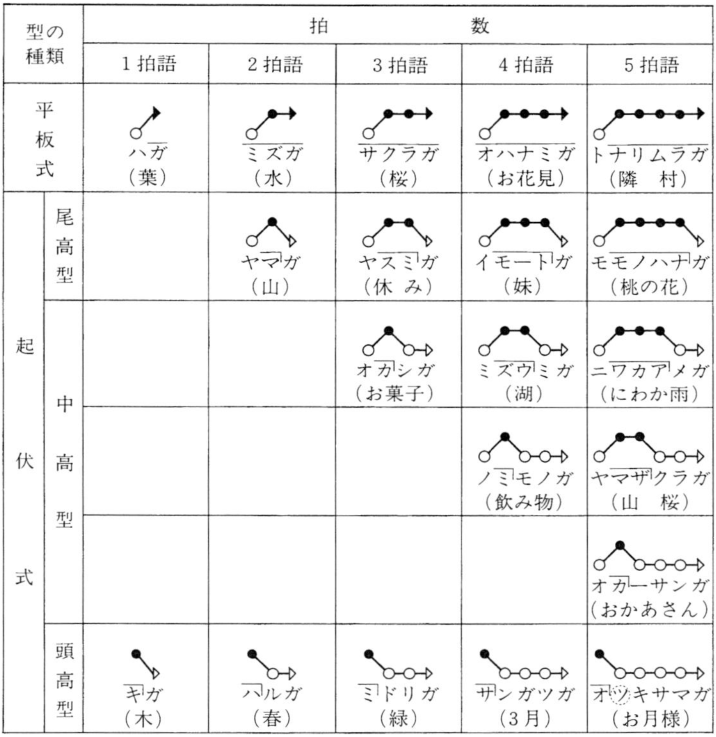

4.4 音声合成

図 4.27 日本語のアクセント型

型の種類		拍数				
		1拍語	2拍語	3拍語	4拍語	5拍語
平板式		ハガ（葉）	ミズガ（水）	サクラガ（桜）	オハナミガ（お花見）	トナリムラガ（隣村）
起伏式	尾高型		ヤマガ（山）	ヤスミガ（休み）	イモートガ（妹）	モモノハナガ（桃の花）
	中高型			オカシガ（お菓子）	ミズウミガ（湖）	ニワカアメガ（にわか雨）
					ノミモノガ（飲み物）	ヤマザクラガ（山桜）
						オカーサンガ（おかあさん）
	頭高型	キガ（木）	ハルガ（春）	ミドリガ（緑）	サンガツガ（3月）	オツキサマガ（お月様）

表 4.4 付属語の結合アクセント

結合型	付属語例	例
融合型	れる，られる せる，させる	たべさせる わらわせる
支配型	ます，まい，たい そうだ(推量)	たべます わらいます
不完全支配型	ようだ，たり そうだ(伝聞)	たべるようだ わらうようだ
従属型	ほど，と，た	たべるほど わらうほど

自立語に複数の付属語が結合する場合には，先頭から順に規則を適用すればよい．

「起きられそうなので」
おきる + られる + そうな + ので
おきられ る + そうな + ので
おきられそうな + ので
おきられそうなので

複合語のアクセント規則の要点は次のようである．

(1) 接辞結合

先行語の最終音節にアクセントを置くもの

あきたけん(秋田県)

と，複合語を平板化するものがある．

せんもんてき(専門的)

(2) 自立語どうしの結合

後続語が平板型か尾高型のとき，後続語の第1モーラにアクセント核が生じる．

おんせい + けんきゅう ⟶ おんせいげんきゅう(音声研究)

後続語が中高型か頭高型のとき，後続語のアクセントが生じる

どうじ + つうやく ⟶ どうじつうやく(同時通訳)

(3) 音韻による規則

アクセント核を担いにくい音韻上に生じたアクセントはずれる．長音，撥音，

表4.5 2モーラ語における自立語と結合語のアクセント

語	自立語アクセント	結合語アクセント	例
むし(虫)	平板	先行語の最終音節	かぶと むし(かぶと虫)
さき(先)	平板	平板化	つとめさき(勤め先)
うた(歌)	尾高	先行語の最終音節	はやり うた(流行り歌)
へや(部屋)	尾高	平板化	こどもべや(子供部屋)
くも(雲)	頭高	保存	にゅうどう ぐも(入道雲)
ひめ(姫)	頭高	先行語の最終音節	かぐや ひめ(かぐや姫)
ペン	頭高	平板化	ボールペン

促音，下降二重母音 /i/ の上のアクセント核は前に一つずれる．

けいさん + き ⟶ けいさ＾んき（計算機）

こう＾がく + しゃ ⟶ こうが＾くしゃ（工学者）

このように複合語のアクセント規則をかなりまとめることができるが，実際はさらに複雑である．例えば2モーラ語についてみると，表4.5のように自立語と結合語でアクセントが異なってくるので，自立語のアクセントからだけでは複合語のアクセントが決まらない．

(e) ピッチパターンの生成

音声の基本周波数の制御は，アクセントを与えて単語の識別を可能にすることや，文の構造や区切りを示して，内容の理解を容易にするだけでなく，全体に自然で聴きやすい音声を生成する上で，非常に重要である．

人間のピッチ制御機構を抽象化し，比較的簡単なモデルで表現しようとするものを図4.28に示す（藤崎・須藤 1971；藤崎 1984；Fujisaki & Hirose 1984）．このモデルは藤崎によって提案されたもので，フレーズ成分（語調成分とも言う）すなわち文の構造や区切りを示す成分とアクセント成分を，それぞれ(4.39)

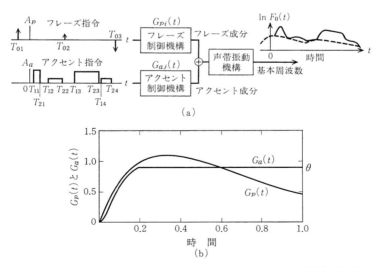

図 4.28 文音声のピッチパターンの生成．(b)はフレーズ指令 $G_p(t)$ およびアクセント指令 $G_a(t)$

式あるいは(4.40)式で表現されるような臨界二次線形系のインパルス応答とステップ応答で表現する方法で，音声合成に広く用いられている．

ピッチ周波数の対数を次式で与える．

$$\ln F_0(t) = \ln F_{\min} + \sum_{i=1}^{I} A_{pi} G_{pi}(t - T_{0i})$$

$$+ \sum_{j=1}^{J} A_{aj}\{G_{aj}(t - T_{1j}) - G_{aj}(t - T_{2j})\} \quad (4.38)$$

ただし，

$$G_{pi}(t) = \begin{cases} \alpha_i^2 t \exp(-\alpha_i t) & (t \geq 0) \\ 0 & (t < 0) \end{cases} \quad (4.39)$$

$$G_{aj}(t) = \begin{cases} \min[1 - (1 + \beta_j t)\exp(-\beta_j t), \, \theta_j] & (t \geq 0) \\ 0 & (t < 0) \end{cases} \quad (4.40)$$

$F_{\min}$ は各話者ごとの最低周波数，I, J はフレーズおよびアクセント指令の総数，A_{pi}, A_{aj} はそれぞれの指令の大きさ，T_{0i} はフレーズ成分の入力時刻，T_{1j}, T_{2j} はそれぞれアクセント指令の開始と終了の時刻である．G_{pi} は，フレーズの山形特性を示しており，それにアクセント成分 G_{aj} が重ねられる．これらのパラメータの値を適当に与えると，図4.29のように，少ないパラメータで実際のピッチパターンをよく表現できる．

もう一つの代表的な制御モデルとして，**点ピッチ**と呼ばれるものも使われて

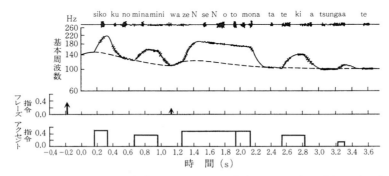

図4.29 ピッチパターン生成モデルによって生成された基本周波数の時間変化
「四国の南には，前線を伴った低気圧があって」

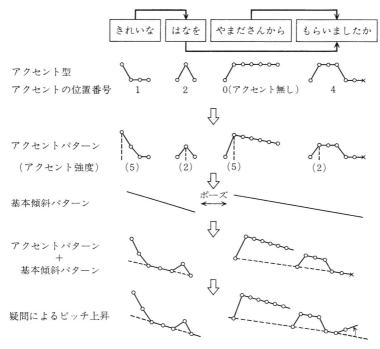

図 4.30　人間のピッチ制御機構のモデル化

いる．このモデルでは，文章全体ではピッチが下降していく傾向になるので，この基本傾斜パターンを直線で，その上に付加されるアクセント成分を台形で表現し，各モーラの中心点のピッチを決定する．

どちらのモデルを取るとしても，元のテキストを解析した結果から韻律制御記号を得る必要がある．現状では，韻律の記号表記法として一般的に用いられているものはなく，それぞれの合成システムの中で決められている．それは図4.30に示すように次のような内容を含んでいる (Sato 1992)．

(1) アクセント核の位置とアクセント指令の大きさ
(2) アクセント句の境界
(3) フレーズ指令の位置と大きさ
(4) ポーズ位置と長さ
(5) 文末のパターン

(f) 音声波形の生成

規則合成方式では，任意の単語の音声を作成できなくてはならないので，単語より小さい日本語の音韻あるいは音素といった基本単位を用意しておき，これを接続して用いることが便利である．音素の単位を用いれば，30～50 種類程度でありその数は少ない．しかし，前後の音素の影響による変形を考慮すれば，より大きい単位で用意しなければならない．これまで，CV（C：子音，V：母音），VCV，CVC などの単位が用いられてきた．日本語では，CV は 100 程度が基本である．VCV 単位では 700～800 程度，CVC ではすべて用意すると 5000 以上になるが，頻度の高いものだけを用意するとして，1300 程度である．

CV 単位　su+pe+ku+to+ru
VCV 単位　su+upe+eku+uto+oru
CVC 単位　sup+pek+kut+tor+ru

英語では，表 4.6 のように，音節の単位では 5000 程度でかなり多い．2 音素の組み合わせ，CV，VC，VV などを単位とするダイフォン（diphone）では 1200，これよりやや大きい半音節（demisyllable）では 1000～3000 程度である．

表 4.6　英語の音声合成単位

単　位	単位の数	分　解　例
単　語	使用単語数	disintegrate
形態素	12000	dis+integr+ate
音　節	5000	dis+in+te+grate
demisyllable	1000–3000	di+is+in+te+gra+ate
diphone	1200	d+di+is+si+in…
音　素	40	d+i+s+i+n+t+e…

小さい単位を接続するほど，前後に来る音韻の影響が大きくなることと，その過渡部分を自然に接続する方法が問題になる．したがって，高品質にするには，CVCV のような長い単位を用いるほうがよいが，当然，組み合わせの数が多くなる．ただし，実際の言語では音韻連接には制約があるので，単語の使用頻度まで考慮に入れれば，それほど多くない数で全体をカバーできる．実文章の統計によれば，日本語の場合，上位 800 個の高頻度音韻連接により，3

連接では80%，4連接では52%，5連接では34%がカバーできる（匂坂 1988）．また，ピッチの影響を考えた2連接の調査例では，CVCV総数33385種中の50%は2700種でカバーされることが示されている．

効果的に音声の単位素片を用意するという問題は，音声合成技術の中で比較的最近さかんに研究がなされている．この問題は，入力音韻列とピッチなどの情報から音声を合成したときに，同じ内容の実音声データと比較して，十分な明瞭度で自然な音声にするため，あるいはより直接的にスペクトル分析を行い，その変化の様子を実音声同様にするためにはどのような単位素片を用意して，いかに接続すればよいかという問題になる．つまり，

(1) 合成単位として何を用意するか

(2) 単位結合部で生ずる接続歪にどう対処するか

(3) 単位を取り出した環境と使用する環境の違いによる差をどうするか

ということになる．

ここで，合成単位を作る上で重要な観点として，合成単位の有効な選択について述べておきたい．代表的な方法に，**COC**(Context Oriented Clustering)**法**がある．COC法では，音韻記号，境界の付けられた学習用音声データを用い，各音がどのような音韻環境によって影響を受けているのかを図4.31のように，トリー状のクラスタリングによって表現する．各音素セグメントクラスタを分別する基準は，それに属する音韻セグメント群に属するデータのスペクトルの分散に基づくので，異音に相当する音素のヴァリエーションは定量的に

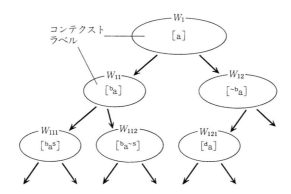

図 4.31　COC法のクラスタリング過程

分類されることになる．図 4.31 は，[a] と表記されたセグメントデータの集合 W_1 が [b] に先行された集合 W_{11} と [b] 以外に先行された集合 W_{12} に分割され，それがさらに先行・後続音韻環境で分割される様子を示す(中島・浜田 1989)．

最近は，一定長の音声単位ではなく，可変長の音声素片を大規模な音声データベースの中から取り出してきて，それを接続することで目的の音韻列を実現する方法も取られている(匂坂 1988, 1995)．どのような音声素片を切り出してきて用いるかは，合成された音声の実音声と比較したときのスペクトルの差と接続部分の不連続性に対する評価尺度によって，目的とする音韻列を合成するのに最適なものが選択される．この方法は，駅構内の列車案内放送などによく用いられている録音編集方式，すなわち合成しようとする定型文章を駅名などの細かい単語や文節などの単位で切って発声し録音しておき，これを接続することで様々な文章を作る方式に近付いてくるが，根本的に異なる点は，任意の文章を合成できることである．

実際の音声波形の生成には，波形編集方式，分析合成方式，フォルマント合成方式と声道アナログ方式がある．

波形編集方式(concatenation of stored speech waveform) 人間の発声した自然音声を先述した音声単位で切り出してきて，その波形を用いる．一つ一つの音声単位は自然発声そのものであるが，この波形に対して，基本周波数の制御，継続時間長の制御を加える必要がある．これらの制御を基本周波数単位で取り出した音声波形について施す TD–PSOLA 法によると，比較的よい品質の合成音が得られる．

TD–PSOLA (time domain pitch synchronous overlap and add) 法は，diphone を用いたフランス語の音声合成のシステムで最初に行われたが，現在は広く使われている(Moulines & Charpentier 1990)．

分析合成方式 自然音声を LPC 法あるいはケプストラム法によって分析し，音声を音源特性と声道特性に分離する．この分析結果を，適当な音声単位で蓄積しておき，接続して用いることで音声合成を行う．基本周波数の変更が容易である．

フォルマント合成方式 音声のスペクトル包絡特性は，声道の周波数伝達特性から生じ，極と零の電気回路で模擬できることを示した．母音のフォルマント周波数を直接与えることができる．百数十個の音節パターンを用意

することで高品質な合成音が得られるが，英語の合成システム Klattalk が代表例である(Klatt 1980)．

図 4.32 にフォルマント合成器のブロック図を示す．声帯振動源は有声音の発生のための音源で，RGP，RGZ，RGS は声門波形に相当するスペクトルを生成するためのフィルタで，AV は声帯音源の大きさを制御する．RNP は鼻音の極，RNZ は鼻音の零点を与える．R_1 から R_5 は第 1 から第 5 フォルマントを形成するためのフィルタである．下側の並列型システムは摩擦音を生成する．乱数発生器から子音発生のための雑音が生ずる．MOD は有声摩擦音を発生するときに，雑音源と声帯音源を混合するのに用いる．AH は帯気の振幅，AF は摩擦の振幅を制御する．A1 から AB は振幅制御，R1 から R6 は共振特性を与えるフィルタである．Klatt のモデルでは 39 のパラメータを用い，そのうち 19 は固定で，残り 20 のパラメータを 5 ms ごとに設定する必要がある．

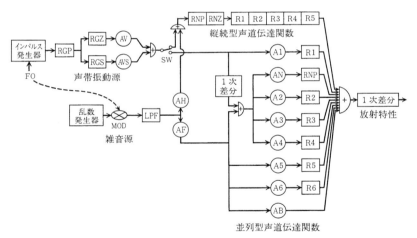

図 4.32 縦続/並列型フォルマント合成器のブロック図

声道アナログ方式 先に声道中の音声の伝播について述べたが，声道形状の制御すなわち調音運動を生成して音声合成する方式で，人間の発声をできるだけ模擬することで自然性を期待できるが，まだ充分なモデルもできておらず調音運動のデータも少ない．

(g) 音声の声質

いろいろな声質の音声を合成したいという要求もある．波形編集方式によれば，ある話者らしい音声を合成することは容易であるが，その望みの話者の音声データを持つ必要がある．望みの話者の少量の音声サンプルのみで，その話者の声質の合成音を作るには，スペクトル包絡の特性をその話者に近付けることや韻律的な特徴を修正する必要がある（阿部 1994）．

(h) 対話音声

音声のテキスト合成は，文章の読み上げである．人間と機械のインターフェースに音声合成を用いる場合は，対話音声を合成する必要がある．対話音声の特徴は，特に韻律面で著しい．一般に基本周波数と発話速度の変化幅が大きいが，一文中の発話速度では，途中で速くなり文末に下降する傾向が見られるなどの特徴がある．その他，合成上では，重要な語句の強調や感情の表現などが問題となる（広瀬 1996；山下他 1993）．

さらに，音声対話システムでは利用者に対して，話題展開，発話表現と発話タイミングの三つの自由を与えることが重要である．これらの自由度を高め，人間どうしの会話に見られる自然さを表現するには，音声認識の高度化が本質的に重要であるが，音声合成の面でもいくつかの問題がある．システム側が質問を発し，人間がそれに答えることを繰り返すシステム主導形の対話システムは，容易ではあるが自然さに欠ける．発話のタイミングを自由にすると，図 4.33 のようにあいづちや割り込みなどが生ずるが，システムと利用者のどちらが今，発話権を持つかが重要になる（菊池他 1994）．この場合の音声合成の役割には，単にテキストを音声に変換するだけでなく，利用者との間で発話権を授受しながら，対話を円滑に進行させることが加わる．

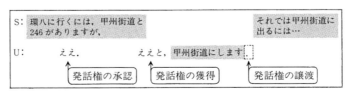

図 4.33 実際の対話における発話権のやりとりの例．陰をつけたところは発話権を持った状態

第 4 章のまとめ

4.1 人間が音声器官をどのように使って音声を生成するのか，また，発声された音声の言語的性質はいかに整理されるのかについて第 1 章から第 3 章までに述べられた．本章は，それらの間の構造的な関係を明らかにする方法とその具体的な例を示すと同時に，その結果を工学的に応用し，音声を人工的に生成する音声合成技術について詳しく述べた．

4.2 1779 年，Kratzenstein は 5 母音の生成の差異が声道の共振特性の違いによることを明らかにしたが，これはサンクト–ペテルブルグの王立アカデミーが出したその年の懸賞問題に対する解答であった．音声生成の物理的側面については，このように古くから研究がなされてきた．しかし，人間が話すように複雑な音声表現を機械的に実現することはきわめて困難で，任意のテキストを充分に理解できる程度の音声に変換できるようになったのは，ごく最近のことである．

4.3 4.2 節ではまず，音声器官の時間的な運動を記述できる調音モデルの構成方法とその制御について述べた．調音状態の表現が可能になると，それから声道形状が決定され，音響的特性が求められ，調音運動にいわゆる音声スペクトルの時間変化の様子を対応できる．また，音声を生成するのに音源はたいへん重要である．喉頭の制御により，様々な声帯振動を生じ，声の大きさと高さだけでなく，声質も変化させることができる．子音の音源は声道形状に関係するから，V_1CV_2 という連鎖で，C は先行母音 V_1 にも後続母音 V_2 にも大きい影響を与える．自然性の高い音声合成には，このような音声生成モデルを調音器官の運動のレベルから用いることが有効と考えられており，そのような試みも始められている．

4.4 4.3 節では音声波の主要な分析法について述べた．声道の変化は，スペクトルの変化に対応するので，スペクトル分析が音声分析の基本となるが，声道特性に声帯音源の周期的特性が重なることが音声の特徴である．

4.5 4.4 節では，コンピュータによる音声合成技術の概略を述べた．テキスト音声変換は，与えられたテキストの言語レベルの処理技術と，人間の実音声に近いと感じられる自然さをもつ音声波を生成する技術の両方の発達によって，高度なものとなってきた．しかし，人間の音声はきわめて多様である．個人差があると同時に同一発声者でも内容，状況により様々な音声を発する．最近の音声合成技術の主要な流れは，音声生成の単純化されたモデルだけで自然性の高い

多様な音声を合成することは困難なので，相当量の人間の様々な音声データベースを持ち，その中から必要な表現に近い音声を見出して，それにならって合成音を作る方法が多く試みられている（匂坂 1995; Sagisaka et al. 1992, 1997）．

4.6　音声合成技術は，コンピュータのヒューマンインターフェース技術として基本的なものであり，親しみを感じられるような音声対話システムの実現は今後の重要課題である（広瀬 1996, 1997）．

5
音声認識

5 音声認識

【本章の課題】

本章では，人間が発声した日本語や英語などの自然言語の音声を機械で認識・理解する方法について述べる．まず5.1節では，音声認識を工学的に実現するための問題点と方法について解説する．5.2節では，音声認識の前処理として，スペクトル包絡の抽出とスペクトルどうしの比較の標準的な方法について述べる．すなわち線形予測による音声分析(LPC)と音声認識に有効な特徴パラメータ(LPCケプストラム)，および特徴パラメータの比較尺度について述べる．

5.3節では音声認識アルゴリズムの基本となっている動的計画法を用いたパターンマッチング法(DPマッチング)について解説する．音声は，同じ単語を発声しても，発声ごとに発声時間長が変動するので，その対処法について述べる．5.4節では現在の音声認識技術の主流になっている確率統計的手法である隠れマルコフモデル(HMM)について解説する．HMMは発声者によるスペクトルの変動や発声時間長の変動に対処できる方法である．音声認識技術は上で述べたLPCによるスペクトル分析，LPCケプストラムによるスペクトル間の比較，DPマッチングによる連続音声認識アルゴリズム，HMMによる音声のモデル化，の統合によって飛躍的に向上した．

一方，音声認識のためには文法や意味の制約を積極的に利用する必要がある．5.5節では文脈自由文法とNグラムによる言語のモデル化を解説する．音声認識の言語モデルは，認識対象候補を絞るために用いられる．このため，統計的な言語モデルがよいことを述べる．5.6節と5.7節では，以上の音声認識モデルと言語モデルを統合した応用システムとして，音声ディクテーションシステムと音声対話システムについて例を用いて解説する．

5.1 音声認識の目的と課題

音声認識(speech recognition)とは人間の発声した音声言語を文字通り正しく機械が認識することで，**音声自動認識**(automatic speech recognition)ともいう．人間が認識する場合は，音声認識というよりも**音声知覚**とか**聞き取り**という．音声認識の研究目的は二つの側面をもつ．一つは，人間の行っている音声知覚過程を機械で実現し，その結果として，人間の音声生成過程や知覚過程を解明するという科学的な側面，もう一つは音声自動認識機械を開発し，それを人間とのコミュニケーション手段として使用するという工学的側面である．本章では主に音声認識の工学的手法について述べる(中川 1988)．

音声言語を人間と機械とのコミュニケーションの手段として用いることの利点は多い．主なものを列挙すると次のようである．

（1） 情報伝達の媒体として，新たな道具を用意する必要がない．
（2） 情報伝達の速度が速い．
（3） 情報の生成に特別な訓練を必要としない．
（4） 感覚器官や行動器官が拘束されない．
（5） 劣悪環境下でも使用できる．
（6） 音声による話者照合の技術と組み合わせることにより，データの機密保護に利用できる．
（7） 安価な電話網の使用ができる．

朗読音声や会話音声はいうまでもないが，表 5.1 に示すように，単語ごとに区切って発声した入力ですら，タイプライタの入力速度と同程度以上であることと，人間の負担や可動性を考慮すれば，情報伝達手段として音声は優れたものであることがわかる．

機械による音声の自動認識の研究は，大きく分けて次のレベルで行われている．

（1） 音韻(音素)・音節の認識
（2） 単語音声の認識
（3） 連続(単語)音声の認識
（4） 会話音声の認識・理解(音声対話)

表5.1　情報入力速度の比較

入力形式		入力速度(語/秒)
音声	朗読	4
	会話	2.5
	単語	1
	音節	0.5
タイピング(熟練者)	英文	1
	和文	0.5〜1
手書き文字入力		0.4
押しボタン入力		0.3 (1.5 数字)
マークセンスカード		0.1 (1 数字)

1語≒5ストローク≒2文字≒3.5音節

(5) 音声タイプライタ(ディクテーション,音声ワードプロセッサ)
(6) 話者認識

単語ごとに区切って発声された孤立単語認識においては,話者による音声パターンの変動(個人差)と前後の音素環境による音声パターンの変動(調音結合),発声時間長の変動による多様化が特に問題となる.連続単語音声や会話音声になると,さらに多様化に拍車がかかる.その理由は次の事実による.

(1) 単語境界が不明確になる(音声には単語間のスペースや句読点に相当するものがない).
(2) 単語境界付近の音が,先行または後続の単語の影響で変形する**調音結合**(word juncture)が起こる.
(3) 単語ひいては単語を構成する各音の継続時間はかなり短くなり,その発音もあいまいなものになりやすい.

さらにニュース音声や会話音声になると,次のことが観測される.

(4) 単語の最後の音韻が伸ばされることがある.
(5) 間投詞や言い淀み,言い直しが発話文中に挿入される.
(6) 意味的には正しくても構文的には誤った発話もある(助詞落ち,助詞誤り,倒置).
(7) 比較的自由であると言われる日本語文の語順がさらに自由になり,断片的に発話される.

5.1 音声認識の目的と課題

(8) ある単語の言い忘れや暗黙の了解などによって，不完全な文となることがある．

これらの事実が，単語音声の認識に比べて連続音声や会話音声の認識を飛躍的に困難にしている．文脈に依存した音の変形は単語の孤立発声の場合にも起こりうるが，それは1単語内に限られ，単語間にまたがることは考慮しなくてよい．したがって，孤立単語の認識システムでは，単語ごと・話者ごとに，上の文脈による音の変形をそのまま保存した標準パターンを用いることによって，調音結合の問題が回避できた．連続音声においては，単語は種々の文脈の中で使用され，それぞれ特有の変形を受けるから，単語単位の標準パターンの作成は実際的でなくなる．当然，連続音声・会話音声に適した手法が必要となる．それは，文脈にあまり依存しない認識単位の選択に関係する．(しかし，このような単位は存在しないので，実際にはコンテキスト別の標準パターン・モデルを用いることになる．例えば，ある音素に対して前後の音素環境ごとに標準パターンを用いる3字組音素(triphone)など．) また，会話音声には，無意味語(「えー」「あのー」などの間投詞や助詞の引き伸ばし)のような会話音声特有の現象や文法を逸脱する発声もあるため，意味主導型の解析法が必要になる．幸いに，会話音声には冗長な情報が含まれているから，これらを援用すれば，限定された世界でなら十分扱える対象となってくる．これがいわゆる**高次言語情報**(high level language knowledge)で，構文，意味，語用論，韻律情報などがある．

一方，音声ワードプロセッサ指向の音声タイプライタでは，機械に正しく認識してもらえるように意識的にていねいに発声されることが期待できるが，タスク(認識対象)をあまり限定することはできない．それゆえ，タスクに依存しない汎用性のある高次言語情報の利用法が要求され，これには一般的にNグラム(5.5節(c)参照)という単語間の連接関係の確率統計モデルが有効である．また，文法的，意味的に正しい文を出力するよりも，できるだけ正しい単語を多く出力したいという別の尺度が要求され，音声理解とは異なったアプローチも必要となる．

音声認識を実現するには，人間の知覚過程を解明し，それを工学的モデルに組み込めばよい．しかし，これがなかなか一筋縄ではいかない．例えば，聴覚末梢系(蝸牛や基底膜，聴覚神経など)モデルとしては様々なものが提案されて

いるが(中川他 1990), 雑音に強いとか DP マッチング(5.3節参照)の認識系には有効とかという一部の有効性は認められているが, 画期的な改善はもたらされていない. これは, 現在主流になっている隠れマルコフモデル(5.4節参照)の認識系が多次元正規分布を基本とする確率・統計的手法であるため, ケプストラム係数(対数スペクトルの直交変換, 5.2節参照)とは相性がよいが, 他の音声の特徴を表わす物理量とは必ずしも相性がよくないこと, 聴覚モデルの出力のように特徴パラメータ数が多くなると扱えないこと, 詳細な時間的情報の取り扱いが十分にできていないことによる.

現在, 音声認識の手法は, 同じカテゴリの時系列パターン集合を表現するモデル(確率モデル, 隠れマルコフモデル)を統計的に推定するアプローチが主流になっている. 図5.1 は, 音声言語理解システムのブロック図を示している. ボックスの上側に, 現在主に用いられている手法を示し, 下側に人間の音声理解手法に基づいたモデルを示す.

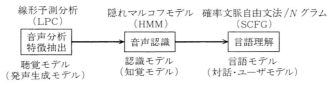

図 5.1　音声言語理解システム

5.2　特徴パラメータとスペクトル距離尺度

音声の物理的特徴を表わすパラメータとして, 短い時間区間(例えば 10 ms)ごとのスペクトルのピークに対応するフォルマント周波数(第 1 フォルマント, 第 2 フォルマント, 第 3 フォルマント)がよく用いられる(4.2節(c)参照). しかし, フォルマントの自動抽出は難しく, しかもスペクトル情報を完全には表現できない(フォルマントから元のスペクトルには逆変換できない). そこで, 音声認識では, 短時間区間ごとにスペクトルを抽出した後, スペクトルどうしを直接比較するのが一般的である(中川他 1990). この短時間区間を**フレーム**(frame)と呼ぶ.

(a) 音声の線形予測分析

音声信号の線形予測モデルは，現時点の標本値 $x(n)$ と，これより過去の p 個の標本値との間に，次のような線形1次結合の関係が成立すると仮定する（4.3節(c)参照）．

$$x(n) = -\sum_{k=1}^{p} a_k \cdot x(n-k) + G \cdot u(n) \tag{5.1}$$

ここで，$u(n)$ は音源波形，G はそのゲインである．この p 個の係数 $\{a_k\}$ を**線形予測係数**（linear predictive coefficient, LPC）という．これを z 変換†で表現すれば，このモデルの**伝達関数**†（transfer function）は次式で与えられる．（時間的に連続な波形に対してはラプラス変換†がよく用いられる．）

$$H(z) = \frac{G}{1 + \sum_{k=1}^{p} a_k z^{-k}} \tag{5.2}$$

この伝達関数は零点（分子の関数の根）が存在しないことから**全極**（all pole，分母の関数にのみ根をもつもの）**モデル**とも呼ばれている．

与えられたサンプル値系列から，観測値とその予測値の誤差を最小にするように係数を決める最小2乗法を用いて $\{a_k\}$ と G が推定できる．

線形予測係数が求まると，パワースペクトル† $P(f)$ は次式から求められる．

$$|H(z)|^2 = \frac{G^2}{|1 + \sum a_k z^{-k}|^2} = \frac{G^2}{|1 + \sum a_k \exp(-j\pi k f / f_{\max})|^2} \tag{5.3}$$

$$10 \log |H(z)|^2 = 20 \log G - 10 \log \left[1 + \sum_{k=1}^{p} a_k \exp\left(\frac{-j\pi k f}{f_{\max}} \right) \right]^2 \tag{5.4}$$

ここで，$z^{-1} = e^{-j\omega \Delta T} = \exp(-j\omega \Delta T)$，$\omega = 2\pi f$，最高周波数 $f_{\max} = 1/(2\Delta T)$ とおいた（$f = 1/\Delta T$ はナイキスト周波数†）．

(5.4)式は，高速フーリエ変換を用いて求めることができる．求めるスペクトルの個数を 2^{L-1} とすると，

$$\alpha = [\underset{1}{\uparrow 1}, \underset{2}{\uparrow a_1}, \underset{3}{\uparrow a_2}, \cdots, \underset{p+1}{\uparrow a_p}, 0, \cdots, \underset{2^L}{\uparrow 0}]$$

をフーリエ変換†し，その実数部を $X(i)$，虚数部を $Y(i)$ とすると，対数パワースペクトルの i 番目のスペクトル値は，

$$P(i) = 20\log G - 10\log[X^2(i)+Y^2(i)] \tag{5.5}$$

で与えられる．ここで，対応する周波数は $i \times f_{\max}/2^{L-1}$ で，$i=0$ は直流成分を表わす．

(b) スペクトル距離尺度

二つの音声どうしの比較のためには音声のスペクトルを表現する二つのベクトル a と b の距離 $d(a,b)$ を定義する必要がある．人間の聴覚を最もよい音声認識装置と見なすなら，人間の聴覚特性を反映した距離尺度が望ましい．例えば，スペクトル上で考えれば，周波数軸は **Bark スケール**(聴覚の周波数分解能に対応する臨界帯域幅を 1 Bark とする軸．ほぼ対数軸に相当)や**メルスケール**(音の高さを表わす心理尺度，図 5.2 参照)，強さの軸はソーンスケール(音の強さの尺度をソーンと呼ぶ)がよい(中川他 1990)．これらは，対数スケールで第一近似できる．また，人間の聴覚はスペクトルのピークに対応するフォルマント周波数に敏感であることから，ピークに重み付けした距離尺度が望ましい．線形予測分析(LPC)はもともと全極モデルで，スペクトルのピークの精度を忠実に求めようとする分析手法であり，人間の聴覚特性に合致している．最近は，線形予測分析によって得られるスペクトルの距離尺度がよく用いられて

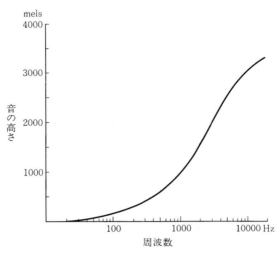

図 5.2 音の高さのメルスケール

いる．

ケプストラム(cepstrum)は対数パワースペクトルのフーリエ変換で定義される(4.3節(b)参照)．音源波形(おおむね三角形の形をした波と一定時間の振幅零の波の統合した ∧── の形の波のピッチごとの繰り返し波形)と声道特性(声道を音響管とみなしたときの伝達特性)を表わすインパルス応答波のたたみ込みが音声波 $\left(s(t) = \sum_{n=0}^{\infty} e(t-n)h(n)\right)$ であるから，音声パワースペクトルは音源スペクトルと声道特性スペクトルの積であり，ケプストラム領域(パワースペクトルの対数のフーリエ変換で定義され，時間軸に戻る)でそれぞれの和として表現される．このことからケプストラム領域では音源特性と声道特性が分離できる性質があり，音声の分野ではよく使われている．特にLPCによって得られるケプストラムを **LPC ケプストラム** と呼んでいる．通常は，低次の10〜14個の係数を用いる．

二つのスペクトル $f(\omega)$ と $g(\omega)$ に対するLPCケプストラムのユークリッド距離(それぞれの係数の差の2乗和) D_{CEP} は，対数スペクトルのユークリッド距離と等価になる性質がある．この性質があるため，LPCケプストラムは音声認識の特徴パラメータとしてよく使われている．

また，聴覚の周波数に関する感度は，図5.2に示すようにメルスケールであるから，スペクトルの周波数軸をメルスケールに変換する方法がよい．

LPCケプストラムをメルスケールに変換して得られる **LPC メルケプストラム** は，現在最もよく音声認識の特徴パラメータとして用いられ，このユークリッド距離もスペクトル距離尺度としてよく用いられている(中川他 1990)．

(c) 動的特徴パラメータ

音韻の音響特徴は，スペクトルの動的な変化に現れている．特に破裂音などの子音は，定常なスペクトルをそもそも持っていない．また，母音や摩擦音などの定常的な音でも，前後の音韻環境(コンテキスト)によってスペクトルは動的に変化する(調音結合)．そこで，音声の動的特徴パラメータが種々提案されている．

時系列パターンには，動的特徴は保存されているが，少し離れたフレーム間におけるスペクトル間の相関はスペクトル距離尺度には直接反映されない．そこで，連続する数フレームのスペクトル時系列(セグメント)の統計量を用いる

方法がある(中川・山本 1996)．しかし，このままではパターンの次元数が多くなりすぎて扱えない．例えば，スペクトルを表わす特徴パラメータの次元が 10 で，セグメント長が 5 フレームであれば，パターンの次元数は 50 になる．そこで，**K–L 展開**(Karhumen-Loeve expansion，分散が最大になる軸を順次求めていく直交変換で，平均値が 0 の観測ベクトルの主成分分析と等価)などで次元圧縮して用いられる．

時刻 t (フレーム t) におけるスペクトル $S(\omega, t)$ と第 n 次のケプストラム $C_n(t)$ には定義から次の関係がある(古井 1986)．

$$\log S(\omega, t) = \sum_{n=0}^{N} C_n(t) e^{-jn\omega} \tag{5.6}$$

これから，

$$\frac{\partial \log S(\omega, t)}{\partial t} = \sum_{n=0}^{N} \frac{\partial C_n(t) e^{-jn\omega}}{\partial t} \tag{5.7}$$

すなわち，対数スペクトルの時間軸方向の軌跡の 1 次微係数(時系列の傾き，速度，回帰係数)はケプストラムの 1 次微係数に相当する．2 次の微係数(時系列の曲率，加速度)についても同様である．したがって，隣接する L フレームのケプストラムの時系列 $\{C_n(t+1), C_n(t+2), \cdots, C_n(t+L)\}$ から，傾きと曲率は直交多項式展開(関数 $f(x)$ を $a+bx+cx^2+\cdots$ で表現すること)の 1 次と 2 次の係数として求められる(Applebaum & Hanson 1991)．

$$\frac{\partial}{\partial t} C_n \doteqdot \frac{\sum_{k=1}^{L} k C_n(t+k)}{\sum_{k=1}^{L} k^2} \tag{5.8}$$

$$\frac{\partial^2}{\partial t^2} C_n \doteqdot \frac{\sum_{k=1}^{L} \left(k^2 - \frac{1}{12}(L^2-1)\right) C_n(t+k)}{\sum_{k=1}^{L} \left(k^2 - \frac{1}{12}(L^2-1)\right)^2} \tag{5.9}$$

動的変化を求める区間長 (L) は約 50 ms〜100 ms 程度がよく用いられている．これらは，Δ ケプストラム，ΔΔ ケプストラムと呼ばれ，音声認識に有効な動的パラメータとして広く用いられている．

5.3 動的計画法を用いたパターンマッチング

音声認識は**パターン認識**(pattern recognition)の一種である．パターン認識の基本は入力パターンと標準パターンの類似性を判定するために**パターンマッチング**(pattern matching)を行うことである．音声パターンの特徴は，同じ単語を発声しても発声ごとに時間長が異なることである．このような性質をもつ音声パターンをどのようにしてマッチングするのか解説する．

(a) 一般の記号列間の距離

二つの系列パターン

$$A = a_1 a_2 \cdots a_i \cdots a_I$$
$$B = b_1 b_2 \cdots b_j \cdots b_J$$
(5.10)

のマッチングを考えよう．ここで，系列の長さ I と J は一般に異なる．マッチングするには，a_i と b_j の記号間の距離(類似度)と A と B の系列間の距離(類似度)を定義しなければならない．**距離関数** D は一般に次の公理を満たす．

(1) $D(A, B) \geqq 0$, $A = B$ のときに限り等号が成立する．
(2) $D(A, B) = D(B, A)$
(3) $D(A, B) + D(B, C) \geqq D(A, C)$

工学的な応用分野では，(2)が成立しなくても習慣的に距離と呼ぶことが多い．さらに，(3)が必ずしも成立しなくても，ほとんどの場合に成立すれば便宜上，距離と呼んでいる．

記号間の定義の例としてタイプミスの例を考えよう．例えば word を誤って ward とタイプしたとすると，o と a の間違いとして，$D(\text{word}, \text{ward}) = 1$ と定義するのが妥当である．しかし，一般には，打ち間違いやすい文字とか特定の文字に打ち間違うとか，偏りのある場合がある．また，二重打ちとか脱字も起こりうる．ここでは，代表的なレーベンシュタイン距離について述べる．これは，A を B に変換する際に記号間の置換に p のコスト，挿入に q のコスト，脱落に r のコストを与えるものである．

a_i と b_j の距離を $d(i, j)$ で表わすことにすると，$a_i = b_j$ のとき $d(i, j) = 0$, $a_i \neq b_j$ のとき $d(i, j) = p$ である．このとき，A を B に変換する方法は図 5.3 に示

すように多数ある．これらのうち，最小コストを A と B の距離と定義しよう．例えば，$D(\text{ward, word}) = \min(p, q+r)$ となる（もし，ward の a を脱落して o を挿入すると word になり，距離は $q+r$）．

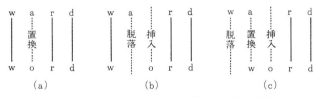

図 5.3 ward を word に変換する方法の例

いま，$a_1 a_2 \cdots a_i$ と $b_1 b_2 \cdots b_j$ の二つの系列間の距離を $g(i,j)$ としよう．$g(i,j)$ は動的計画法(dynamic programming，DP)の最適性の原理(最適政策の部分系列はやはり最適政策になっている)を用いて，次の漸化式で与えられる．

① 初期条件
$$g(0,0) = 0$$
$$g(i,0) = g(i-1,0)+r, \quad i=1,2,\cdots,I$$
$$g(0,j) = g(0,j-1)+q, \quad j=1,2,\cdots,J$$

② $i=1,2,\cdots,I$ に関して④を実行

③ $j=1,2,\cdots,J$ に関して④を実行

④ $$g(i,j) = \min \begin{cases} g(i-1,j)+r \\ g(i-1,j-1)+d(i,j) \\ g(i,j-1)+q \end{cases}$$

⑤ $D(A,B) = g(I,J)$

実際には，様々な応用によって，距離の定義や照合条件が異なってくる．例えば，タイプミスの場合には，このほかに順序の入れ換え(反転)も考慮する必要がある(word を wrod と打ち間違うこともある)．

この場合は，漸化式を次のように変更するとよい．

④′ $$g(i,j) = \min \begin{cases} g(i-1,j)+r \\ g(i-1,j-1)+d(i,j) \\ g(i-2,j-2)+d(i-1,j)+d(i,j-1) \\ g(i,j-1)+q \end{cases}$$

パターン認識では，各カテゴリへ代表する標準系列パターン B_n を用意して

おき，未知系列パターン A に対して，距離が最小となる標準パターンのカテゴリ $\hat{n}$ を認識結果とすればよい．すなわち，

$$\hat{n} = \arg\min_n D(A, B_n) \tag{5.11}$$

ここで，$\arg\min_n f(n)$ は f を最小にする n を意味する．この手法は，動的計画法を用いていることから，**DP マッチング**と呼ばれている．

(b) 音声時系列パターンの認識

二つの音声時系列パターンを

$$\begin{aligned} A &= a_1 a_2 \cdots a_i \cdots a_I \\ B &= b_1 b_2 \cdots b_j \cdots b_J \end{aligned} \tag{5.12}$$

としよう(坂井 1983)．この場合，a_i や b_j は，音声の短時間区間における特徴パラメータを表わし，ベクトル表現である．音声時系列パターンの特徴は，時間的な**非線形伸縮**(母音区間は伸縮しやすく，子音区間は伸縮しにくいなどの一様でない伸縮)が起こり，部分的に伸ばされたり(記号列中の挿入に相当)，縮められて(脱落に相当)発声されることである．しかし，通常は極端に引き伸ばされたり，縮められたりはしないという制限を設ける(整合窓，傾斜制限)．また，レーベンシュタイン距離のコスト p, q, r にかわって，a_i と b_j のベクトル間の局所距離であるスペクトル間の距離 $d(i,j)$ をそのまま用いる．さらに，局所距離の加算回数で A と B の距離を平均局所距離に正規化する．以上より，次の漸化式が得られる．

① 初期条件
 $g(0,0) = 0$
 $g(i,0) = g(0,j) = \infty, \quad i = 1, 2, \cdots, I, \quad j = 1, 2, \cdots, J$
② $i = 1, 2, \cdots, I$ に関して④を実行
③ $j = 1, 2, \cdots, J$ に関して④を実行
④
$$g(i,j) = \min \begin{cases} g(i-1, j) + d(i,j) \\ g(i-1, j-1) + 2d(i,j) \\ g(i, j-1) + d(i,j) \end{cases}$$
⑤ $D(A, B) = g(I, J)/(I+J)$

④で置換誤りに相当する局所距離が 2 倍されているが，これは，いろいろな照

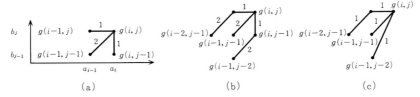

図 5.4　DP パスのコスト関係(DP パスの重み)

合の仕方によっても，局所距離の加算回数が一定になるようにするためである．この関係を図 5.4(a) に示す．

　上式の④では一つの j について多くの i (例えば $i-3, i-2, i-1, i$) と対応づけられることがある．このような極端な伸縮を制限するために傾斜制限(図 5.4(a) の進みうる三つのパスの傾きの制限)を用いてもよい．図 5.4(b) を用いると，引き続いて挿入操作を 3 回以上続けることが禁止される．脱落操作に関しても同様である．つまり，局所的に考えても，時系列パターンが時間的に 3 倍に引き伸ばされたり，1/3 に圧縮されないことを示している．この場合の漸化式は，

$$\text{④} \quad g(i,j) = \min \begin{cases} g(i-2, j-1) + 2d(i-1, j) + d(i, j) \\ g(i-1, j-1) + 2d(i, j) \\ g(i-1, j-2) + 2d(i, j-1) + d(i, j) \end{cases}$$

となる．

　図 5.4(c) は挿入操作のコストを 0 にした場合である．この場合の特徴は，全加算回数が A のパターン長 I になることである．図 5.4(c) の傾斜制限のある場合の漸化式は

$$\text{④} \quad g(i,j) = \min \begin{cases} g(i-2, j-1) + d(i-1, j) + d(i, j) \\ g(i-1, j-1) + d(i, j) \\ g(i-1, j-2) + d(i, j) \end{cases}$$

$$\text{⑤} \quad D(A, B) = g(I, J)/I$$

となる．A を入力パターン(未知パターン)とすると，照合結果の正規化係数(平均局所距離を求めるための係数で，⑤の I に相当)は入力パターン長のみに依存するから，標準パターン長の異なるマッチング結果の比較に適し，連続音声の認識に好都合となる(坂井 1983)．このように時間長の異なる二つのパターン間の非線形伸縮マッチングを**時間正規化マッチング**(dynamic time warping)

と呼ぶ．

最適に照合された結果をたどることは容易である．例えば，新しく (i,j) のペアを記憶する変数 $C(i,j)$ を用意し，④式で

$$\begin{cases} g(i,j) = g(i-1,j) + d(i,j) & \text{なら} \quad C(i,j) = (i-1,j) \\ g(i,j) = g(i-1,j-1) + 2d(i,j) & \text{なら} \quad C(i,j) = (i-1,j-1) \\ g(i,j) = g(i,j-1) + d(i,j) & \text{なら} \quad C(i,j) = (i,j-1) \end{cases}$$

を求めていけばよい．最終座標の $C(I,J)$ からバックトレースしていけば，入力パターンのどのフレームが標準パターンのどのフレームと対応付けられたかという最適な照合パス $\{(i,j)$ の系列$\}$ が得られる．すなわち，

① $i=I, j=J$ として
   $i=1, j=1$ となるまで以下を繰り返す．
② $(i,j) \leftarrow C(i,j)$

(c) 連続単語音声認識の定式化

認識の対象となっている単語を $n\,(n=1\sim N)$ で，その標準パターンを $B(n) = b_1^n b_2^n \cdots b_{J^n}^n$ (J^n は標準パターン $B(n)$ の長さ) で示す．また入力パターンを $A = a_1 a_2 \cdots a_I$ とする．x 個の単語からなる単語列 $\boldsymbol{n} = n_1 n_2 \cdots n_x$ を発声したときのパターンを，標準パターン $B(n_1), B(n_2), \cdots, B(n_x)$ を接続して得られるパターン $B = B(n_1) \oplus B(n_2) \oplus \cdots \oplus B(n_x)$ ($\oplus$ はパターンの接続を示す) によって近似する．

この B を連続単語の標準パターンと考えて，入力パターン A との間で時間正規化マッチングを実行すると，両者の間の距離が求められると同時に，入力パターン A の単語単位のセグメンテーションも行われる．すなわち，標準パターン B の単語境界に相当するフレームと対応する入力パターン A のフレームを単語境界に対応すると解釈できる．単語列 $\boldsymbol{n}$（したがって個数 x も）を変化させたとき，両者の間の距離を最小にするような単語列を認識結果とするわけである．図 5.5 はこの概念図を示している．

このときの距離の最小値を $D(I)$ (I は A の長さ) と書くと，

$$D(I) = \min_{n,x}[D(A, B(n_1) \oplus B(n_2) \oplus \cdots \oplus B(n_x))] \quad (5.13)$$

を与える単語数 $\hat{x}$ および単語列 $\hat{\boldsymbol{n}} = \hat{n}_1 \hat{n}_2 \cdots \hat{n}_x$ を求めようとするのである．

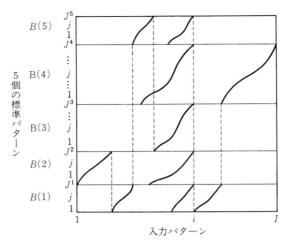

図 5.5 連続単語音声認識の概念図
入力パターンの任意の部分パターンと各標準パターンとが照合される

(5.13)式を総当り法(標準パターンの可能な連結をすべて作成して，そのそれぞれと入力パターンとをマッチングする方法)で解くと N^X (X は入力パターンとマッチングをとる単語列中の最大の単語数)のオーダの DP マッチングの回数を必要とする．そこで，種々の計算量の軽減アルゴリズムが考案された．

入力パターン A の部分パターン $a_{\iota+1}a_{\iota+2}\cdots a_m$ を $A(\iota,m)$ と書く．入力パターン軸方向を進むときだけ重みが 1 となる非対称形の DP パス(図 5.4(c)参照)の性質を用いれば，次の漸化的な表現を得る．

$$D(I) = \min_{n, x, \iota}[D(A(0,\iota), B(n_1) \oplus B(n_2) \oplus \cdots \oplus B(n_{x-1})) + D(A(\iota,I), B(n_x))]$$

$$= \min_{1<\iota<I}[D(\iota) + \min_{n_x}\{D(A(\iota,I), B(n_x))\}] \quad (5.14)$$

上式の誘導は A の任意の部分パターン $A(0,i)$ に対して成立するから，上式の I (入力パターン全体の長さ)は任意の i ($<I$) に置き換えることができて，

$$D(i) = \min_{1<\iota<i}[D(\iota) + \min_{n_x}\{D(A(\iota,i), B(n_x))\}] \quad i = 1, 2, \cdots, I \quad (5.15)$$

ここで，$D(0)=0$ とする．上式を満たす ι, n_x をそれぞれ $C(i), N(i)$ と定義する．すなわち，$N(i)$ は入力音声の A の第 i フレームで終る全区間で DP マッチングがとれた最適単語列の最後尾の単語名，$C(i)$ は $N(i)$ の入力音声パター

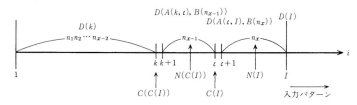

図 5.6 連続単語音声認識アルゴリズムにおける変数間の関係

ンとのマッチング開始フレームの値 $\iota+1$ に対し，一つ前の ι を指し，単語境界フレームに該当する．図5.6はこれらの関係を示している．

(5.15)式は，入力音声パターンが i フレームで終端すると仮定した場合，その最適な単語列(単語数 x)は入力パターンの第 ι フレームまでの最適な単語列(単語数 $x-1$)と，入力パターンのそれに続く $\iota+1 \sim i$ フレームと照合がとれる最適単語を結合させたものであり，(5.15)式の $D(i)$ は ι を可変にした際の最適値を示している．連続単語としての全体の認識結果は，$N(I), N(C(I)), N(C(C(I))), \cdots$ として，最適単語列の最後尾単語名から逆順に求めることができる．また，それぞれの単語境界は $C(I), C(C(I)), C(C(C(I))), \cdots$ として求まる．これを効率よく解くアルゴリズムが考案されている(坂井1983; 中川1988)．

(d) オートマトン制御による連続単語音声認識

自然言語文の音声で代表される連続音声は，協力的・明確に発声された場合は，上述の連続単語音声の場合と同様にパターンマッチング法が適用可能である．ただ単語間の接続に関して構文的・意味制約がある点が異なる．

連続単語音声の場合は，単語間の接続に関しては何も制約がなく，あらゆる単語が接続可能であった．連続音声の場合は，接続できる単語と接続できない単語を区別して処理しなければならない．この関係は状態遷移図で表わすことができ，一般に有限状態オートマトンで表現できる．何の制約もない連続単語音声の認識や桁数指定の連続単語音声の認識は，オートマトン制御による連続単語の認識の特殊な場合である(図5.7参照)．図5.8は簡単なロボットの命令文を生成する有限状態オートマトンである．例えば，状態③では，「歩け」「進め」「1, 2, …」の単語が接続可能である．二重丸印の状態は最終状態を表わし，この状態に達すると，入力は終端しうることを示す．

194　5　音声認識

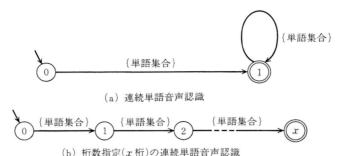

(a) 連続単語音声認識

(b) 桁数指定(x桁)の連続単語音声認識

図 5.7　有限状態オートマトンによる連続単語音声認識の表現

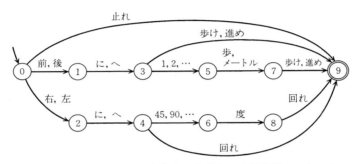

図 5.8　簡単なロボットの命令文を生成する有限状態オートマトン

いま，図の状態③に注目して考えよう．③に達する部分文は，「前に」「前へ」「後に」「後へ」の4通りが考えられるが，これらに後続可能な単語列は共通である．それゆえ，入力パターン $A = a_1, a_2, \cdots, a_I$ のうち語頭からのあらゆる部分パターン $a_1, a_2, \cdots, a_i$ ($i = 1, 2, \cdots, I$) と上記の4通りの単語列に対応する標準パターンの連結(「前に」に対しては，「前」の標準パターンと「に」の標準パターンの連結)との DP マッチング累積距離のうち最小になる結果のみ記憶しておけばよい．非対称形 DP パス(図5.4(c)参照)を用いる場合は，DP マッチング累積距離の累積回数が，考えている入力パターンのフレーム数に等しいから，これらは直接比較できる．これを $D(3, i)$ と記す．

同様に，状態⑤に対応する $D(5, i)$ を計算する手順を考えよう．状態⑤へは状態③から単語「1」，「2」，… を生成して達する．まず，単語「1」を生成する場合を考える．入力パターンの部分パターン $a_{m+1}, a_{m+2}, \cdots, a_i$ と単語「1」の標準パターン $B^1 = b_1^1, b_2^1, \cdots, b_{J_1}^1$ との DP マッチング累積距離は $D(A(m, i), B(1))$

であるから，
$$D(5, i; 1) = \min_m [D(3, m) + D(A(m, i), B(1))] \qquad (5.16)$$
となる．同様に $D(5, i; 2), \cdots$ を求めれば，
$$D(5, i) = \min_n D(5, i; n) \qquad n = 1, 2, \cdots \qquad (5.17)$$
となる．以上のことを形式的に記述しよう．まず，**有限状態オートマトン**(finite state automaton)を定義する．

$\alpha = \langle K, \Sigma, \delta, q_0, F \rangle$

K: 状態 q_i の有限集合 $\{q_i\}$

Σ: 入力単語 n の有限集合 $\{n\}$

δ: 状態遷移関数，$K \times \Sigma \to K$，$\{\delta(q_i, n) = q_j\}$

q_0: 初期状態，$q_0 \in K$

F: 最終状態の集合，$F \subset K$

単語の接続条件がオートマトン α で表現される場合，単語列 $n_1, n_2, \cdots$ がこのオートマトン α に受理されるという条件のもとに(5.13)式を最小化する最適な単語列 $\hat{\boldsymbol{n}}$ を求めるのが問題となる．

通常のオートマトンの認識問題と異なる点は，ある単語が入力の任意の区間と照合されなければならないから，時系列の番号も変数として入ってくる点であり，しかも単に受理，拒否の出力でなく受理可能な度合い(累積距離)が出力される点である．

すなわち，オートマトン制御の連続音声認識問題の定式化は次のようになる．
$$D(q_j, i) = \min_{\iota, q_k, n}[D(q_k, \iota) + D(A(\iota, i), B(n))] \qquad (5.18)$$

ただし，$q_j = \delta(q_k, n)$ の制約があり，これは単語 n によって状態 q_k から状態 q_j へ遷移することを意味する．ここで左辺の $D(q_j, i)$ は，状態 q_j で入力パターンの i フレームが終端するあらゆる単語列のうち最適な単語列(の累積距離)を意味している．上式を満たす $\hat{n}, \hat{\iota}, \hat{q}_k$ によって $N(q_j, i), C(q_j, i), Q(q_j, i)$ が定義され，新たに状態遷移の結果保存のために $Q(q_j, i)$ を定義し，算出しておく必要がある ($N(q_j, i) = \hat{n}$, $C(q_j, i) = \hat{\iota}$, $Q(q_j, i) = \hat{q}_k$)．

認識結果は，$q' = \arg\min_{q \in F}[D(q, I)]$ として $N(q', I), N(Q(q', I), C(q', I)), \cdots$ のようにしてオートマトンで受理される単語列のうち最適単語列が最後尾単語名か

ら逆順に求められる．またそれぞれの単語境界は $C(q', I), C(Q(q', I), C(q', I)),$ …のように求まる．単語の接続に制約のない連続単語認識や，電話番号のように桁数の制限のある連続単語音声認識は，オートマトン制御つきの連続単語音声認識の特殊例とみなせる（図 5.7 参照）．これを効率よく解くアルゴリズムが考案されている（坂井 1983; 中川 1988）．

5.4　隠れマルコフモデル

音声のスペクトルパターンは，発声者によって変動し，また，前後の音素環境（コンテキスト）によっても変動する．さらに，前節で述べたように発声時間長も変動する．このような変動を確率モデルで対処する方法について述べる．

（a）　マルコフモデルと隠れマルコフモデル

通常，パターンマッチングには，二つのパターン間のマッチングのほかに，パターンを生成するモデルと実際のパターンとの適合性を算出することも含めることが多い．本節では，時系列（記号列）パターンの生成を隠れマルコフモデルでモデル化する方法と，これを用いたパターン照合の方法について述べる．

図 5.9 は二つの記号 a, b からなる記号列を生成する単純マルコフモデルと 2

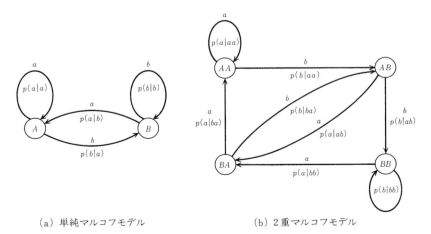

（a）単純マルコフモデル　　　　（b）2重マルコフモデル

図 5.9　マルコフモデルの例

5.4 隠れマルコフモデル

重マルコフモデルを示している．このように，m重マルコフモデルでは，次の記号の生起確率は過去のm個の生起記号によって決定される．また，図5.9のように状態遷移図で表現した場合，各状態からでているすべての遷移がそれぞれ異なった記号を生成する．図5.9(b)の2重マルコフモデルの状態AAとBAおよびABとBBをそれぞれ一つに縮退すると図5.9(a)の単純マルコフモデルとなる．

一般にある情報源を一定個数の状態で近似的に表現する場合には，様々なモデルが考えられる．例えば，図5.9(b)の状態AAとBBおよび，ABとBAをそれぞれ一つに縮退すれば，図5.10のように**隠れマルコフモデル**(hidden Markov model, HMM)になる（通常は条件確率の条件を略して表現する）．一般に隠れマルコフモデルは，mの大きなm重マルコフモデルを任意の状態数に最適に縮退したモデルと考えると理解しやすい（隠れマルコフモデルはm重マルコフモデルに必ずしも変換できない）．隠れマルコフモデルでは，各状態から同じ記号が他の多くの状態に遷移できる．言い換えれば，入力（観測）記号列が与えられても，それを生成する状態遷移系列は一意に決まらない．隠れマルコフモデルの名前の由来は，状態系列が隠れていることからきている．

モデルと入力記号列のマッチングは，入力記号列を生成する確率によって得られる．ただし，可能なすべての状態系列に対して確率を求め，その総和によって定義される．

簡単な例を図5.11に示す．図中のアーク上のスカラー値（[ ]外の値）は状態遷移確率を，アークに付随したベクトル値（[ ]内の値）は，記号$\{a,b\}$の状態遷移による出力確率を示している．すなわち，ベクトルの第1要素がa，第2要素がbの出力確率を示している．例えば，図5.11の状態Aからは0.5の確率で状態Bへ遷移し，この際にaを出力する確率が0.3，bを出力する確率が0.7であることを示している．もし，時点$n=0$で状態（初期状態）がAであった場合に，この情報源から記号系列abを出力する状態遷移は8通りある．それぞれの遷移によってabを生成する確率を$P_1, P_2, \cdots, P_8$とおけば，

$$P_1 = p(A \mid A) \cdot p(a \mid A \to A) \cdot p(A \mid A) \cdot p(b \mid A \to A)$$
$$= 0.2 \times 0.8 \times 0.2 \times 0.2 = 0.0064$$
$$P_2 = p(A \mid A) \cdot p(a \mid A \to A) \cdot p(B \mid A) \cdot p(b \mid A \to B)$$
$$= 0.2 \times 0.8 \times 0.5 \times 0.7 = 0.056$$

$$P_3 = p(A \mid A) \cdot p(a \mid A \to A) \cdot p(C \mid A) \cdot p(b \mid A \to C)$$
$$= 0.2 \times 0.8 \times 0.3 \times 0.5 = 0.024$$
$$P_4 = p(B \mid A) \cdot p(a \mid A \to B) \cdot p(B \mid B) \cdot p(b \mid B \to B)$$
$$= 0.5 \times 0.3 \times 0.3 \times 0.6 = 0.027$$
$$P_5 = p(B \mid A) \cdot p(a \mid A \to B) \cdot p(C \mid B) \cdot p(b \mid B \to C)$$
$$= 0.5 \times 0.3 \times 0.7 \times 0.3 = 0.0315$$
$$P_6 = p(C \mid A) \cdot p(a \mid A \to C) \cdot p(A \mid C) \cdot p(b \mid C \to A)$$
$$= 0.3 \times 0.5 \times 0.4 \times 0.1 = 0.006$$
$$P_7 = p(C \mid A) \cdot p(a \mid A \to C) \cdot p(B \mid C) \cdot p(b \mid C \to B)$$
$$= 0.3 \times 0.5 \times 0.3 \times 0.7 = 0.0315$$
$$P_8 = p(C \mid A) \cdot p(a \mid A \to C) \cdot p(C \mid C) \cdot p(b \mid C \to C)$$
$$= 0.3 \times 0.5 \times 0.3 \times 0.5 = 0.0225$$

ゆえに，記号系列 ab の出力確率 $p(ab)$ は，
$$p(ab) = P_1 + P_2 + P_3 + P_4 + P_5 + P_6 + P_7 + P_8 = 0.2049$$

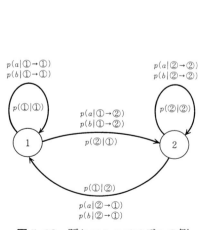

図 5.10 隠れマルコフモデルの例

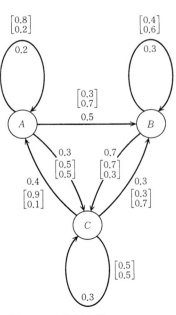

図 5.11 簡単な隠れマルコフモデルの例

となる．

図 5.10 や図 5.11 の隠れマルコフモデルの例は，定常情報源のモデルであり，一般に**エルゴディックモデル**(ergodic model)と呼ばれている．一方，単語を発声した音声のような非定常な時系列パターンの情報源(部分的には定常情報源とみなせるものも含む)のモデルとしては，図 5.12 のような **left-to-right モデル**が用いられる．left-to-right 型隠れマルコフモデルでは，初期状態と最終状態が設けられる．

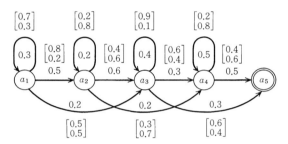

図 5.12 left-to-right 型隠れマルコフモデルの例

いずれのモデルに対しても，以下のようにして出力確率が計算できる．状態遷移系列を $x = x_0 x_1 x_2 \cdots x_T$，それによって生成される出力記号系列を $y = y_1 y_2 \cdots y_T$ ($y = y_0 y_1 \cdots y_{T-1}$ とおいてもよい)としよう．このとき，

$$p(\boldsymbol{y}) = \sum_x p(\boldsymbol{y} \mid \boldsymbol{x}) p(\boldsymbol{x}) \tag{5.19}$$

$$p(\boldsymbol{x}) = \prod_i p(x_i \mid x_{i-1}) \tag{5.20}$$

$$p(\boldsymbol{y} \mid \boldsymbol{x}) = \prod_i p(y_i \mid x_{i-1} \to x_i) \tag{5.21}$$

から，

$$p(\boldsymbol{y}) = \sum_x \prod_i p(x_i \mid x_{i-1}) p(y_i \mid x_{i-1} \to x_i) \tag{5.22}$$

となる．しかし，上述の例でも明らかなように，上式をそのまま計算する場合には，重複する計算が多いので，動的計画法を用いてこれを能率よく計算する．まず，変数 $\alpha(i, t)$ を，$y_1 y_2 \cdots y_t$ を生成して状態 i に達する確率としよう．すなわち，

$$p(y_1 y_2 \cdots y_t) = \sum_i \alpha(i, t) \tag{5.23}$$

$\alpha(i,t)$ の算出アルゴリズムは以下の手順①～④で求められる．

① 初期化　すべての状態 i に対して，$\alpha(i,0) = \pi_i$（状態 i の初期確率）

② $t = 1, 2, \cdots, T$ に対して，ステップ③④を実行

③ すべての状態 i に対して，ステップ④を実行

④ $\alpha(i,t) = \sum_j \alpha(j, t-1) a_{ji} b_{ji}(y_t)$

ここで，a_{ji} は状態 j から状態 i への遷移確率，$b_{ji}(k)$ は状態 j からの状態 i への遷移時に記号 k を出力する確率である．このアルゴリズムは，出力記号系列に対応する時間経過を横軸に，各状態を縦に並べて許される状態遷移を示すトレリス（格子点）の上で考えると理解しやすい．図 5.13 は図 5.11 の隠れマルコフ情報源で出力記号系列が ab の場合のトレリス上での $\alpha(i,t)$ の値を示している．これより，$p(ab) = \alpha(A,3) + \alpha(B,3) + \alpha(C,3) = 0.2049$ となることが理解できよう．

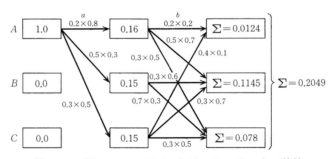

図 5.13　図 5.11 における $p(ab)$ のトレリス上の計算

一方，$p(\boldsymbol{y})$ を厳密に求めないで，モデルが観測記号系列 $\boldsymbol{y}$ を出力するときの最も可能性の高い状態系列 $\boldsymbol{x} = x_{i0} x_{i1} \cdots x_{iT}$ 上での出力確率を使うことも考えられる．図 5.11 の例では，$A \rightarrow A \rightarrow B(P_2)$ がこれに相当する．この対数尤度 L は，次の動的計画法を適用することによって求められる．

① 初期化　すべての状態に対して，$f'(i, 0) = \log \pi_i$

② $t = 1, 2, \cdots, T$ に対して，ステップ③④を実行

③ すべての状態に対して，ステップ④を実行

5.4 隠れマルコフモデル

④ $f'(i,t) = \max\{f'(j,t-1) + \log a_{ji} b_{ji}(y_t)\}$
   $L = \max f'(i,T)$

これは，**ビタビアルゴリズム**(Viterbi algorithm)と呼ばれている．この方法は，厳密に確率を求める方法と比較して，計算量が少ないにもかかわらず，認識精度は同等であることが実験的に確かめられている．このアルゴリズムを採用する場合は前節で述べた記号列間の DP マッチングとほぼ同一の式になっている．

音声パターンのような場合は，観測されるのは有限個の記号ではなく連続値をとる．連続値を有限個のシンボルに記号化するのに通常はベクトル量子化(代表的な有限個のベクトル(コードベクトル)を求めておき，入力ベクトルを一番近接したコードベクトルに変換する方法)の技術を用いる．しかし，特徴パラメータをベクトル量子化などの手法で有限個の記号に変換するのは，量子化誤差などを伴うので好ましくない場合が多い．そこで，連続値のまま扱いたい場合が生じる．

出力値が離散的な値(記号)をとる場合を**離散隠れマルコフモデル**(離散確率分布型隠れマルコフモデル)といい，任意の連続値(スカラー値やベクトル値)をとる場合を**連続隠れマルコフモデル**(連続確率密度分布型隠れマルコフモデル)という．出力確率は，前者の場合は，観測記号のヒストグラムに基づく離散分布で，後者の場合は通常，次式で表わされる多次元正規分布で近似される場合が多い．

$$b_{ij}(y) = \frac{1}{(2\pi)^{n/2}|\Sigma_{ij}|^{1/2}} \exp\left(-\frac{1}{2}(y-\mu_{ij})^t \Sigma_{ij}^{-1}(y-\mu_{ij})\right) \quad (5.24)$$

ただし，実際には $b_{ij}(k)$ は一つの多次元正規分布で表現できないことも多いので次式のような混合分布(mixtured distributions)で近似することが試みられている．

$$b_{ij}(y) = \sum_m \lambda_{ijm} \frac{1}{(2\pi)^{n/2}|\Sigma_{ijm}|^{1/2}} \exp\left(-\frac{1}{2}(y-\mu_{ijm})^t \Sigma_{ijm}^{-1}(y-\mu_{ijm})\right)$$
$$(5.25)$$

これらのモデルのパラメータ(初期状態確率，状態遷移確率，出力確率分布)については効率のよい推定法(F–B アルゴリズムとか Baum–Welch アルゴリズムと呼ばれる)が知られている(中川 1988)．

隠れマルコフモデルは音声認識だけでなく，単語列からの品詞列への変換などの言語処理や文字認識にもよく用いられている．

(b) 音声認識への適用

隠れマルコフモデルを音声認識に適用するには，5.3節で述べた動的計画法を用いたパターンマッチングによる音声認識アルゴリズムをそのまま用いればよい．ただし，パターンマッチングでは入力パターンに対して，累積距離が最小になる標準パターンの連結を求めるのに対し，隠れマルコフモデルでは累積確率が最大になる隠れマルコフモデルの連結を求めることになる．

［例］　隠れマルコフモデルの適用例：言語識別(Ueda & Nakagawa 1990)

自然言語の文字系列や単語系列はマルコフ過程で比較的精度よく近似できることがわかっているから，マルコフ過程の拡張概念である隠れマルコフモデルによっても同じように近似できるはずである．約3万文字からなる英語と日本語のテキストを3状態のエルゴディック型隠れマルコフモデルで表現したものが図5.14である．表示が煩雑になるのを避けるために，母音(a,i,u,e,o)と子音をまとめてそれぞれVとCで表示してある．ただし，アルファベットyは英語では母音のグループに入れた．日本語のqは促音(っ)，xは撥音(ん)を表わしている．日本語の音節構造は子音–母音，子音–拗音–母音，子音–母音–撥音であり，状態2(S_2)が音節の始点になっている．つまり状態2への遷移が音節境界と対応していることがわかる．

この隠れマルコフモデルを用いて，6か国語の識別を行ったのが表5.2である．識別用の文字系列として，パラメータ推定用の3万文字のテキストとは異

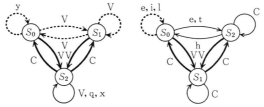

（a）日本語のローマ字列の　　（b）英語のアルファベット列の
　　隠れマルコフモデル　　　　　　隠れマルコフモデル

図5.14　テキスト文字列の隠れマルコフモデルの例
点線は小さい遷移確率，細線は中ぐらいの遷移確率，太線は大きい遷移確率

なるテキスト中の任意の場所から連続する 20 文字と 50 文字を用いた．各モデルにこれらの文字系列を入力し，受理確率が最大となるモデルの言語を識別結果としたものである．単語間のスペースを除去して入力しても，ほぼ同じ結果が得られている．フランス語とイタリア語，フランス語とスペイン語は姉妹語，イタリア語とスペイン語は双子語と言われているにもかかわらず相互に識別できている．これより，50 文字(約 1 文章弱)程度あれば，ほぼ正確に言語が識別できることがわかる．

表 5.2 6 か国語のアルファベット系列による識別

入力＼出力	20 アルファベット系列						50 アルファベット系列					
	英	仏	独	伊	日	西	英	仏	独	伊	日	西
英語	49	1	0	0	0	0	20	0	0	0	0	0
フランス語	1	42	1	2	0	4	0	19	0	1	0	0
ドイツ語	1	1	48	0	0	0	0	0	20	0	0	0
イタリア語	0	1	0	41	0	8	0	0	0	20	0	0
日本語	0	0	0	0	50	0	0	0	0	0	20	0
スペイン語	0	2	0	3	0	45	0	0	0	0	0	20

[例] 隠れマルコフモデルの適用例：音声認識(趙他 1994)

表 5.3 は，日本電子工業振興協会作成の日本語 10 数字音声を，隠れマルコフモデルを用いて認識した結果である．隠れマルコフモデルの学習用データは，50 名が各数字を各 4 回発声したもので，評価用データは，他の 25 名が各数字を各 4 回発声したものである．音声波形のサンプリング(標本化)周波数[†]は 12 kHz，音声分析は 21.33 秒の区間で 14 次の線形予測分析(5.2 節(a)参照)で行い，オーバラップしながら 10 ミリ秒ごとに分析区間をずらしつつ，10 ミリ秒ごとに 10 次の LPC メルケプストラム係数(5.2 節(b)参照)を抽出した．表より，離散確率分布型隠れマルコフモデルよりも連続確率密度分布型隠れマルコフモデルの方が性能がよく，認識に有効な特徴パラメータなどの追加により，認識率は向上し，評価用データで 99% 以上の認識率が得られている．

表5.3 不特定話者の10数字音声認識結果(%)

(a) 離散確率分布型 HMM コードブックサイズは 256

データ	評価用	学習用
状態数 5	93.1	98.8
6	94.5	99.1
7	94.5	99.3
8	93.9	99.3

(b) 連続確率密度分布型 HMM．全共分散行列

データ	評価用			学習用		
混合数	1	2	4	1	2	4
状態数 5	96.6	95.5	96.6	99.2	99.5	99.7
6	96.6	96.1	96.7	99.2	99.5	99.8
7	96.6	96.5	96.6	99.5	99.8	99.8
8	98.3	97.6	97.1	99.5	99.8	99.8

(c) 連続確率密度分布型 HMM．対角行列

データ	評価用						学習用					
混合数	1	2	4	8	16	32	1	2	4	8	16	32
状態数 5	94.0	94.2	94.8	94.9	95.5	94.5	95.4	95.7	97.5	97.2	98.4	98.0
6	95.7	95.0	95.7	95.5	96.2	96.2	96.9	96.9	98.3	97.8	98.6	98.1
7	95.9	96.1	96.1	96.6	96.6	96.7	96.7	97.8	98.2	98.7	99.1	98.8
8	96.1	97.6	96.8	97.2	98.3	96.6	97.6	98.7	99.3	98.3	99.6	99.2

5.5 言語モデル

われわれが通常話している日本語や英語の文は，語彙，構文，意味，語用論の制約を満たしている．このような制約を音声認識に利用する方法について述べる．つまり，発声途中で，次に発声されうる単語を予測し，認識対象語彙を絞る方法である．

(a) 音声言語の確率モデル

入力音声を音声分析・特徴抽出部に通して得られる音声特徴パラメータ(音響パラメータ)の時系列パターン A が与えられたとき，入力音声が単語列 $W = w_1 w_2 \cdots w_n$ である事後確率を $P(W \mid A)$ とする．A が観測されたときは，音声認識装置は次式を満足する $\hat{W}$ を決定しようとする．

$$P(\hat{W} \mid A) = \max_W P(W \mid A) = \max_W \frac{P(W) P(A \mid W)}{P(A)} \quad (5.26)$$

ここで，$P(W)$ は，単語列 W が発声される事前確率であり，言語モデルによって求められる．$P(A|W)$ は単語列 W を発声した場合に，音響パラメータ時系列 A が観測される確率である．また，$P(A)$ は A が観測されうる期待値であり，W には無関係である．つまり，(5.26)式の $\hat{W}$ は次式を満足する．

$$P(\hat{W})P(A|\hat{W}) = \max_W P(W)P(A|W) \quad (5.27)$$

$P(A|W)$ は，5.4 節で述べた隠れマルコフモデルによる単語モデルなどの音響モデルによって求められる．そこで，本節では，言語モデルによる $P(W)$ の算出法について述べる．

$P(W)$ は次式によって表わされる．

$$P(W) = \prod_{i=1}^{n} P(w_i|w_1,w_2,\cdots,w_{i-1}) \quad (5.28)$$

ここで，$P(w_i|w_1,w_2,\cdots,w_{i-1})$ は単語列 $w_1w_2\cdots w_{i-1}$ が発声された後に w_i が発声される確率である．しかし，実際に $P(w_i|w_1,w_2,\cdots,w_{i-1})$ を求めることは困難である．例えば，認識語彙サイズを V とすれば，$w_1w_2\cdots w_{i-1}$ の異なり単語列数は V^{i-1} となり，これらのそれぞれについて確率を求めておくことは不可能である（$V=5000$ とすれば，V^3 は 1250 億通りになる）．そこで，なんらかの方法により $P(w_i|w_1,w_2,\cdots,w_{i-1})$ を近似的に求めざるを得ない．言語のモデル化を考える前に，言語の複雑性の尺度であるパープレキシティについて述べる．

(b) エントロピーとパープレキシティ

エントロピー

言語 L において，単語列 $w_1{}^k = w_1w_2\cdots w_k$ の出現確率を $P(w_1{}^k)$ とすれば，言語 L のエントロピーは次式で定義される．

$$H_o(\text{L}) = -\sum_{w_1{}^k} P(w_1{}^k) \log_2 P(w_1{}^k) \quad (5.29)$$

また，1 単語当りのエントロピーは，

$$H(\text{L}) = -\sum_{w_1{}^k} \frac{1}{k} P(w_1{}^k) \log_2 P(w_1{}^k) \quad (5.30)$$

である．

ある言語モデル M によって $P(w_1{}^k)$ を近似することを考える．言語モデル M

は次のクロスエントロピー(二つの情報源から生起した同一の観測データのエントロピー)をなるべく小さくするものがよい(最小値はエントロピーと等しくなる).

$$-\sum_{w_1^k} P(w_1^k) \log_2 P_M(w_1^k) \tag{5.31}$$

ここで $P_M(w_1^k)$ は言語モデル M による w_1^k の生成確率を表わす.1 単語当りのクロスエントロピーは,

$$\lim_{k \to \infty} -\frac{1}{k} \cdot \sum_{w_1^k} P(w_1^k) \log_2 P_M(w_1^k) \tag{5.32}$$

となる.言語 L がエルゴード性(時間的に離れた観測データどうしは統計的に同じ性質をもつ)のマルコフ過程と仮定できる場合は,

$$\lim_{k \to \infty} -\frac{1}{k} \log_2 P_M(w_1^k) \tag{5.33}$$

となり,長い単語列(訓練サンプル)からクロスエントロピーが推定できる.これより,言語 L の音声認識のタスク(認識対象)をなるべく容易にするためには,長さ k の訓練用単語列から $-\log_2 P_M(w_1^k)$ を最小に,言い換えれば,$P_M(w_1^k)$ を最大にする言語モデルを設計すればよいことになる(最尤推定法).

パープレキシティ

言語 L のエントロピーが $H(L)$ なら,次の単語を決定するのに平均 $H(L)$ 回の yes/no 質問を繰り返さなければならない.言い換えれば,$2^{H(L)}$ 個の等出現確率の単語から 1 単語を決定することになる.これは,情報理論的な意味での平均分岐数であり,**パープレキシティ**(perplexity)と呼んでいる.これを $F_p(L)$ と記せば次式で与えられる.

$$F_p(L) = 2^{H(L)} \tag{5.34}$$

すべての単語について,音響的に認識するのが同程度に困難であると仮定できる場合は,$F_p(L)$ はタスクの複雑度を表わすよい尺度となる.タスクが明確に定義されていれば,パープレキシティは比較的容易に計算できる.

音声認識の場合には,評価用のテスト文が少ない場合においては,テスト文によって認識の難易度に差が生じるので,パープレキシティをそのまま用いるのは好ましくなく,テスト文集合に対するパープレキシティで評価する必要が

ある．これを**テストセットパープレキシティ**と呼ぶ(以下 F_T と記す)．文認識の際に単語が文頭になる確率と文末になる確率を考慮する必要をなくすために「・」から始まり「・」で終ると定義し，入力文を $w_1 w_2 \cdots w_n$ とすると，以下の式で定義される．

$$F_T = \left(\frac{1}{P(w_1 \mid \cdot)} \cdot \frac{1}{P(w_2 \mid w_1)} \cdot \frac{1}{P(w_3 \mid w_1 w_2)} \cdots \frac{1}{P(w_n \mid w_1 \cdots w_n)} \cdot \frac{1}{P(\cdot \mid w_1 \cdots w_n)} \right)^{1/(n+1)} \quad (5.35)$$

単語の出現率を考慮しないで予測される単語数(分岐数)のみを考慮する場合は，$w_1 w_2 \cdots w_{i-1}$ の次に予測される単語数を C_i とすれば，

$$F_T = (C_1 \cdot C_2 \cdot \cdots \cdot C_n)^{1/n}$$

となり，分岐数の相乗(幾何)平均となる．

音声認識率は，音韻認識率で代表される音響モデルの精度と，扱うタスクの規模に対応する言語モデルのパープレキシティの両方と密接に関係がある(中川 1992)．図 5.15 は 1 単語が平均 6 音韻(3 音節)，1 文が平均 8 単語からなっ

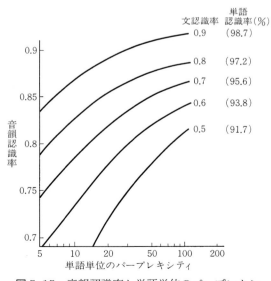

図 5.15 音韻認識率と単語単位のパープレキシティと文認識率，単語認識率の関係

ているとした場合の，音韻認識率と単語単位のパープレキシティ，文認識率(単語認識率の8乗)の関係を示したものである(中川 1998)．

(c) N グラム

$W = w_1 w_2 \cdots w_n$ の生起確率 $P(W)$ は (5.28) 式で与えられた．これを次の m 重マルコフモデル過程で近似しよう．すなわち，

$$P(W) \doteqdot \prod_{i=1}^{n} P(w_i \mid w_{i-m}, w_{i-m+1}, \cdots, w_{i-1}) \qquad (5.36)$$

$$\doteqdot \prod_{i=1}^{n} P(w_i \mid w_{i-2}, w_{i-1}) \qquad (5.37)$$

$$\doteqdot \prod_{i=1}^{n} P(w_i \mid w_{i-1}) \qquad (5.38)$$

$$\doteqdot \prod_{i=1}^{n} P(w_i) \qquad (5.39)$$

(5.36) 式は m 重マルコフモデルによる近似，(5.37) 式は 2 重マルコフモデルによる近似で，通常，trigram モデルと呼ばれている．(5.38) 式は単純マルコフモデルによる近似で，bigram モデルと呼ばれている．(5.39) 式は文脈に独立なモデルで unigram モデルと呼ばれている．$m \geq 3$ の場合はパラメータ数が多くなりすぎてパラメータの推定精度が悪くなるため，通常は $m=2$ か $m=1$ がよく用いられている．$m=2$ の場合で，(w_{i-2}, w_{i-1}) の二つ組を 1 状態に対応させれば単純マルコフモデルになる．(5.37) 式の確率は，次式のように二つ組 (word pair) と三つ組 (word triplet) の出現頻度 $C(w_{i-2}, w_{i-1})$ と $C(w_{i-2}, w_{i-1}, w_i)$ の比によって推定できる(最尤推定法)．

$$P(w_i \mid w_{i-2}, w_{i-1}) = \frac{C(w_{i-2}, w_{i-1}, w_i)}{C(w_{i-2}, w_{i-1})} \qquad (5.40)$$

ところが，語彙サイズが大きいときには，大量の訓練サンプルを用いても，多くの三つ組については，統計量を求めるのに足るほど出現することはなく，上式を用いて精度よく確率を推定することは難しい．そこで，三つ組の出現頻度を平滑化(スムージング)する必要がある．これに対して，(5.40) 式を二つ組，一つ組の内挿によって次式に置き換える．

$$P(w_i \mid w_{i-2}, w_{i-1}) = q_3 \cdot P(w_i \mid w_{i-2}, w_{i-1}) + q_2 \cdot P(w_i, w_{i-1}) + q_1 \cdot P(w_i) \tag{5.41}$$

ここで，$q_1+q_2+q_3=1$ である．これは，$P(w_i \mid w_{i-2}, w_{i-1})$ の推定精度が悪い場合 ($C(w_i w_{i-2}, w_{i-1})$ の数が少ないとき) は $P(w_i \mid w_{i-1})$ によって近似し，さらに $P(w_i \mid w_{i-1})$ の推定精度も悪い場合は $P(w_i)$ によって近似する方法である．その他，様々なスムーズィング法が考案されている．

表 5.4 テストセットパープレキシティ
(VP は句読点などの記号類を発声する場合，NVP はしない場合)

日本経済新聞			Wall Street Journal			
語彙数	言語モデル	テストセットパープレキシティ	語彙数	言語モデル	テストセットパープレキシティ	
					VP	NVP
7000 語	unigram	597	5000 語	unigram	—	—
	bigram	82		bigram	80	118
	trigram	38		trigram	44	68
3万語	unigram	693	2万語	unigram	—	—
	bigram	124		bigram	158	236
	trigram	64		trigram	101	155

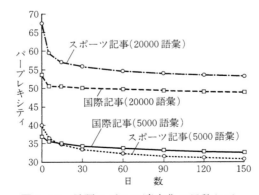

図 5.16 言語モデルの適応化の日数とパープレキシティの関係

表 5.4 は『日本経済新聞』とアメリカの経済雑誌 "Wall Street Journal" の N グラムによる言語モデルの評価を示している (松岡他 1996). 図 5.16 は,『毎日新聞』1991 年 1 月から 1994 年 11 月までの記事で trigram を学習し,さらに, 12 月の直前の何日間分の記事で, 面種別 (国際面, 経済面, 家庭面, スポーツ面, 社会面など 9 面種) に trigram を学習 (適応) させた後の, パープレキシティを示している (赤松・中川 1997). 学習データ数は約 30 万種類の約 9000万形態素からなり, そのうち出現率の高い 5000 種類および 2 万種類の形態素を単語として登録して用いた場合を示している. 全面種で学習した trigram では, パープレキシティは 38 前後 (2 万語彙では約 60 前後) であったものが, 面種別に適応化すると約 32 前後 (2 万語彙では約 53 前後) に減少していることがわかる.

(d) 文脈自由文法

句構造文法と文脈自由文法

文脈自由文法 (context free grammar) は, テキスト入力文の解析によく用いられてきたが, 大規模なテキスト (例えば新聞記事) に対して, これらの文をすべて解析できるような文脈自由文法を構築することは難しい. そこで, 最近は, 文脈自由文法をテキスト集合文から自動的に獲得しようとする研究が試みられている. また, 対象が話し言葉になると, さらに文脈自由文法の構築は一段と難しくなる. 一方, 音声認識の応用を考えると, 構造が比較的簡単で, 語彙サイズが 1000 語以下でも文脈自由文法で十分記述できるタスクが多くあると考えられる (例えば電話番号案内文などは固有名詞が多くなるだけで, 文法は記述しやすい). そのため, 大量の学習データを必要とする N グラムを用いるよりは, 文脈自由文法を用いる方が適切な場合も多い.

句構造文法 (phrase structure grammar) G は四つ組 $G = (V_\mathrm{N}, V_\mathrm{T}, P, S)$ で定義される. ここで V_N は非終端記号の集合, V_T は終端記号の集合, P は書き換え規則 (生成規則, $\alpha \to \beta$ の形, ただし $\alpha \in V^+$, $\beta \in V^*$, $V = V_\mathrm{N} \cup V_\mathrm{T}$) の集合, S は文開始記号である. ここで, V^* は V のすべての連結による列の集合, V^+ は V^* から空集合を除いたものである. 書き換え規則 P に制限をつけることによって, **文脈依存文法** (context sensitive grammar, 条件 $|\beta| \geq |\alpha|$), 文脈自由文法 ($\alpha \in V_\mathrm{N}$), **正規文法** (regular grammar, 条件 $\alpha \in V_\mathrm{N}$, $\beta \in \{V_\mathrm{T} \cup V_\mathrm{T} V_\mathrm{N}\}$) の

三つの型の文法が定義される．文脈自由文法は自然言語を必ずしも完全に生成できないが，自然言語文法（日本語文法，英文法など）のよい近似になっており，自然言語の機械処理によく使用され，不完全な場合は少し拡張された補強文脈自由文法が用いられている．より記述能力の高い文脈依存文法は，計算処理が複雑になりあまり用いられていない．任意の文脈自由文法は次の N. Chomsky の標準形に変換できる．

$$\alpha \in V_{\mathrm{N}},\ \beta \in \{V_{\mathrm{N}}V_{\mathrm{N}} \cup V_{\mathrm{T}}\}$$

これは構文解析木が2分木で表現できることを意味している．

　文脈自由文法の構築は，数十文とか数百文の少量の例文を参照しながら，人手で規則を作成し，テストと評価を繰り返しながら文法を洗練化していくのが普通である．文脈自由文法の構築に大量のテキスト文が利用できる場合は，規則に確率を導入する方が，パープレキシティが小さくなり，音声認識は向上する．

確率文脈自由文法

確率句構造文法(stochastic phrase structure grammar) G_{S} は四つ組 $G_{\mathrm{S}} = (V_{\mathrm{N}}, V_{\mathrm{T}}, P_{\mathrm{S}}, S)$ で定義される．ここで，P_{S} は次の形からなる．

$$\alpha_i \xRightarrow{p_{ij}} \beta_j \quad j = 1, 2, \cdots n_i, \quad i = 1, 2, \cdots, k$$

$$0 < p_{ij} \leqq 1 \quad \text{かつ} \quad \sum_{i=1}^{n_i} p_{ij} = 1 \tag{5.42}$$

これは，$\xi = \gamma_1 \alpha_i \gamma_2$ が上の書き換え規則によって確率 p_{ij} で $\eta = \gamma_1 \beta_j \gamma_2$ に書き換えられることを意味する．**確率文脈自由文法**(stochastic context free grammar, SCFG)も同様に定義される．終端記号列 $W = w_1 w_2 \cdots w_{n-1}$ が文開始記号 S から

$$w_i \xRightarrow{p_i} w_{i+1} \quad i = 1, \cdots, n-1 \tag{5.43}$$

によって導出されるなら，これは確率

$$p = \prod_{i=1}^{n-1} p_i \tag{5.44}$$

で導出されることになる．ただし，右辺の非終端記号のどれを次に書き換えるかは自由度があるので，一番左側の非終端記号を次に書き換えるものとする（最左導出）．一般に，S から終端記号列 W の最左導出が複数個(k個)ある場

合(あいまいな文法)は,各導出率の和で W の導出確率を定義する.すなわち,G_S によって生成される確率言語は,

$$L(G_S) = \left\{ (\boldsymbol{x}, p(\boldsymbol{x})) \mid \boldsymbol{x} \in V_T^*,\ S \stackrel{p_j}{\Longrightarrow} \boldsymbol{x},\ j=1,2,\cdots,k,\ p(\boldsymbol{x}) = \sum_{j=1}^{k} p_j \right\} \quad (5.45)$$

によって定義される.ここで $\Longrightarrow$ は書き換え規則を何回か適用することを意味する.確率文脈自由文法を用いたテキスト文解析では,通常の文脈自由文法を用いた場合に比べて格段に解析結果のあいまいさを減少できることが示されている.また,確率文法に意味情報を組み込む一方法として,単語や書き換え規則の共起確率を導入する方法が提案されている.

訓練用データ(テキスト文)を用いて,文脈自由文法の書き換え規則に付随する確率を推定することを考えよう.もし,文法があいまいでないなら,つまり,同じ入力文に対して複数の構文解析木がないなら,各入力テキスト文に対して,構文解析木が唯一に決定できるから,導出時に適用された各書き換え規則の回数を数え上げることにより,次のようにして $\alpha_i \stackrel{p_{ij}}{\to} \beta_j$ の確率 p_{ij} を推定できる(最尤推定法).

$$p_{ij} = \frac{N(\alpha_i, \beta_j)}{\sum_j N(\alpha_i, \beta_j)} \quad (5.46)$$

ここで,$N(\alpha_i, \beta_j)$ は訓練テキスト文中で,$\alpha_i \to \beta_j$ の書き換え規則が適用された回数を示す.

一方,あいまいな文法の場合は,隠れマルコフモデルの場合と同様,真の導出過程が観測できないため,すべての可能な導出を考慮しなければならない.これは,5.4節で述べた隠れマルコフモデルのパラメータ推定のための F–B (Baum–Welch)アルゴリズムの一般化である Inside Outside (I/O)アルゴリズムによって推定できる(中川 1988).

5.6 音声ディクテーションシステム

口述筆記を自動化したいという夢を実現する技術が音声タイプライタ・音声ディクテーションである.最近,音声認識の技術進歩によって,ていねいに発

声された音声なら高い精度で書き取ることができるようになってきた．

（a） 一般的な考え方

音声ディクテーション（voice dictation）とは，発声したとおりに文字列に変換する装置のことで，音声ワードプロセッサとか音声ディクテーションマシンなどと呼ばれている．必ずしも，連続して発声する必要はなく，単語ごとや文節ごとに区切って発声しても目的にそぐわないわけではない．ただし，日本語の場合，単語の概念が明確でなく，単語単位の発声は実用的でない．また，言語は音節で構成されているので音節単位で区切って発声することも考えられるが，発声が不自然であり好ましくない．

5.3 節で述べた連続単語音声認識で，単語数を無制限にし（実用上は数万語），また有限状態オートマトンを，正しい自然言語（日本語や英語）のみを受理するようにすれば，形式的には音声タイプライタが実現できる．しかし実際には，計算量，有限状態オートマトンの構成の難しさ，認識精度，未登録語の出現などの問題で不可能である．できるだけ一般の日本文だけを受理する文法を構成しようとする試みがあるが，非常に難しい．そこで，正しい文のみ受理するという制限をはずし，なるべく正しい文を受理するということにするとオートマトンの構成は簡単になる．

最もよく用いられる方法は，5.5 節で述べた単語の二つ組，三つ組の有無を用いる方法や（それぞれ word pair（単語対），word triplet と呼ばれている），出現確率を考慮する bigram，trigram を用いる方法である．三つ組の場合を前節のオートマトン制御の連続単語音声認識の定式化として表現すれば，単語対を状態に対応させればよく，

$$D(w_j n, i) = \min_{\iota, w_k}[D(w_k w_j, \iota) + D(A(\iota, i), B(n))] \qquad (5.47)$$

となる（ただし，$w_k w_j n$ の三つ組が存在する場合だけ）．つまり，状態数は，単語数の 2 乗となり，膨大な数になる．そこで，効率的なサーチ法などを採用することになる．一番よく使われているのが，次に述べるビームサーチ法と A* 探索法である．また，実際に三つ組が存在するのは単語数の 3 乗の組み合わせのうちの一部である．しかし，単語数が 1 万語としても 1 兆通りの組み合わせがあり，出現確率などを求めるのに大量のデータが必要になる．そこで，出現

確率の各種のスムージング法や，単語の代りに品詞の三つ組などで代用することなどが試みられている(中川 1988)．

(b) ビームサーチ法と枝刈り

トリーサーチというのは，後続可能な単語候補を連接していくと，トリーの根から葉の向きへ枝の分岐の繰り返し状態になり，この大きなトリーから最適な単語列を効率よく見つけることである．最初に提案された**ビームサーチ**(beam search)**法**は，毎回後続単語を連接して新しく部分単語列(文頭から現在処理している単語までの単語列)を生成した後，部分単語列の数を一定数に絞る方法であった(坂井・中川 1974)．しかし，最近の音声認識アルゴリズムは部分単語列の単語数ごとにではなく，入力パターンの先頭から現在処理しているフレーム(時刻)までの間での候補単語列(単語数はそれぞれ異なる)の中で，最適な一定個数を残す方法や，閾値より大きな候補だけを残す方法である(伊田・中川 1996)．この閾値の絶対値はあらかじめ設定しておくことは難しいので，現在処理しているフレームまでの最適な単語列のスコアからある閾値以内のスコアをもつ単語列候補を残すというような相対的な値を用いている．

(c) A^* 探索法

音声認識処理に最良探索(best-first search，探索状態に対して，評価コストを定義し，コストが最小のものから探索をすすめる方法)を用いることを考えると，各候補の尤度(可能性を表わす確率の対数値)は累積尤度を用いているため異なるフレームでの尤度の比較を単純に行うことはできない．ビームサーチ法は比較する単語列のフレーム数は同一(フレーム同期)なので，このような問題はなかった．

異なるフレームでの尤度の比較の方法として，音声区間全体の推定尤度を求めて比較する方法があり，**A^* 探索法**という(伊田・中川 1996)．図 5.17 に A^* 探索法による候補の比較を示す．A^* 探索法は候補 n の尤度 g_n と未探索区間の尤度の推定値 $\hat{h}_n$ の和を用いて候補 n の音声区間全体の推定尤度 $\hat{f}_n$ を求める．

$$\hat{f}_n = g_n + \hat{h}_n \quad (5.48)$$

未探索区間の推定尤度 $\hat{h}_n$ は，その区間の入力音声に対する真の尤度 h_n に対して，常に

5.6 音声ディクテーションシステム 215

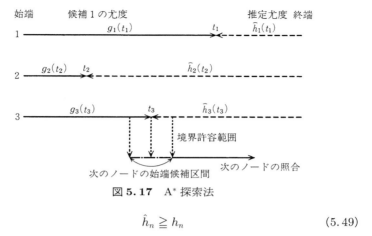

図 5.17 A* 探索法

$$\hat{h}_n \geqq h_n \tag{5.49}$$

が成立しなければならず(認容可能性, admissibility), これによって A* 探索法は最適性を持つ. また, $\hat{h}_n$ は h_n に近いほど展開するノード数が小さいため探索効率がよくなる.

未探索区間の推定尤度 $\hat{h}_n$ は入力終端から後向き計算で得た尤度として求める. これを**後向き尤度**(backward likelihood)という. この方法は音声の入力が終了するまで探索処理を開始できないという問題点があり, これを克服するために推定値を文頭から文末に向かって行う前向き推定尤度 $\hat{g}$ を用いる方法がある(伊田・中川 1996). 未探索区間の尤度推定法としては,

（1） 任意の音声単位(単語・音節・音素)の連鎖に対する尤度
（2） 真の尤度を計算する文法より緩い文法制約による {単語 | 音声 | 音素} 連鎖に対する尤度
（3） 出力確率値として各時刻における最大出力確率値を用いた尤度

などを一般に用いる. 真値を与える制約に近い計算法を用いた方が当然探索効率がよいが, 認容可能性を満たし, かつ真の尤度に近付けるような尤度推定は一般に難しい.

フレーム非同期(比較対象の単語列を構成するフレーム数が同一でなく, フレーム数を1つずつ増やしながら処理する方法でないこと)であるから, 単語間の境界点を漸次的に決定することができない. したがって, 境界点として最もそれらしい(最も評価値が高い)フレームの前後数十フレームに対して次単語への接続を許す. この境界の許容範囲が狭いと最適性が失われる.

A^* 探索法では最適な単語列が順に求められるので，最適な N 個（N-best）を出力することができる．

(d) システム例

ディクテーションシステムは，音声分析・特徴パラメータ抽出，音響・音声モデル，言語モデル，探索アルゴリズムからなると考えてよい．特徴パラメータは 5.2 節 (b) で述べた線形予測分析で得られる LPC メルケプストラム係数とその時間変化を表わす 1 次と 2 次回帰係数（Δ メルケプストラム，ΔΔ メルケプストラム），パワー，Δ パワー，ΔΔ パワーを用いるのが標準である (Gauvain & Lamel 1996)．

音響・音声モデルとしては，任意の大語彙を表現するために音韻（音素）や音節などの音声の基本単位ごとの隠れマルコフモデルを用いることが多い．同じ音韻でもコンテキストによってスペクトルが大きく異なるから，これらをすべて異音（allophone）ととらえ，異音ごとにモデルを作成する．通常は前後の音韻のコンテキストを考慮した triphone が使われる．ただし，triphone の数は多いので，十分な量の学習データが得られないためパラメータの推定が難しくなる．そこでクラスタリングなどの手法を用いて，組み合わせの数を削減している（通常は 1000〜3000 種程度の連続出力確率密度分布）．さらに，パラメータの数を削減するために，隠れマルコフモデルのモデル間にわたって共通に用いることができる状態の出力分布を共通化しながら学習する方法もある．

言語モデルは，5.5 節 (b) で述べた trigram を用いるのが標準である．さらに，パープレキシティを減少するために，一部の慣用句のモデルを用いたり，4 グラムの使用，キーワード（トリガー）に依存した trigram の利用など，様々な試みがあるが，trigram と比べて劇的な効果はない．

探索アルゴリズムは，前項で述べたビームサーチ法や A^* 探索法が基本であるが，処理の高速化のために，処理を 2 段階（2 パス）に分けて行う方法が主流になっている．1 パス目は，比較的簡単な言語モデル（bigram）や音響モデル（コンテキストに独立な少数の音響・音声モデル）で認識をし，N-best の単語列やワードグラフ（単語候補の集合をそれらの連接関係を含めてグラフ構造で表現したもの）・ワードラティス（単語候補を並列に並べたもの）のような単語候補を出力する．2 パス目は，より詳細なモデル（trigram や triphone）を用い

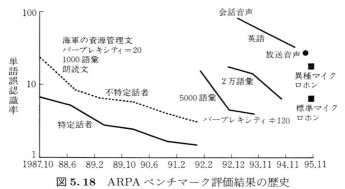

図 5.18　ARPA ベンチマーク評価結果の歴史

て単語候補を再スコアリングして最適な単語列を求める．

　図 5.18 は，アメリカ国防省の研究支援による連続音声認識システムの性能（単語誤認識率）を示している（Price 1996）．語彙サイズが 1000 程度の読み上げ音声では，trigram を用いるとパープレキシティは約 20 であり，単語認識率は不特定話者で 95% 程度，話者ごとに適応化した音響・音声モデル（隠れマルコフモデル）を用いれば約 98% 程度が得られていることがわかる．一方，語彙サイズが 5000 程度になると 92%，2 万程度になると 91% 程度の認識率になることがわかる．また，通常の会話音声の認識は，まだ研究が始まって間がないが，単語認識率は約 70% 前後である．また，音声認識精度は毎年確実によくなっているが，これは大量の音声データベースとテキストデータベースを用いて音響・音声モデルと言語モデルを精密化・洗練化していくことによるところが大きく，認識システムの枠組の変更はほとんどない．

5.7　音声対話システム

　音声言語の目的は，意志の伝達である．話し言葉は書き言葉と違って，言い直し，言い淀み，助詞落ち，述語の欠如などの現象がみられ，言語処理は難しい．これらのあいまいな表現は対話によってインタラクティブに解消されていく．このような音声による対話システム技術について述べる．

(a) システムの構成

音声認識の工学的応用の一つは前節で述べたディクテーションシステムであるが，もう一つの大きな応用はマンマシンインターフェースの手段として音声を用いることである．コミュニケーションを円滑に行うためには，一文の理解にとどまらず，対話を続行し，両者の情報を交換し，新しい知識を得る能力をもたなければならない．これが音声対話システムの目標である．

典型的な音声対話システムの構成図を図 5.19 に示す(中川 1995)．主な構成要素は音声認識・理解部，対話管理部，問題解決部，応答文生成部である．

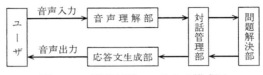

図 5.19 音声対話システムの構成図

音声認識・理解部は，話し言葉特有の現象である助詞落ち，間投詞，倒置，言い直し，言い淀みなどを含む入力音声を正しく認識・理解する部分である．対話管理部は，対話の履歴を管理し(通常はスタックを使用する)，現時点での対話の状態をもとに，次発話の予測や照応・省略表現の解決，不足情報の要求を行うものである．一般に，対話システムは，ユーザの質問に答えるために問題解決部が必要である．さらに，適切なイントネーションも含めた応答文を合成するための文生成部(概念からの音声合成)も必要である．

対話構造の特徴として**グライスの対話協調**(Grice's maxims)の原理(必要なだけの情報を伝える，必要以上の情報は含めない，偽であると信じることは言わない，など)などをもとに対話の管理を行いながら，文脈をもとに意味表現を形成していくのが一般的である．

(b) 自然発話の特徴

対話音声のような自然な発話文は，話し言葉と言われ，書き言葉には現れない様々な現象が観測される．表 5.5 は音声対話で生ずる表現の例を示している(白井・竹沢 1994)．不要語というのは間投詞(感動詞)が主で，何も話さないと(ポーズ)，相手に不自然な印象を与えるのでとりあえず何かを発声するとい

表 5.5 音声対話に生ずる表現の例

現象名	例
言い換え (同内容)	ディズニーランド，東京ディズニーランドです．
言い直し (構文的変化)	晴海通りからまっすぐ行って，行けば有明に着きます．
言い差し (中断)	A: 靖国通りを通って，皇居の周りを走って， B: 晴海通り． A: 銀座を通り抜けて晴海通りに出ます．
あいづち	A: 晴海通りから行く場合にはですね， B: そうですね．
自己調整	早稲田通りで銀座方面まで行きたいので，外苑東まで行って，それから，えっと，じゃあ，とりあえず銀座まで行きます．
不要語	えーと，横浜まで行きたいんだけど．
照応	A: 玉川インターから第三京浜に乗ってください． B: そこは混んでいませんか？
倒置	首都高速のほうが速いよね，速さとしては．
省略	これで行くと，横浜(に着くのは)何時ですか．
文の中断	明治通りは混むから他の方法がいいのだけれど．
助詞落ち	山手通り(を)使う手もあるよね．

う意味で filled ポーズと呼ばれている(「そして」「だから」などのつなぎ語も含む)．もちろん，間投詞によって，話者の心理状態を表現しており，「えーと」なら応答の考慮中・計算中，「あのー」なら応答のための検索中を表現する(田窪 1995)．

しかし，これらの種類を認識し，対話制御に活かすのは非常に難しい．表 5.6 は，10 対話 1052 文中の間投詞の出現頻度を示している(中川・小林 1995)．長母音と短母音の区別はされていないので「あのー」と「あの」は同一の間投詞としてまとめられている．これより，「え」「えと」「あの」「あ」「ま」の 5 種類で全体の 93% をカバーしていることがわかる．同じデータでの分析で，1 文

表 5.6　間投詞の内訳

間投詞	出現数	出現頻度	累積
え	238	22.8(%)	22.8(%)
えと	230	22.0	44.8
あの	207	19.8	64.6
あ	162	15.5	80.1
ま	130	12.4	92.5
えとですね	33	3.2	95.7
ん	9	0.9	96.6
そですね	9	0.9	97.5
その	7	0.7	98.2
こ	5	0.5	98.7
あと	3	0.2	98.9
んと	2	0.2	99.1
は	2	0.2	99.3
その他	7	0.7	100.0

当り間投詞の出現回数は 1.2 回，言い直しは 0.15 回，助詞落ちは 0.09 回，倒置は 0.02 回であり，間投詞の扱いが重要であることがわかる．

このほか，話し言葉の特徴としては，「てしまう」→「ちゃう」，「それでは」→「そりゃあ」，「のだったら」→「んだったら」のような融合形や，「そうだ」→「そうや」のような方言っぽい表現が多く使われる．また，「コソアド」の指示語が多く使われ，文型は比較的単純で，断片的な句の連続が多いなどの特徴もあり，話し言葉特有の音声認識処理や言語理解処理が必要になってくる（森元・村上 1994）．また対話音声では，聞き手の言い差し・割り込みも現れる．

(c)　頑健な音声認識

間投詞などの不要語（ユーザの心理状態まで理解するためには必要であるが，ここでは不必要として扱う）や辞書に登録されていない単語（未知語という）を扱うためには，キーワードやキーフレーズを抽出・認識した後，理解することも考えられるが，これを高精度に行うために，これら以外の部分にキーワードなどが存在しないことを確認することが要求され，語彙サイズが増えるとこのアプローチは難しくなる．つまり，キーワード以外の部分も正しく認識できな

いと全体の精度が向上しない．

　間投詞に関しては，音声認識システムでは一般に冗長語(不要語)とみなされ，意味理解に用いられることはほとんどない．しかし，実際に対話で観測される間投詞の単語の種類はかなり多い(100種類以上)上に発音があいまいな場合が多いので，音声認識ではそのような問題に対処できるようなアプローチを考える必要がある．そこで，多様な間投詞の単語のほとんどを未知語として処理する冗長語処理について述べる．言い直しや言い淀みなどの不要語も同様に扱うことができる．図5.20にその原理を示す(甲斐・中川1997)．この手法では，あらかじめ言語モデルにおいて間投詞の出現を仮定するだけでよい．表5.6で示したように，ごく少数の間投詞の単語が非常に多く現れるので，そのような単語だけ特別に辞書登録することも可能である．

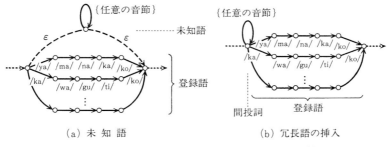

図 5.20　未知語・冗長語処理のための言語制約

　文脈自由文法の構文規則を用いた連続音声認識システムを例として，未知語処理の実現方法について述べる．認識のための言語的な制約を文脈自由文法で記述する場合，助詞落ちや倒置表現に対処できるように従来の文法の制約を緩めた記述をする必要がある．未知語や冗長語は，書き換え規則の中で一つの特殊な終端記号(未知語)を用いて記述しておく．例えば表5.7のような書き換え規則を追加する．間投詞を表わす非終端記号INTJは，さらに書き換え規則の任意の位置，特に文頭や文節の境界部分に挿入される．

　音声認識の処理では，「未知語」を表わす単語仮説を照合する場合に，特別に未知語のモデルに従って音声との照合を行う．ここでは，未知語のモデルとして任意の音節連鎖を考えるので，未知語の照合には5.3節(c)で述べた手法に基づく連続音節認識法を用いる．この場合，未知語の照合に用いる音響的モデ

表 5.7 未知語・冗長語処理のための文法の例

文頭の間投詞の挿入のため	湖に関する未知語の扱いのため
S → INTJ S	p-place → 富士五湖
INTJ → intj	p-place → 山中湖
INTJ → ε	p-place → 河口湖
intj → ％	p-place → ％

ε は空集合，％は未知語・冗長語を表わす特殊な記号で，任意の音節系列で表現される．

ルが単語を構成する音響的モデルと同じであるならば，未知語の照合のスコアは登録されている単語の照合スコアより常に高くなる（未知語の場合は，任意の最適な音節系列で表現するため）．そこで，未知語の照合スコアにはペナルティとしてのスコアを与える必要がある．未知語としてのペナルティつきの照合スコアと登録単語のスコアを比較し，前者の方がよければ，この部分は未知語であると判断すればよい．

(d) 頑健な意味理解

前節で述べた音声認識法で，発声されたとおりに認識できても，正しく意味理解するのは難しい．ましてや音声認識の誤りも含まれていることを考慮しなければならない．一般には，以下のような解析法が試みられている（河原・松本 1995）．

(1) **部分解析法**（partial parsing） 全体の解析に失敗した場合に，部分的に得られた句や節に対応する断片的解析結果を用いて，全体の意味を抽出する方法．

(2) **制約緩和法**（relaxation） 通常の解析で失敗した場合に，部分的に制約（主に文法の制約）を緩めて解析をし直す方法．

(3) **意味主導法**（semantic driven） 意味的な情報を構文情報より優先し，キーワードやキーフレーズの意味情報を用いて，それを実現する構文規則を選択したり，意味解析を行う方法．

(4) **ベイジアンネットワーク法**（Bayesian network） 意味的・構文的な制約を連続的な量と考え，部分的な解析結果をネットワーク全体に伝搬させ，全体の制約を同時に最適に満たす解釈を見出す方法．

実際のシステムでは上述の四つの方法を組み合わせて用いる場合が多い．MIT（マサチューセッツ工科大学）の言語解析システム TINA は二つのステップからなり，最初に完全な文法（文脈自由文法）で解析が失敗すると，次のステップで文法を緩和して断片的な句や節を見つける (Seneff 1991)．ローカルにシンタックスを用い，グローバルにはセマンテックスと文脈（語用論）を使用した解析を行っている．つまり局所的な誤りに頑健なマッチングを使用する前に，ローカルな構文解析で重要な句を囲ったり，ラベルを付ける前処理をする．複合文については，履歴情報からスロットに不足情報を埋める．

BBN の言語理解システム DELPHI は，チャート法（解析の途中結果をグラフ構造で保存しながら，ボトムアップ的に解析をすすめていく方法）による単一化文法の構文解析に基づいており，これに失敗すると回復 (fallback) 用の理解部を起動する (Stallard & Bobrow 1992)．これは 3 ステップからなり，まず部分解析結果の断片を生成し，次にこれらの断片を構文的情報（断片統合ルール）を用いて結合する．意味はルールに付随しているアクション情報から得られる．この結合規則に失敗すると，最後の手段として語用論情報（フレームのスロット情報）を用いて断片を結合する．この場合は構文解析を経ないで直接意味表現を得る．

SRI International のテンプレート照合器 (Template Matcher) は，発話での最適な単語やフレーズをスロットに埋めようとする図 5.21 に示すようなテンプレートを使用している (Jackson et al. 1991)．最もスコアの高いテンプレートが意味表現を生む．CMU（カーネギー・メロン大学）の Phoneix は，フレーム構造のスロットとして現れるいくつかの意味表現 (semantic token) に一致するフレーズパターンを再帰遷移ネットワーク (recursive transition network) で表現している (Ward & Young 1993)．システムは音声認識と同様なビームサー

```
[flight, [stops,nonstop],
         [airline,UA],
         [origin,BOSTON],
         [destination,DALLAS],
         [departing_after,[1600]],
         [date,[november,3,current_year]]]
```

図 5.21　flight のテンプレートとその値

チ法を用いて並列に異なったフレームのスロットを埋めていく．フレームのスコアは，埋められた入力単語の数を用いている．SRIのテンプレート照合器やCMUのPhoneixは，非文法的な文を意味理解するために，頑健なマッチングを使用している．つまり，文全体を正しく構文解析することを目的とするのではなく，重要な単語やフレーズをマッチングによって獲得していくことでその文の解析結果を獲得し文の意味を得る．

また，R. Kuhn と R. De Mori は意味理解用のルールをトレーニングデータから自動的に学習させる新しい方法を提案している (Kuhn & De Mori 1995)．そのルールは意味解析木 (semantic classification trees, SCTs) と呼ばれる木の集まりで構成され，その方法によって学習されたルールは，非文法的な文や入力文の誤認識に対して頑健になる．SCT は頑健なマッチング用のパターンになることができるし，SCT によって得られた意味理解用ルールは発話の少数の単語を頼りとして意味理解しているので，音声認識部の誤認識を含んだ文や非文法的な発話に対して頑健である．図 5.22 は「運賃」を尋ねている文かどうかを

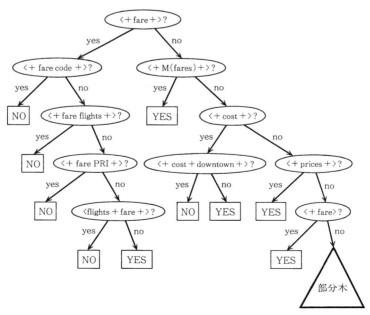

図 5.22 「運賃」を尋ねる質問を見つけるための SCT

抽出する SCT の例である．例えば，入力文が "Show me firstclass fare flights to Boston" なら "NO" の葉に達する．一方，"Show me the fare for flights to Boston" なら "YES" の葉に達する．

以上の方法はいずれも ATIS (Air Travel Information System: 航空旅行案内) のタスク用に開発されたもので，出発日時，出発地，到着地，便名，料金などフレーム表現のスロット情報を埋めていくような目的が明確なタスクであり，より一般的なタスクに適用可能かどうか定かではない．

(e) システム例

豊橋技術科学大学で開発された「富士山観光案内」をタスクとする音声対話システムを紹介する (山本他 1996; 伊藤他 1998)．未知語や間投詞を含んだ自然な発話の認識は，外来語の発音用を含む日本語 113 音節に対応する 5.4 節で述べた隠れマルコフモデル，5.5 節 (d) で述べた文脈自由文法，5.3 節 (c) で述べた文認識アルゴリズム，5.6 節 (b) で述べたビームサーチ法，5.7 節 (c) で述べた未知語処理法を用いて行う．なお，音声の特徴パラメータは 5.2 節 (b) で述べたメルケプストラムを用いている．登録単語数は 300 語程度である．音声認識結果は，認識誤りや未知語の出力を含んでおり，これから意味解析を行う．

構文解析・意味解析は，文節解析を行った結果の係り受けに基づく文節間依存関係を解析する．解析の途中結果はチャートデータベースに格納され，1 度行った部分解析結果を保存するようになっている．このとき，助詞落ち，倒置に対応するためにいくつかの経験則を用いている (山本他 1992)．係り受け解析が成功した場合は，再帰的に文節の意味表現を組み合わせて文の意味を作る．次にドメインの常識の知識を用いて，意味の補完を行う．例えば，「河口湖ホテルは安いですか」に対しては「河口湖ホテルの宿泊料金は安いですか」と解釈する．得られた意味表現はドメインやタスクといった背景的な観点からおかしなところがないかどうかチェックされる．これを**フィルタリング** (filtering) と呼び，いくつかの意味変換規則のパターンを用いて変換する．さらに，ボトムアップ的に意味表現を得ることができない場合は，トップダウン的にキーワードによる意味の抽出を行う．パターンに記述された制約に適合するキーワードを探すことにより，全体の意味表現を得る．

ここでの意味解析部における意味理解の定義とは，発話内容を対話システム

の問題解決部が解釈できる内部表現(意味表現)に変換することである．つまり，発話内容を正確に内部表現(もちろんタスクやその規模に依存する)に変換する(表現の曖昧性は除く)ことにあるので，事実関係の判断などは問題解決部の部分で処理される．たとえば，「富士山にはどんな観光地がありますか．」という質問文の場合，その内部表現は図5.23のようになる．

```
(ある (FORM WH-Q)(TARGET (AT-LOC))
      (NEGATION NIL)
      (AT-LOC (富士山))
      (OBJ (観光地 (Q-OBJ (WH-RENTAI)))))
```

図5.23 意味表現(内部表現)例

全体の意味解析処理は次のような手順で行われる．
（1） 以下の処理を順次行っていき，解析が成功した時点で(2)へ行く．すべての処理で失敗した場合は(3)へ行く．
　(a) 助詞落ち，倒置を禁止して解析
　(b) 助詞落ちを許可して解析
　(c) 助詞落ち，倒置を許可して解析
　(d) 助詞の誤りを認めて，倒置を許可して解析(誤っていると仮定した助詞は省略されたと見なし，助詞落ちを解析するヒューリスティックスを用いる)
（2） ドメイン内の常識の知識を用いて意味の補完を行う．
（3） 文脈的な知識によって，正しい内容かどうかをチェックする(フィルタリング)．
　(a) 正しくない場合　修正用のヒューリスティックスがある場合は，それを適用し，解析結果とする(解析終了)．修正用のヒューリスティックスがない場合は，(4)へ行く．
　(b) 正しい場合　得られた意味表現を解析結果とする(解析終了)．
（4） 部分解析結果を用いてキーワード解析を行い，その結果を解析結果とする．

問題解決部は，意味解析部から入力された意味ネットワークと文脈情報を用いて，応答に必要な情報を知識データベースから検索し出力する．また知識データベース検索の結果，直接に関係した情報が見つからなかった場合には，一

部の検索条件を変更して代案の検索を行う．

応答文生成部はユーザの発話意味ネットワークと検索結果から，その二つを統合しユーザの質問や発話に対する応答文用の意味ネットワークを生成する．その後，生成された応答文意味ネットワークの各単語とそれらの単語が接続されているアークの種類によって必要な助詞などを選択し，実際の応答文を生成し，音声合成で応答する．

図 5.24 に音声対話例を示す．括弧内の文は音声認識結果を示している．頑健に対話が進んでいることがわかろう．このシステムを自由に使った場合，未知語を含まない音声に対しては約 70％ が正しく理解でき応答できている．10人の被験者による評価実験では，本対話システムを使用して 2 泊 3 日の富士山周辺の旅行計画を全員が作成することができた．

```
SYS1: 富士山観光案内システムです．ご用件をお願いします．
USR2: 富士山の辺りに何がありますか．
       (富士山の辺りに何ありますか．)
SYS2: 富士山には河口湖や山中湖，西湖，本栖湖，精進湖があります．
USR3: えー，山中湖に宿泊施設はありますか．
       (山中湖に宿泊施設はありますか．)
SYS3: 山中湖にはニュー山中湖や山中湖ホテルがあります．
USR4: 水上スキーのできるホテルはありますか．
       (水上スキーのできるホテルありますか．)
SYS4: 水上スキーのできるホテルは山中湖にありません．しかしテニス
       のできるニュー山中湖があります．
USR5: えー，ニュー山中湖，のー，宿泊料金はいくらですか．
       (ニュー山中湖運動宿泊料金はいくらですか．)
SYS5: ニュー山中湖は 8000 円かかります．
USR6: えー，山中湖ホテルの宿泊料金はいくらですか．
       (山中湖ホテルの宿泊料金はいくらですか．)
SYS6: 12000 円かかります．
USR7: 精進湖に，では何ができますか．
       (精進湖では何[え]できますか．)
SYS7: 精進湖ではサイクリングやスケートができます．
```

図 5.24 音声対話例(括弧内は音声認識結果を示している)

第5章のまとめ

5.1 音声認識とは人間の発声した音声言語を文字通り正しく機械が認識することである．音声言語は人間どうしの最も優れたコミュニケーション手段であり，人間と機械とのコミュニケーション手段として使用する利点も多い．

5.2 音声言語の理解システムは，音声分析・特徴抽出部，音声認識部，言語理解部から構成される．現在，主流になっている技術はそれぞれ線形予測分析，隠れマルコフモデル，確率文脈自由文法/Nグラムである．

5.3 音声時系列パターンの特徴は，時間的な非線形伸縮（母音区間は伸縮しやすく，子音区間は伸縮しにくい）が起こることである．このため，時間長の異なる二つのパターン間の照合は，非線形伸縮を許した時間正規化マッチングが必要であり，DPマッチングにより実現される．

5.4 連続（単語）音声認識は，入力パターンと様々な標準パターンの連結とを照合し，最もよく合致する標準パターンの連結を見出すことによって行う．このとき，単語間の接続に関して制約がある時は，この制約を有限状態オートマトンや文脈自由文法，Nグラムなどによって表現する．

5.5 音声パターンは同じ単語などを発声しても，時間軸上での変動のほかに，コンテキスト（調音結合）や話者によって周波数軸上（スペクトル）の変動（調音結合，個人差）も生じる．この二つの変動を確率モデルで表現したものが隠れマルコフモデルである．つまり，時間軸上の変動に対しては状態遷移確率分布，周波数軸上の変動に対しては，スペクトルの出力確率密度分布で表現する．

5.6 単語などの接続の制約を表現するモデルを言語モデルという．通常は，確率文脈自由文法やNグラムが使用される．言語モデルの良否はエントロピーやパープレキシティの大小で評価できる．

5.7 音声ディクテーションシステムは，発声したとおりに文字列に変換する装置のことである．処理の高速化のために，処理を2段階（2パス）に分けて行う方法が一般的である．このとき，1パス目は，比較的簡単な言語モデル（bigramなど）や音響モデル（コンテキストに独立な数十個の音素に対応する隠れマルコフモデル）で認識し，複数候補を出力する．2パス目は，より詳細な言語モデル（trigramなど）や音響モデル（前後のコンテキストを考慮した1000個前後の異音（triphone）に対応する隠れマルコフモデル）を用いて1パス目の結果を再スコアリングして，認識する．

5.8 比較的ていねいに発声された2万語彙程度の朗読音声では，単語認識率は91%ぐらいである．一方，ニュース音声や会話音声は非常に難しくまだ60%〜70%程度である．

5.9 音声対話システムは，音声認識・理解部，対話管理部，問題解決部，応答文生成部から構成される．対話音声は，言い直し，言い差し，あいづち，間投詞，倒置，助詞落ちなどの現象があり，これらの現象に頑健な処理が必要である．

5.10 間投詞などの不要語や未登録語を未知語処理によって検出し，「航空旅行案内」や「観光案内」などの限られた対象なら，比較的自由な発声でも人間と機械が対話をすすめることができるシステムが開発されている．

用 語 解 説

本文中で十分説明できなかった用語について解説し，本文の該当箇所に†を付けた．

高調波・倍音・周波数スペクトル　音響学的にみた場合，分節音のうち有声音，とくに母音は，周期的複合音に分類することのできる性質をもっている．周期的複合音とは，ある周波数(ω)をもった基本波と，その整数倍の周波数($2\omega, 3\omega, 4\omega, \cdots$)をもった多数の波が重ねあわさった波である．このうち基本波以外の成分を**高調波**(harmonic)もしくは**倍音**と呼び，基本波のn倍の周波数をもつ成分を第n高調波(第n倍音)と呼ぶ．人間の声の場合，基本周波数に相当するのが声帯の振動周波数である．

　周期的複合音の周波数構造は(位相情報を無視すれば)横軸に周波数，縦軸にパワーを配したグラフによって可視化することができる．これを**周波数スペクトル**という．下に三角波の波形と周波数スペクトルの例を示した．**三角波**は基本波の奇数倍の周波数をもつ高調波のみから構成されており，高い高長波ほどパワーが低下する．

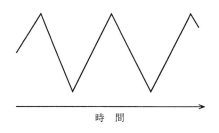 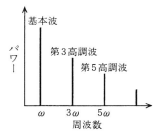

(a) 周期的複合音(この場合三角波)の波形　　(b) 左の波形の周波数スペクトル

ピッチ　人間が知覚する音の高低の感覚．周期的複合音の場合，基本波の周波数(基本周波数，F0)がピッチを決定する主要な物理量である．この意味が拡張されて，音声の研究では有声音の基本周波数をピッチ周波数ないしは単にピッチと呼ぶことがある．この場合，F0とピッチは同義語である．

適応放散(adaptive radiation)　動物の系統進化において，環境に適応して多様な種が派生すること．哺乳類では，食中類のような動物に始まり，生活環境と生態的地位に応じてさまざまに体の形を変え，水生と陸生，草食性と肉食性，などの点で異なる多くの系統に分かれる．

ライヒェルト–ガウプ説(Reichert–Gaupp Theory)　爬虫類の顎の骨と哺乳類の耳小骨

との相同関係を説明する学説．三つの耳小骨のうち，ツチ骨とキヌタ骨はそれぞれ爬虫類の下顎と上顎の骨に起源をもち，アブミ骨は爬虫類の唯一の耳小骨である耳小柱（コルメラ）に由来するとする説で，徹底した比較発生学的研究に基づく．

母音の固有周波数(intrinsic vowel F0)　話しことばのなかで，声の高さが母音ごとに異なる傾向．母音の固有ピッチとも呼ばれ，狭口母音（[i]と[u]）は広口母音（[a]と[o]）よりも，声の高さが高い傾向がある．多くの言語で例外なく観察され，その理由としては，調音器官の動作が喉頭に機械的影響を及ぼして声帯の振動周波数が変化する現象であるとする説が有力である．母音の知覚を容易にするための話者側の調節であると主張する説もある．

母音の正規化(vowel normalization)　子供，女性，男性の母音の間にある音響的差異が補償されて，同じ母音の韻質が得られること．母音の知覚にはフォルマントばかりではなく基本周波数も関係し，ほぼ両者の比率によって母音が識別される．聴覚系にその機構が生得的に備わっているのか，あるいは，口の構えが共通であることを検出する機能が生後に発達するのか，今でも議論が続いている．

サンプリング定理とナイキスト周波数　**サンプリング定理**とは，音声波形に含まれている最高周波数の2倍の周波数でサンプリング（標本化）すると，忠実にアナログ波形をディジタル信号に変換できることをいう．このときのサンプリング周波数を**ナイキスト周波数**という．つまり，音声波形に含まれる最高周波数の2倍以上でサンプリングする必要がある．オーディオ機器のCDは44.1 kHz，DATは48 kHzのサンプリング周波数である．例えば電話音声（300〜3400 Hzの音域）ならサンプリング周波数が8000 Hz，すなわち1秒間に8000点サンプルすればよい．なお，通常の音声波形は8 kHz程度の高周波数を含んでいるので，低い周波数でサンプリングしたい場合は，音声波形を低域通過フィルタを通すことによって，高い周波数成分を除去しておく必要がある．

ラプラス変換・伝達関数・パワースペクトル　肺からの気流は，声門の周期的な開閉によりインパルス（非常に短い区間だけ大きな振幅値をもつもの．ディジタル表現では1000…のようなもの）のピッチ周期（声帯の振動数に対応）の繰り返しの音源波形 $x(t)$ となる（より近似的には三角形に近い波形の繰り返し）．これは声道を通って口や鼻から放射され，音声波形 $y(t)$ となる．声道や口・鼻の放射特性を音響管システムととらえると，このシステムは，インパルスを入力としたときの出力（インパルス応答）で特徴付けられる．これを $h(t)$ と表わすと，一般に任意の入力 $x(t)$ に対して，出力 $y(t)$ は次式で表現できる．

$$y(t) = \sum_{\tau=0}^{\infty} x(\tau)h(t-\tau) \qquad (A.1)$$

$x(t)$ がインパルス波形なら $y(t) = h(t)$ となることから $h(t)$ は**インパルス応答**と呼ばれる．インパルス応答のラプラス変換は**伝達関数**と呼ばれ，次式で定義される．

$$H(s) = \int_0^\infty h(t) e^{-st} dt \tag{A.2}$$

ここで，

$$H(s) = \frac{Y(s)}{X(s)} \tag{A.3}$$

の関係が成立する．定義からインパルス波形のラプラス変換は 1 であるから，入力波形がインパルスなら，$Y(s) = H(s)$ となる．ラプラス変換は時間の連続関数に対して有用である．

音響管システムのインパルス応答 $h(t)$ のフーリエ変換はシステムの周波数特性を表わす．すなわち，$h(t)$ のフーリエ変換は，次式で定義される．

$$H(f) = \int_0^\infty h(t) \exp(-j2\pi ft) dt \tag{A.4}$$

(A.2) と (A.4) の関係から $H(f) = H(s = j2\pi f)$ が成立することがわかる．$|H(f)|^2$ はパワースペクトルを表わす．

z 変換・フーリエ変換・パワースペクトル　サンプリング値系列 $\{x(t=0)=x_0, x(t=1)=x_1, x(t=2)=x_2, \cdots\}$ に対して，z **変換**は次式で定義される．

$$X(z) = \sum_{n=0}^{\infty} x_n z^{-n} \tag{A.5}$$

また，次の関係があり，$H(z)$ も伝達関数と呼ばれる．

$$H(z) = \frac{Y(z)}{X(z)} = \sum_{n=0}^{\infty} h_n z^{-n} \tag{A.6}$$

$h(t)$ がサンプリングされた系列 $\{h_0, h_1, \cdots, h_{N-1}\}$ で表わされる場合，k 番目のスペクトル成分(離散周波数成分の振幅と位相を表わす成分)を H_k とすると，**離散フーリエ変換**(discrete Fourier transform) は次式で定義される (4.3 節 (b) 参照)．

$$H_k = \sum_{n=0}^{N-1} h_n \exp\left(-j2\pi \frac{kn}{N}\right) \tag{A.7}$$

出力波形 $y(t)$ の離散フーリエ変換を Y_k $(k=1,2,\cdots,N-1)$ とするとき $|Y_k|^2$ を**パワースペクトル**という．$x(t)$ がインパルス波形のときは，$|X_k|^2 = 1$ となるので，$|Y_k|^2 = |H_k|^2$ となる．(A.6) と (A.7) の関係から，$z = \exp(-j2\pi f \Delta T)$ とおくと ($n \cdot \Delta T$ がサンプリング時刻)，音響管の周波数特性を表わすパワースペクトルは $|H(\exp(j2\pi f \Delta T))|^2$ で表わされることがわかる．ここで，f は $\frac{k}{N \cdot \Delta T}$ $(k=0,1,2,\cdots,N-1)$ の離散的な周波数，ΔT はサンプリング間隔時間，$\frac{1}{\Delta T}$ はナイキスト周波数である．(A.7) を高速に計算する方法を**高速フーリエ変換**(fast Fourier transform,

FFT）という．z 変換は一定時間ごとにサンプリングされたディジタル波形の信号処理に有用である．

読書案内

学習の手引き

[1]　Denes, B. Peter & Pinson, Elliot N. (1963): *The Speech Chain.* Bell Telephone Laboratories. 切替一郎他(訳),『話しことばの科学』東京大学出版会, 1966.
音声の生理, 物理, 心理に関して非常にわかりやすい解説がなされている. 言語学者は, 音声の物理的, 心理的, 生理的側面についての知識, 工学者, 心理学者は, 音声の言語学的側面に関する知識を得ることができる.

[2]　Russell, Stuart & Peter, Norvig (1995): *Artificial Intelligence.* Prentice Hall. 古川康一(監訳),『エイジェント アプローチ 人工知能』共立出版, 1997.
知覚に関する章に音声信号処理の基本的な考え方が解説されている. あまり複雑な数学の知識なしで理解することができる.

第1章

調音音声学に関する平易周到な概説書として[1]を薦める.

[1]　斎藤純男(1997):『日本語音声学入門』三省堂.
また参考文献中の川上(1972)は日本語の韻律的特徴, 特にアクセントに関する優れた解説である. 英語の音声については, やはり参考文献中の竹林(1996)を薦める. この本の前半は一般音声学の概説としても優れたものである.
現時点における調音音声学の成果について包括的な知識を得たい読者は, 竹林(1996)の前半を読んだあとで参考文献中のLaver(1995)に挑戦するとよいだろう. 大著であるから読破するのはたいへんであるが, 一種のマニュアルとしても利用できる.
[2]は音響学的ないし生理学的な観測データを利用して, 多くの言語の分節音を分析している. いわゆる実験音声学と調音音声学的な言語記述の関係を知るには好適な著作である. この本と同名のHyperCardスタックをUCLAの言語学科から入手できる[3]. 諸言語の分節音の多様性を自分の耳で聞くことができ「一聞は百読に如かず」を体験できる.

[2]　Ladefoged, P. & Maddieson, I. (1996): *The Sounds of the World's Languages.* Blackwell.

[3]　UCLA Phonetics Laboratory (1991): *The Sounds of the World's Languages.* Dept. Linguistics, UCLA.
1.5節でも触れたように, 調音音声学の習得には音声学的なトレーニングが不可欠で

ある．経験を積んだ教師に直接指導してもらうのが最適であるが，自習のための教材として[4]を薦める．膨大なテープ教材が付属しており，調音音声学のトレーニングで必要な素材はすべてカバーされていると言ってよい．[5]は音声学の教育に関するシンポジウムの記録である．

[4] Smalley, W. A. (1973): *Manual of Articulatory Phonetics* (Revised edition). William Carey.

[5] 土岐哲・前川喜久雄・今泉敏・小林範子(1997)：音声学の教育の現状と問題点．音声研究，**1**(1), 6-24.

[6]は，現在までに使用されたことのある種々の音声記号を包括的に解説したマニュアルである．最も広く利用される音声記号である IPA に限っても様々な変遷があるので，文献中の音声記号の用法に疑義が生じた場合に役に立つ．

[6] Pullnam, G. K. & Ladusaw, W. A. (1996): *Phonetic Symbol Guide* (2nd ed.). University of Chicago Press. 土田滋・福井玲・中川裕(訳)，『世界音声記号辞典』三省堂，2003.

最後に本書では扱うことのできなかった音声の自然科学的研究に関する参考書として[7]～[10]を挙げておく．[7]は音声科学の基礎知識を広く丁寧に説明した初心者向けの解説．[8]は音声の音響的分析手法の中級者向け解説．一部数学的な記述を含む．[9]は音声科学の研究手法全般に関する浩瀚なハンドブック．[10]は前半で音声学的な臨地調査のテクニックに触れている点に特徴がある．

[7] Kent, R. D. (1997): *The Speech Sciences*. Singular Publishing.

[8] Harrington, J. & Cassidy, S. (1999): *Techniques in Speech Acoustics*. Kluwer Academic Publishers.

[9] Hardcastle, W. J. & Laver, J. (ed.)(1997): *The Handbook of Phonetic Sciences*. Blackwell Publishing.

[10] Ladefoged, P. (2003): *Phonetic Data Analysis*. Blackwell Publishing.

第 2 章

[1] 小松英雄(1981)：『日本語の音韻』日本語の世界 7, 中央公論社.
音便や連濁など，日本語の基本的な音韻現象を歴史的視点からわかりやすく解説した本．

[2] 窪薗晴夫・溝越彰(1991)：『英語の発音と英詩の韻律』英潮社.
英語の音韻構造を分節音・音節・強勢・リズムの四つの分野に分けて，日本語との対照を基調にわかりやすく解説した学部生向け教科書．

[3] Pinker, S. (1994): *The Language Instinct*. William Morrow and Company. 椋田

直子(訳),『言語を生みだす本能』(上,下),NHK ブックス,1995.
人間が言葉を操るのは蜘蛛が蜘蛛の巣を作るのと基本的に同質の現象であるという立場に立ち,生成文法の基本的考え方を言語研究の諸分野について解説した本.

[4] 窪薗晴夫(1995):『語形成と音韻構造』くろしお出版.
日本語と英語の語形成過程に見られる音韻特徴を,構造や規則にかかる制約という観点から分析し,両言語の共通性を指摘した論考.

[5] 窪薗晴夫・太田聡(1998):『音韻構造とアクセント』,中右実(監),「日英語比較選書」第10巻,研究社出版.
日本語と英語は言語類型的に対照的であるとする伝統的な音韻分析に対し,アクセント規則や音節現象などに見られる日本語と英語の共通性を指摘した論考.

[6] 杉藤美代子(監)(1997):『日本語音声』(全2巻),三省堂.
日本語音声に関する最新の研究を,アクセントやイントネーションなどに焦点をあてて解説した論文集.

[7] 日本音響学会(編)(1996):『音のなんでも小事典』講談社ブルーバックス.
音声産出や知覚を含む音声研究の諸分野について,身近で面白いテーマを数多く解説している.

[8] 窪薗晴夫(1999):『日本語の音声』現代言語学入門2,岩波書店.
連濁や言い間違い,アクセントの変化など,身近な日本語の現象を題材にして,日本語の音韻体系を一般言語学的な視点から分析し,あわせて音韻論の基本的な考え方と分析方法を解説した図書.

[9] 田中真一・窪薗晴夫(1999):『日本語の発音教室』くろしお出版.
日本語を学ぶ外国人留学生と日本語を教える教師のために書かれたCD付きの日本語学習教材.

第3章

[1] 柴谷篤弘・長野敬・養老孟司(編)(1991):『講座進化4 形態学からみた進化』東京大学出版会.
全7巻からなる講座の1冊.解剖学と形態学の専門家が寄稿したものであり,脊椎動物の進化をさまざまな面から扱う.発声器官の起源(葉山)にも触れている.

[2] 亀田和夫(1986):『声と言葉のしくみ』口腔保健協会.
音声生成と知覚の仕組を解説した入門書.音声生理学と聴覚生理学の歴史と発見について興味深く説明している.言語学と音声学にも触れている.

[3] 国際電気通信基礎技術研究所(編)(1994):『視聴覚情報科学』オーム社.
聴覚と音声知覚の基礎,聴覚モデルの音声認識への応用などを解説した一般向け専門

書である．聴覚の生理と音声知覚の最新の知見がわかりやすくまとめられている．

[4] ボーデン, G.J.・ハリス, K.S.(著), 廣瀬肇(訳)(1984):『ことばの科学入門』メディカルレビュー社.
Borden & Harris 著 "Speech Science Primer"(第2版)の邦訳．アメリカにおける音声の生成と知覚の研究の流れを学生向きにわかりやすく解説した入門書であるが，原著は第3版が刊行されている．

[5] ルイス, D.B. 他(著), 笹川満廣・笹川平子(訳)(1984):『動物たちの情報交換』理工学社.
いろいろな動物の音と光による情報交換の仕組を説明した一般書．昆虫，魚類，両生類，爬虫類，哺乳類などの多くの動物における音声通信の例が説明してある．

第4章

[1] Lenneberg, E.H.(1967): *Biological Foundation of Language.* John Wiley & Sons.

佐藤方哉・神尾昭雄(訳),『言語の生物学的基礎』大修館書店, 1974.

[2] Fant, G.(1960): *Acoustic Theory of Speech Production.* Mouton The Hague.
音声の音響理論を述べた古典．

[3] Flanagan, J.L.(1972): *Speech Analysis Synthesis and Perception.* Springer-Verlag.
Bell 研究所の音声研究グループ長を長くつとめ，音声符号化，音声合成，音声認識技術の開発の中心的役割を果たした Flanagan の名著．

[4] 三浦種敏(監)(1980):『聴覚と音声』電子通信学会.

[5] Merkel, J.D. & Gray, A.H.(1976): *Linear Prediction of Speech.* Springer-Verlag.
鈴木久喜(訳),『音声の線形予測』コロナ社, 1980.
線形予測分析(LPC)について詳述してある．

[6] 古井貞熙(1985):『ディジタル音声処理』東海大学出版会.
音声のディジタル信号処理について詳しく述べている．

[7] 小池恒彦・筧一彦・古井貞熙・北脇信彦・東倉洋一(1987):『音声情報工学』NTEC.

[8] 甘利俊一(監), 中川聖一・鹿野清宏・東倉洋一(1990):『音声・聴覚と神経回路網モデル』オーム社.
音声発声機構と知覚の工学面の研究状況の解説．

[9] Kent, R.D. & Read, C.(1992): *The Acoustic Analysis of Speech.* Singular Publishing Group. 荒井隆行・菅原勉(監),『音声の音響分析』海文堂, 1996.

音声学，音声工学のどちらを学ぶ人にも，また言語障害などの分野の方にも読みやすく基礎知識を得るのに有効な参考書．

[10] Hardcastle, W. J. & Marchal, A. (1990): *Speech Production and Speech Modeling*. Kluwer Academic Publishers.
1987年7月にフランスのボナスで開かれたNATO Advanced Study Instituteの論文案であるが，広汎な研究の現状についてサーベイも含めてまとめられている．

[11] Saito, S. (ed.) (1992): *Speech Science and Technology*. Ohmsha.
1970年代後半から1980年代の日本の音声研究がまとめられている．

[12] Sagisaka, Y., Campbell, N. & Higuchi, N. (eds.) (1997): *Computing PROSODY: Computational Models for Processing Spontaneous Speech*. Springer-Verlag.

[13] 堂下修司・新美康永・白井克彦・田中穂積・溝口理一郎(編)(1998):『音声による人間と機械の対話』オーム社．
文部省科学研究費重点領域研究「音声・言語・概念の統合的処理による対話の理解と生成に関する研究」の成果を中心に構成した最近の音声対話研究の解説．

第5章

[1] 中川聖一(1988):『確率モデルによる音声認識』電子情報通信学会．
音声認識の中心技術である隠れマルコフモデル，連続音声認識アルゴリズム，統計的言語モデルの記述が詳しい．

[2] 甘利俊一(監)，中川聖一・鹿野清宏・東倉洋一(1990):『音声・聴覚と神経回路網モデル』オーム社．
本章では紹介できなかった人間の聴覚・知覚機構，ニューラルネットワークによる音声認識手法を紹介している．

[3] 古井貞煕(1985):『ディジタル音声処理』東海大学出版会．
音声の分析・符号化・合成・認識・話者認識を広くカバーしている．

[4] 今井聖(1995):『音声認識』共立出版．
従来の技術から最新の音声認識技術までを解説，音声の分析(特にケプストラム分析)の記述が詳しい．

[5] 鹿野清宏・中村哲・伊勢史郎(1997):『音声・音情報のディジタル信号処理』昭晃堂．
最新の音声認識技術をコンパクトに解説している．音声の物理的特徴や話者適応化，実環境における音声認識の記述が詳しい．

[6] 北研二・中村哲・永田昌明(1996):『音声言語処理』森北出版．
副題(コーパスに基づくアプローチ)が示すとおり，隠れマルコフモデル，統計的言語

モデルを平易に解説.

[7] 堂下修司・新美康永・白井克彦・田中穂積・溝口理一郎(編)(1998):『音声による人間と機械との対話』オーム社.
文部省科学研究費重点領域研究「音声対話」(平成5年度〜平成7年度)の研究成果を網羅.

[8] Huang, X. D., Ariki, Y. & Jack, M. A. (1990): *Hidden Markov Models for Speech Recognition.* Edinburgh University Press.
隠れマルコフモデルを詳述.

[9] Rabiner, L. & Juang, B-H.(著),古井貞熙(監訳)(1995):『音声認識の基礎』(上,下),NTTアドバンスドテクノロジー.
音声認識技術全般を詳述している.

[10] Junqua, J-C. & Haton, J-P. (1996): *Robustness in Automatic Speech Recognition.* Kluwer Academic.
雑音,伝送歪,話者,発話様式などによる音声パターンの変動に頑健な音声認識技術を解説.

[11] Jelinek, F. (1998): *Statistical Methods for Speech Recognition.* MIT Press.
統計的手法による音声認識に関して世界をリードしてきたJelinekの著.

[12] Pirani, G. (ed.) (1990): *Advanced Algorithm and Architectures for Speech Understanding.* Springer-Verlag.
ESPRITプロジェクトのイタリアCSELTにおける研究成果,特に音声言語の理解手法を詳述.

[13] Smith, P. W. & Hipp, D. R. (1994): *Spoken Natural Language Dialog Systems.* Oxford University Press.
音声対話手法全般の解説,特に小規模実験システムであるが対話システムでのユーザのふるまいを含む評価が詳しい.

[14] 城戸健一(1985):『ディジタル信号処理入門』丸善.
音声処理のためのディジタル信号処理(z変換,ディジタルフィルタ,フーリエ変換,ケプストラム分析,LPC分析など)のよい教科書.

[15] 中川聖一(2001):音声認識技術の動向.電子情報通信学会論文誌,**J83-D-II**(2), 433-457.
専門書[1]の執筆以降の音声認識研究の動向を詳述している.

[16] 鹿野清宏・伊藤克亘・河原達也・武田一哉・山本幹雄(編著)(2001):『音声認識システム』オーム社.
連続音声認識のフリーソフトウエアが付属(CD-ROM)しており,その認識システムを

中心とした解説書.
［17］　安藤彰男(2004)：『リアルタイム音声認識』電子情報通信学会.
音響モデルの適応化技術と音声認識技術を用いた字幕放送システムを詳細に解説している.

参考文献

第1章

Fujimura, O. (1994): C/D Model: A computational model of phonetic implementation. In Ristad, E.S. (ed.), *Language Computation* (DIMACS Series in Discrete Mathematics and Theoretical Computer Science, Vol. 17), pp. 1–20.

藤崎博也(1994):韻律研究の諸側面とその課題.日本音響学会平成6年度秋季研究発表会講演論文集,**1**, 287–290.

Fujisaki, H. (1997): Prosody, models, and spontaneous speech. In Sagisaka, Y. et al. (ed.), *Computing Prosody: Computational Models for Processing Spontaneous Speech*, Springer.

服部四郎(1960):『言語学の方法』岩波書店.

筧一彦・永原敦示(1997):音声の意味情報と感性情報.*Computer Today*, **15**(1), 28–33.

粕谷英樹・楊長盛(1995):音源から見た声質.日本音響学会誌,**51**(11), 869–875.

川上蓁(1956):文頭のイントネーション.国語学,**25**, 21–30.

川上蓁(1972):『日本語アクセント法』学書房出版.

桐谷滋(1978):日本語母音,子音調音の隣接音の影響による変動.日本音響学会誌,**34**(3), 132–139.

郡史郎(1992):プロソディーの自律性:フレージングを定める規則について.月刊言語,**21**(9), 31–37.

Ladd, D.R. (1996): *Intonational Phonology*. Cambridge University Press.

Laver, J. (1995): *Principles of Phonetics*. Cambridge University Press.

Lehiste, I. (1970): *Suprasegmentals*. MIT Press.

Maekawa, K. (1997): Effects of focus on duration and vowel formant frequencies in Japanese. In Sagisaka, Y. et al. (ed.), *Computing Prosody: Computational Models for Processing Spontaneous Speech*, Springer.

前川喜久雄(1997a):アクセントとイントネーション:アクセントのない地域.杉藤美代子(監),『諸方言のアクセントとイントネーション』(日本語音声[1]),三省堂.

前川喜久雄(1997b):日韓対照音声学管見.国立国語研究所(編),『日本語と朝鮮語』(日本語と外国語の対照研究IV), pp. 173–190, くろしお出版.

前川喜久雄(1997c):音声によるパラ言語情報の伝達:言語学の立場から.日本音響学会平成9年度秋季研究発表会講演論文集,**1**, 381–384.

前川喜久雄(1997d)：音声による情報伝達のメカニズム．日本語学，**16**(11)，95-105．
Pierrehumbert, J. B. & M. E. Beckman (1988): *Japanese Tone Structure*. MIT Press.
竹林滋(1996)：『英語音声学』研究社．

第2章

秋永一枝(1981)：東京アクセントの習得法則．『明解日本語アクセント辞典』巻末，三省堂．
Árnason, K. (1980): *Quantity in Historical Linguistics*. Cambridge University Press.
Chomsky, N. & Halle, M. (1968): *The Sound Pattern of English*. Harper and Row.
Clements, G. N. & Hume, E. V. (1995): Internal organization of speech sounds. In Goldsmith, J. (ed.), *The Handbook of Phonological Theory*, Blackwell.
Fudge, E. (1984): *English Word-Stress*. George Allen & Unwin.
Goldsmith, J. (ed.) (1995): *The Handbook of Phonological Theory*. Blackwell.
Hayes, B. (1995): *Metrical Stress Theory: Principles and Case Studies*. University of Chicago Press.
Itô, J. (1990): Prosodic minimality in Japanese. In Deaton, K., Noske, M. & Ziolkowski, M. (eds.), *CLS 26-II: Papers from the Parasession on the Syllable in Phonetics and Phonology*, The Chicago Linguistic Society.
Itô, J. & Mester, R. A. (1986): The phonology of voicing in Japanese: Theoretical consequences of morphological accessibility. *Linguistic Inquiry*, **17**, 49-73.
Kahn, D. (1976): *Syllable-Based Generalizations in English Phonology*. Ph. D. dissertation, MIT. [Garland, 1980]
金田一京助(1976)：『日本語の変遷』講談社学術文庫．
小松英雄(1981)：『日本語の音韻』日本語の世界7，中央公論社．
Kubozono, H. (1989): The mora and syllable structure in Japanese: Evidence from speech errors. *Language and Speech*, **32-3**, 249-278.
窪薗晴夫(1995)：『語形成と音韻構造』くろしお出版．
Kubozono, H. (1996): Speech segmentation and phonological structure. In Otake, T. & Cutler, A. (eds.), *Phonological Structure and Language Processing: Cross-linguistic Studies*. Mouton de Gruyter.
窪薗晴夫・溝越彰(1991)：『英語の発音と英詩の韻律』英潮社．
窪薗晴夫・太田聡(1998)：『音韻構造とアクセント』，中右実(監)，「日英語比較選書」第10巻，研究社出版．
Liberman, M. & Prince, A. (1977): On stress and linguistic rhythm. *Linguistic Inquiry*,

8-2, 249-336.

Lovins, J. B. (1975): *Loanwords and the Phonological Structure of Japanese*. Indiana University Linguistics Club.

McCawley, J. D. (1968): *The Phonological Component of a Grammar of Japanese*. Mouton.

Mester, R. A. (1990): Patterns of truncation. *Linguistic Inquiry*, **21-3**, 478-485.

Myers, S. (1987): Vowel shortening in English. *Natural Language and Linguistic Theory*, **5**, 485-518.

Poser, W. (1990): Evidence for foot structure in Japanese. *Language*, **66**, 78-105.

Prince, A. & Smolensky, P. (1993): *Optimality Theory: Constraint Interaction in Generative Grammar*. Technical Report #2, Rutgers Center for Cognitive Science, Rutgers University. (2004年 Blackwell より刊行)

佐藤大和(1989)：複合語におけるアクセント規則と連濁規則．杉藤美代子(監)，『日本語の音声・音韻』(上)，講座日本語と日本語教育 2，明治書院．

Steriade, D. (1995): Underspecification and markedness. In Goldsmith, J. (ed.), *The Handbook of Phonological Theory*, Blackwell.

Trubetzkoy, N. S. (1958/69): *Grundzüge der Phonologie (Principles of Phonology)*. University of California Press. 長嶋善郎(訳)，『音韻論の原理』岩波書店，1980．

第 3 章

Bell-Berti, F. & Harris, K. S. (1982): Temporal patterns of coarticulation; lip rounding. *Journal of the Acoustical Society of America*, **71**, 449-454.

Chiba, T. & Kajiyama, M. (1941): *The Vowel: Its Nature and Structure*. Tokyo-Kaisenkan.

Crelin, E. S. (1973): *Functional Anatomy of the Newborn*. Yale University Press.

Dang, J. & Honda, K. (1997): Acoustic characteristics of the piriform fossa in models and humans. *Journal of the Acoustical Society of America*, **101**, 456-465.

Denes, P. B. & Pinson, E. N. (1993): *The Speech Chain: The Physics and Biology of Spoken Language*. Freeman.

Diesch, E., Eulitz, C., Hampson, S. & Ross, B. (1996): The neurotopography of vowels as mirrored by evoked magnetic field measurements. *Brain and Language*, **53**, 143-168.

Dronkers, N. F. (1996): A new brain region for coodinating speech articulation. *Nature*, **384**, 159-161.

Fant, G. (1960): *Acoustic Theory of Speech Production.* Mouton The Hague.

Fletcher, H. (1929): *Speech and Hearing.* Van Nostrand.

Geschwind, N. (1972): Language and the brain. *Scientific American,* **226,** 76–83.

平井啓之・本多清志・藤本一郎・島田育廣 (1994): F0調節の生理機構に関する磁気共鳴画像 (MRI) の分析. 日本音響学会誌, **50,** 296–304.

Hirano, M. & Kakita, Y. (1985): Cover-body theory of vocal cord vibration. In Daniloff, R. G. (ed.), *Speech Science,* pp. 1–46, College Hill Press.

Hirose, H. & Sawashima, M. (1981): Functions of the laryngeal muscles in speech. In Stevens, K. N. & Hirano, M. (eds.), *Vocal Fold Physiology,* University of Tokyo Press.

広戸幾一郎 (1966): 発声機構の面よりみた喉頭の病態生理. 耳鼻臨床, **59,** 229.

本多清志 (1996): 声の高さを調節する生体機構. 喉頭, **8,** 109–115.

Jurgens, U. (1979): Neural control of vocalization in non-human primates. In Steklis, H. D. & Taleight, M. J. (eds.), *Neurobiology of Social Communication in Primates: An Evolutionary Perspective,* pp. 11–44, Academic Press.

上条雍彦 (1965): 『骨学』口腔解剖学1. アナトーム社.

Katsuki, Y., Suga, N. & Kanno, Y. (1962): Neural mechanism of the peripheral and central auditory system in monkeys. *Journal of the Acoustical Society of America,* **34,** 1396–1410.

Kent, R. D. & Vorperian, H. K. (1995): *Development of the Craniofical-oral-laryngeal Anatomy: A Review.* Singular Publishing Group.

Kuypers, H. G. J. M. (1958): Some projections from the peri-central cortex to the pons and lower brain stem in monkey and chimpanzee. *Journal of Comparative Neurology,* **110,** 221–255.

Liberman, A. M. & Mattingly, I. G. (1985): The motor theory of speech perception revised. *Cognition,* **21,** 1–36.

Maeda, S. (1990): Compensatory articulation during speech; evidence from the analysis and synthesis of vocal tract shapes using an articulatory model. In Hardcastle, W. J. & Marchal, A. (eds.), *Speech Production and Speech Modeling,* pp. 131–149, Kluwer Academic.

三木成夫 (1992): 『生命形態学序説』うすぶな書院.

Montagu, A. (1981): *Growing Young.* 尾本惠市・越智典子 (訳), 『ネオテニー』どうぶつ社.

Neal, H. V. & Rand, H. W. (1945): *Comparative Anatomy.* Brakiston Company.

Öhman, S. E. G. (1966): Coarticulation of VCV utterances: spectrographic measurements. *Journal of the Acoustical Society of America*, **39**, 151–168.

Ojemann, G. A. (1983): Brain organization for language from the perspective of electrical stimulation mapping. *The Behavioral and Brain Science*, **2**, 189–230.

Pickles, J. O. (1988): *An Introduction to the Physiology of Hearing.* Academic Press.

Posner, M. I. & Reichle, M. E. (1994): *Images of Mind.* Freeman.

Rocowski, J. J. (1994): Outer and middle ears. In Fay, R. R. & Popper, A. N. (eds.), *Comparative Hearing: Mammals*, Springer-Verlag.

Stebbins, W. C. (1980): The evolution of hearing in the mammals. In Popper, A. N. & Fay, R. R. (eds.), *Comparative Studies of Hearing in Vertebrates*, pp. 421–436, Springer-Verlag.

Stevens, K. N. (1989): On the quantal nature of speech. *Journal of Phonetics*, **17**, 3–46.

Stieber, I. B. & Narins, P. M. (1990): Temperature-dependence on auditory nerve response properties in the frog. *Hearing Research*, **46**, 63–82.

Suga, N., Niwa, T., Taniguchi, I. & Margoliash, D. (1987): The personalized auditory cortex of the mustached bat: Adaptation for echolocation. *Journal of Neurophysiology*, **58**, 643–654.

Tumarkin, A. (1968): Evolution of the auditory conducting apparatus in terrestrial vertebrates. In De Reuck, A. V. S. & Knight, J. (eds.), *Hearing Mechanisms in Vertebrates*, pp. 18–40, Churchill.

van den Berg, J. W. (1958): Myoelastic-aerodynamic theory of voice production. *Journal of Speech and Hearing Research*, **1**, 227–244.

von Békésy, G. (1960): *Experiments in Hearing.* McGraw-Hill.

Williams, H. & Nottebohm, F. (1985): Auditory responses in avian vocal motor neurons: A motor theory of song perception in birds. *Science*, **229**, 279–282.

第4章

阿部匡伸(1994)：音声変換処理技術——基本周波数，継続時間，声質に関して．電子情報通信学会技術研究会報告，SP93-137，69–75．

秋永一枝(1981)：共通語のアクセント．『日本語発音アクセント辞典』三省堂．

Allen, J. (1976): Synthesis of speech from unrestricted text. Proceedings of IEEE 64, 433–442.

Coker, C. H. & Fujimura, O. (1996): A model for specification of vocal tract area function. *Journal of the Acoustical Society of America*, **40**, 1271(A).

Flanagan, J. L. (1972): Voices of men and machines. *Journal of the Acoustical Society of America*, **51**, 1375–1387.

藤崎博也(1984):音声の抑揚とそのメカニズム.数理科学,**252**, 26–32.

Fujisaki, H. & Hirose, K. (1984): Analysis of voice fundamental frequency contours for declaration sentences of Japanese. *Journal of the Acoustical Society of Japan* (E), **5**, 233–242.

藤崎博也・須藤寛(1971):日本語単語アクセントの基本周波数パタンとその生成機構のモデル.日本音響学会誌,**27**, 445–453.

Harshmann, R., Ladefoged, P. & Goldstein, L. (1977): Factor analysis of tongue shapes. *Journal of the Acoustical Society of Japan*, **62**(3), 693–707.

Hirano, M. (1977): Structure and vibratory of the vocal folds. In Sawashima, M. & Cooper, F. S. (eds.), *Dynamic Aspects of Speech Production*, University of Tokyo Press.

広瀬啓吉(1996):音声の出力に関する研究の現状と将来.日本音響学会誌,**52**(11), 857–861.

広瀬啓吉(1997):音声合成処理.情報処理学会誌,**38**(11), 984–989.

Ishizaka, K. & Flanagan, J. L. (1972): Synthesis of voiced sounds from a two mass model of the vocal cords. *Bell System Technical Journal*, **50**, 1223–1268.

海木延佳・匂坂芳典・武田一哉(1990):文音声における音韻継続時間長の決定.日本音響学会音声研究会資料,SP90–2, 9–16.

菊池英明・工藤育男・小林哲則・白井克彦(1994):音声対話インタフェースにおける発話権管理による割込みへの対処.電子情報通信学会論文誌,**J77–D–II**(8), 1502–1511.

桐谷滋・関本荘太郎・今川博(1976):日本語母音調音パラメータ記述と音響特性との対応関係.日本音響学会音声研究会,S76–30.

Klatt, D. (1980): Software for cascade/parallel formant synthesizer. *Journal of the Acoustical Society of America*, **67**, 971–995.

Moulines, E. & Charpentier, F. (1990): Pitch synchronous waveform processing techniques for text-to-speech synthesis using diphones. *Speech Communication*, **9**, 453–467.

中島信弥・浜田洋(1989):音韻環境クラスタリングによる規則合成法.電子情報通信学会論文誌,**J72–D–II**, 1174–1179.

日本電子工業振興協会(1995):音声合成装置性能評価法のガイドライン改訂版および同解説.オフィスオートメーション機器の標準化に関する調査研究報告書.

Perkell, J. S. (1969): Physiology of speech production: Results and implications of a quantitative cineradiographic analysis. Research Monograph, No. 53, MIT Press.

匂坂芳典(1988):種々の音韻連接単位を用いた日本語音声合成.電子情報通信学会技術研究報告,SP87-136.

匂坂芳典(1995):日本語音声合成の最近の進展について.電子情報通信学会技術研究報告,SP94-84,39-45.

Sagisaka, Y., Campbell, N. & Higuchi, N. (eds.) (1997) : *Computing PROSODY: Computational Models for Processing Spontaneous Speech.* Springer-Verlag.

Sagisaka, Y., Kaiki, N., Iwahashi, N. & Mimura, K. (1992) : ATR ν-Talk Speech Synthesis System. Proceedings of ICSLP92, 483-486.

佐藤大和(1989):複合語におけるアクセント規則と連濁規則.『日本語と日本語教育』,第2巻,明治書院.

佐藤大和・匂坂芳典・小暮潔・嵯峨山茂樹(1983):日本語テキストからの音声合成.通研研究実用化報告,**32**,2243-2252.

Sato, H. (1992) : Text-to-speech synthesis of Japanese. In Saito, S. (ed.), *Speech Science and Technology*, Ohmsha, pp. 158-178.

白井克彦・藤澤浩道・小山雄悟(1975):摩擦子音発生過程のモデル化.電子通信学会論文誌,58-A, 6, 345-352.

Shirai, K. & Kobayashi, T. (1986) : Estimating articulatory motion from speech wave. *Speech Communication*, **5**(2), pp. 159-170.

Shirai, K. & Kobayashi, T. (1992) : Estimation and generation of articulatory motionusing neural networks. Proceedings of EUSIPCO-92.

白井克彦・誉田雅彰(1976):調音機構のモデル化と非線形重回帰分析による調音パラメータの推定.電子通信学会論文誌,59-A, 8, 35-42.

白井克彦・誉田雅彰(1978):音声波からの調音パラメータの推定.電子通信学会論文誌,61-A, 5, 409-416.

山下洋一・水谷直樹・角所収・溝口理一郎(1993):汎用音声出力インタフェースにおける概念表現からの音声合成.電子情報通信学会論文誌,**J76-D-II**,415-426.

第5章

赤松裕隆・中川聖一(1997):新聞記事のトライグラムによるモデル化と適応化.言語処理学会第3回年次大会,pp. 73-78.

Applebaum, T. H. & Hanson, B. A. (1991) : Tradeoffs in the design of regression features for word recognition. Proceedings of Eurospeech, pp. 1203-1206.

趙力・鈴木英之・中川聖一(1994):HMM の出力確率密度関数表現の数字認識による比

較．日本音響学会春季講論集，Z-P-22．

古井貞熙(1986)：スペクトル変化強調による単語音声認識．日本音響学会音声研資，S85-77．

Gauvain, J-L. & Lamel, L.(1996): Large vocabulary continuous speech recognition from laboratory systems towards real-world applications. 電子情報通信学会論文誌，**J79-D-II**(12)，2005-2021．

伊田政樹・中川聖一(1996)：音声認識におけるビームサーチ法とA*探索法の比較．電子情報通信学会，音声技報，SP 96-12．

伊藤敏彦・小暮悟・中川聖一(1998)：協調的応答を備えた音声対話システムとその評価．情報処理学会論文誌，**39**(5)，1240-1249．

Jackson, E., Bear, J., Moore, R. & Podlozny, A.(1991): A template matcher for robust NL interpretation. Proceedings of Speech and Natural Language Workshop, pp. 190-194, Morgan Kaufmann.

甲斐充彦・中川聖一(1997)：冗長語，言い直しを含む発話のための未知語処理を用いた音声認識システムの評価．電子情報通信学会論文誌，**J80-D-II**(10)，2615-2625．

河原達也・松本祐治(1995)：音声言語処理における頑健性．情報処理，**36**(11)，1027-1032．

Kuhn, R. & De Mori, R.(1995): The Application for Semantic Classification Trees to Natural Language Understanding. IEEE Trans. *Pattern Analysis and Machine Intelligence*, **17**(5), 449-460.

松岡達雄・大附克年・森岳至・古井貞熙・白井克彦(1996)：新聞記事データベースを用いた大語彙連続音声認識．電子情報通信学会論文誌，**J79-D-II**(12)，2125-2131．

森元逞・村上仁(1994)：音声対話における言語現象．日本音響学会誌，**50**(7)，558-562．

中川聖一(1988)：『確率モデルによる音声認識』電子情報通信学会．

中川聖一・鹿野清宏・東倉洋一(1990)：『音声・聴覚と神経回路網モデル』オーム社．

中川聖一(1992)：『情報理論の基礎とその応用』近代科学社．

中川聖一(1995)：音声の認識と理解．『情報処理ハンドブック』，pp. 1323-1329，オーム社．

中川聖一・小林聡(1995)：自然な音声対話における間投詞・ポーズ・言い直しの出現パターンと音響的性質．日本音響学会誌，**51**(3)，202-210．

中川聖一・山本一公(1996)：セグメント統計量を用いた隠れマルコフモデルによる音声認識．電子情報通信学会論文誌，**J79-D-II**(12)，2032-2038．

中川聖一(1998)：統計的言語モデルの可能性と限界．日本音響学会春季講論集，1-6-11．

Price, P.(1996): A decade of speech recognition: The past as springboard to the future. Proceedings of DARPA Speech Recognition Workshop, pp. 172–187.

坂井利之・中川聖一(1974)：構文情報を用いた連続音声認識．情報処理学会第15回全国大会, p. 37.

坂井利之(編)(1983)：『情報基礎学詳説』コロナ社．

Seneff, S. (1991): A relaxation method for understanding spontaneous speech utterances. Proceedings of 1992 DARPA Speech and Natural Language Workshop, pp. 190–194, Morgan Kaufmann.

白井克彦・竹沢寿幸(1994)：音声対話処理．人工知能学会誌, **19**(1), 48–50.

Stallard, D. & Bobrow, R. (1992): Fragment processing in the DELPHI system. Proceedings of 1992 DARPA Speech and Natural Language Workshop, pp. 305–310, Morgan Kaufmann.

田窪行則(1995)：音声言語の言語学的モデルをめざして——音声対話管理標識を中心に．情報処理, **36**(11), 1020–1026.

Ueda, Y. & Nakagawa, S. (1990): Prediction for phoneme/syllable/word-category and identification of language using HMM. Proceedings 1990 Int. Conf. Spoken Language Processing, pp. 1209–1212.

Ward, W. & Young, S. (1993): Flexible use of semantic constraints in speech recogniton. Proceedings of Int. Conf. Acoustics, Speech & Signal Processing, Vol. II, pp. 49–50, Minneapolis.

山本幹雄・小林聡・中川聖一(1992)：音声対話文における助詞落ち・倒置の分析と解析手法．情報処理学会論文誌, **33**(11), 1322–1330.

山本幹雄・伊藤敏彦・肥田野勝・中川聖一(1996)：人間の理解手法を用いたロバストな音声対話システム．情報処理学会論文誌, **37**(4), 471–481.

索　　引

A* 探索法　　*214*
Bark スケール　　*184*
bigram モデル　　*208*
COC　　*171*
Con　　*84*
DELPHI　　*223*
DP マッチング　　*189*
Eval　　*85*
filled ポーズ　　*219*
Gen　　*84*
IPA　　*13*
K–L 展開　　*186*
left-to-right モデル　　*199*
LPC ケプストラム　　*185*
LPC メルケプストラム　　*185*
m 重マルコフモデル　　*197*
OCP　　*81*
Phoneix　　*224*
stress-timed language　　*34*
syllable-timed language　　*34*
TD–PSOLA 法　　*172*
TINA　　*223*
trigram モデル　　*208*
unigram モデル　　*208*
Voder　　*130*
von Kempelen の合成器　　*130*
Webster のホーン方程式　　*140*
z 変換　　*233*

ア　行

アクセント　　*32, 67*
　　英語の——　　*71*
　　日本語の——　　*69*
アクセント核　　*32, 69, 163*
アクセント句　　*41*
アクセント素　　*41*
アンチフォルマント　　*141*
言い間違い　　*61*
息もれ声　　*18*
一般化　　*54, 56*
違反可能性　　*85*
意味解析　　*226*
意味解析木　　*224*
意味主導法　　*222*
韻脚　　*73*
咽頭　　*10*
咽頭交差　　*98*
イントネーション　　*40*
インパルス　　*232*
インパルス応答　　*233*
韻律的特徴　　*6*
ウェルニッケ–ゲシュヴィントのモデル
　　122
ウェルニッケ野　　*122*
後向き尤度　　*215*
裏声　　*18*
エイリアシング　　*152*
鰓　　*95*
エルゴディックモデル　　*199*
円唇化　　*12*
エントロピー　　*205*
音韻記号　　*15*
音韻継続長　　*162*
音韻論　　x, *36, 54*

音声　3
音声環境　57
音声器官　8, 132
音声記号　15
音声規則合成　131
音声基本周波数　10
音声言語　179
音声言語理解システム　182
音声自動認識　179
音声生成　122
音声素性　60
音声知覚　119, 122, 179
音声知覚の運動説　120
音声ディクテーション　213
音声認識　179
音声分析　148
音節　28, 66
音節言語　68
音節構造制約　78, 80
音素　56
音素体系　59

カ行

開音節　29, 66
外耳　114, 115
階層化　85
概念からの音声合成　158
会話音声　180
カエルの情報交換　121
下顎骨　97
蝸牛　117
確率句構造文法　211
確率文脈自由文法　211
隠れマルコフモデル　197
下降二重母音　16
硬口蓋　10
カタセシス　45

過渡説　99
気音　25
聞き取り　179
きこえ　29
きしみ　18
きしみ声　18
規則　55, 77
規則合成方式　158
気導路　115
基本周波数　107, 132, 231
基本母音　14
吸着音　27
強調　46
共分散法　155
共謀　78
共鳴説　99
極　141
距離関数　187
筋弾性空気力学理論　107
句構造文法　210
口　95
口唇　111
唇　11
句末音調　47
グライスの対話協調　218
軽音節　30
形態素解析　160
ケプストラム　185
ケプストラム分析　153
ケフレンシー　154
言語音　7
言語獲得　129
言語的情報　4
言語の定向進化　78
口蓋　10, 102
口蓋化　24
口蓋垂　10

口蓋帆　　10
口腔　　10
高次言語情報　　181
高速フーリエ変換　　233
高調波　　231
喉頭　　9, 104, 105
喉頭蓋谷　　102
コウモリの情報交換　　121
声　　10, 17, 60
声の高さ　　107
呼吸器　　104
国際音声記号　　13
骨導路　　115
ことばの鎖　　120
小鳥の情報交換　　121
鼓膜　　116
孤立単語認識　　180
コルチ器官　　118

サ 行

鰓弓　　95
鰓弓器官　　95
最小性　　73
最小性の条件　　74
最小対語　　57
最小分割境界　　161
最適　　84
最適性理論　　x, 83
最尤推定法　　208
サウンドスペクトログラフ　　150
削除禁止制約　　88
ささやき　　18
ささやき声　　18
三角波　　231
残差信号　　154
サンプリング周波数　　232
サンプリング定理　　232

子音　　13, 17, 147
子音調音　　102, 111
子音添加　　77
耳音響放射　　118
時間正規化マッチング　　190
時間によるコーディング　　118
地声　　18
自己相関関数　　152
自己相関法　　155
耳小骨　　115
耳小骨連鎖　　96, 115
四声　　33
自然下降　　42
舌　　12, 96, 110
下顎　　12, 109
舌先型　　102
舌端型　　102
支配型アクセント　　165
重音節　　30
周期的複合音　　231
重子音　　35
従属型アクセント　　165
周波数スペクトル　　231
出力条件　　84
上昇二重母音　　16
唇音化　　24
神経同期説　　107
進行波　　117
ストレス　　34
スペクトル符号化　　160
スペクトログラム　　148
正規文法　　210
正規方程式　　155
成節的　　29
声帯　　9, 106, 132
声帯振動　　107, 132, 145
声調　　34

声道　　10, 99, 101, 139
声道アナログ型合成器　　159
声道アナログ方式　　173
声道形状　　100, 103
声道モデル　　99
声門　　10, 106, 132
制約　　77
制約緩和法　　222
接近音　　22
せばめ　　99
全極(形)モデル　　141, 183
線形結合モデル　　112
線形予測係数　　154, 183
線形予測符号化　　155
線形予測法　　154
相補分布　　58
阻害音　　22, 63
側面音　　23
側面的　　21
素片編集型合成　　160
ソーンスケール　　184

タ 行

第1フォルマント　　141
帯気音　　25
胎児化　　98
体節　　95
第2フォルマント　　141
ダウンステップ　　45
単純マルコフモデル　　196
単母音　　16
中耳　　114, 115
中線的　　21
調音　　11
調音位置　　19
調音運動　　130
調音音声学　　x, 7

調音器官　　133
調音結合　　39, 109, 148, 180
調音制御モデル　　137
調音点　　19
調音様式　　20
聴覚器官　　98
聴覚伝導路　　118
聴覚野　　119
超分節音　　13
超分節的特徴　　6
適応放散　　231
適格性制約　　84
テキスト音声合成　　158
テキスト音声変換　　131, 158
テストセットパープレキシティ　　207
テプリッツ型　　155
伝達関数　　183, 233
点ピッチ　　168
テンプレート照合器　　223
同化　　81
頭子音制約　　78, 87
等時性　　31

ナ 行

ナイキスト周波数　　232
内耳　　114, 117
内包性　　85
2質点モデル　　145
二重調音子音　　25
二重母音　　16
2重マルコフモデル　　196
日本語のアクセント型　　165
入破音　　27
のどひこ　　10
ノンパラメトリックな方法　　150
ノンパラメトリック分析　　152

ハ 行

倍音　231
肺臓気流音　9
拍　67
歯茎　11
波形符号化　160
波形編集方式　172
破擦音　22, 133
弾き音　23
場所によるコーディング　117
派生　64
パターン認識　187
パターンマッチング　187
撥音　37
発音器官　95, 97, 99, 109
発声　10
発声様式　17
発話末の下降　47
発話連鎖　ix
パープレキシティ　206
パラ言語的情報　4, 47
パラメトリックな方法　150
パラメトリック分析　152
破裂音　20, 133, 147
パワースペクトル　183, 233
半規管　117
反共振　141
反射係数　140
半母音　133
鼻音　12, 22, 133
鼻腔　10, 102
非言語的情報　4
非時間性　38
非線形伸縮　189
ビタビアルゴリズム　201
ピッチ　231

ピッチ抽出　156
非肺臓気流子音　26
ビームサーチ法　214
標本化周波数　150
フィルタリング　225
フォルマント　99, 141, 182
フォルマント型合成器　159
フォルマント合成方式　172
不完全指定　63, 65
不完全支配型アクセント　165
複合語のアクセント規則　68, 70, 81, 166
副次調音　24
副鼻腔　103
付属語の結合アクセント　165
二つ組　208
フット　34, 73
部分解析法　222
普遍性　85
普遍文法　84
ふるえ音　23
フレーム　182
ブローカ野　122
プロミネンス　47
分析合成方式　157, 172
分節音　13
分節的特徴　6
文脈依存文法　210
文脈自由文法　210
閉音節　29, 66
並行性　86
閉鎖音　20
ベイジアンネットワーク法　222
弁別素性　29
母音　13, 14
母音削除　77
母音調音　100

母音の固有周波数　113, 232
母音の正規化　113, 232
母音融合　77
母音連続　78
放出音　26
補助記号　16
ボディ-カバー理論　107

マ行

摩擦音　21, 133, 147
三つ組　208
耳　95
無気音　25
無声音　10, 133
無声化　26
無声子音　106, 133
メルスケール　184
モーラ　30, 67, 162
モーラ言語　68

ヤ行

軟口蓋　10, 112
軟口蓋化　25
有限状態オートマトン　195
融合型アクセント　165
有声　18
有声音　10, 59, 133
有声化　26
有声子音　133
有声閉鎖子音　106

優先順位　84
有標性　65
有毛細胞　117
ユール-ウォーカー方程式　155
幼形成熟　98
余剰性　36

ラ行

ライヒェルト-ガウプ説　231
ライマンの法則　62, 65
ラプラス変換　233
離散隠れマルコフモデル　201
離散フーリエ変換　153, 233
流音　23
量子理論　109
両唇音　19
霊長類の情報交換　121
レイノルズ数　147
レーベンシュタイン距離　187
連続隠れマルコフモデル　201
連続単語音声　180
連続的な派生　87
連濁　59, 63, 162
老形成熟　98
録音編集方式　157

ワ行

ワードグラフ　216
ワードラティス　216

■岩波オンデマンドブックス■

言語の科学 2
音声

	2004 年 5 月 7 日　第 1 刷発行
	2004 年 12 月 15 日　第 2 刷発行
	2019 年 4 月 10 日　オンデマンド版発行

著　者　田窪行則　　前川喜久雄　　窪薗晴夫
　　　　（たくぼゆきのり）（まえかわきくお）（くぼぞのはるお）
　　　　本多清志　　白井克彦　　中川聖一
　　　　（ほんだきよし）（しらいかつひこ）（なかがわせいいち）

発行者　岡本　厚

発行所　株式会社　岩波書店
　　　　〒 101-8002　東京都千代田区一ツ橋 2-5-5
　　　　電話案内　03-5210-4000
　　　　http://www.iwanami.co.jp/

印刷／製本・法令印刷

© Yukinori Takubo, Kikuo Maekawa, Haruo Kubozono,
Kiyoshi Honda, Katsuhiko Shirai, Seiichi Nakagawa 2019
ISBN 978-4-00-730875-8　　Printed in Japan